中国职业技术教育学会
智慧文旅职业教育专业委员会推荐用书

专家指导委员会主任　**杜兰晓　姜玉鹏**
总主编　**韩玉灵　邓德智**
副总主编　**石媚山　李岑虎**

| 研学旅行管理与服务系列教材 |

YANXUE LÜXING CHANPIN SHEJI
研学旅行产品设计

主　编　池　静
副主编　程慕斌　朱嘉奇
　　　　宋　扬　俞小红

北京·旅游教育出版社

图书在版编目（CIP）数据

研学旅行产品设计 / 池静主编. -- 北京：旅游教育出版社，2023.8
研学旅行管理与服务系列教材
ISBN 978-7-5637-4592-0

Ⅰ．①研… Ⅱ．①池… Ⅲ．①教育旅游－旅游产品－产品设计－教材 Ⅳ．①F590.75

中国国家版本馆CIP数据核字(2023)第168571号

研学旅行管理与服务系列教材
研学旅行产品设计
主编　池　静
副主编　程慕斌　朱嘉奇　宋　扬　俞小红

总　策　划	丁海秀　李岑虎
执行策划	施云峰
责任编辑	何　玲
出版单位	旅游教育出版社
地　　址	北京市朝阳区定福庄南里1号
邮　　编	100024
发行电话	（010）65778403　65728372　65767462（传真）
本社网址	www.tepcb.com
E - mail	tepfx@163.com
排版单位	北京旅教文化传播有限公司
印刷单位	唐山玺诚印务有限公司
经销单位	新华书店
开　　本	710毫米×1000毫米　1/16
印　　张	19.5
字　　数	296千字
版　　次	2023年8月第1版
印　　次	2023年8月第1次印刷
定　　价	59.80元

（图书如有装订差错请与发行部联系）

研学旅行管理与服务系列教材
专家指导委员会、顾问、编委会

专家指导委员会

主　　任：杜兰晓（浙江旅游职业学院校长）
　　　　　姜玉鹏（青岛酒店管理职业技术学院校长）
委　　员（排名不分先后）：
　　　　　陈佳平（河南职业技术学院文化旅游学院院长，二级教授，享受
　　　　　　　　国务院政府特殊津贴专家）
　　　　　程　冰（桂林旅游学院继续教育学院院长，广西中小学研学旅行
　　　　　　　　学会副会长）
　　　　　魏巴德（亲子猫&研学猫董事长）
　　　　　王亚超（北京中凯国际研学旅行股份有限公司董事长）
　　　　　丁海秀（旅游教育出版社副社长）
　　　　　姜福炎（文化和旅游部人才中心研学旅行指导师高级考评员）
　　　　　郭海峰（资深媒体人，《跟着课本去旅行》节目制片人）

顾　问

吕龙根（北京第二外国语学院教授）

编委会

总 主 编：韩玉灵（北京第二外国语学院教授，中国旅游人才发展研究院执行
　　　　　　　　院长）
　　　　　邓德智（浙江旅游职业学院教授）
副总主编：石媚山（青岛酒店管理职业技术学院文旅学院院长）
　　　　　李岑虎（文化和旅游部人才中心研学旅行指导师考评员）

委　　员：王　平　　王　彬　　王　慧　　王　霖　　王立龙　　王亚娇　　王亚超
　　　　　王先波　　王春梅　　仇晓岚　　邓鹏飞　　叶伟军　　叶娅丽　　申建伟
　　　　　田张珊　　由　杰　　史双豪　　仪孝法　　边喜英　　邢琦娜　　吕佳蔚
　　　　　吕晞梅　　朱丽男　　朱海峰　　伍　欣　　任　鸣　　刘　斌　　刘庆安
　　　　　刘胜海　　刘雁琪　　池　静　　汤　静　　孙芳真　　巫常清　　李　旭
　　　　　李　娌　　李　燕　　李凤堂　　李胜桥　　李冠瑶　　李媛媛　　杨乃桂
　　　　　杨崇君　　肖　靖　　吴　桐　　何东萍　　余宜娴　　谷　音　　宋垟竹
　　　　　张　丹　　张　栋　　张双军　　张会臣　　张晓旭　　张榳让　　张慧婕
　　　　　陈　苇　　陈　倩　　陈芸先　　陈凌凌　　林诗佳　　尚明娟　　罗　瑛
　　　　　周　俊　　周　航　　周海磊　　邹宜秀　　赵　明　　赵双全　　赵东勋
　　　　　赵芳鋆　　赵晓芳　　胡　磊　　侯雪艳　　施美彬　　贾玉芳　　夏　军
　　　　　钱　钧　　徐　峰　　徐倩文　　高　霞　　郭林山　　郭艳萍　　席忠华
　　　　　唐　波　　黄丽春　　曹银玲　　常冬冬　　章永平　　梁　东　　梁媛媛
　　　　　彭诗茗　　韩丽英　　鲁红春　　甄鸿启　　裴　炜　　廖延斌　　谭　慧
　　　　　谭　欣　　潘晓琳　　薛兵旺　　霍　炜　　魏莉霞

《研学旅行产品设计》编委会

主　编

池　静（副教授，浙江旅游职业学院研学旅行管理与服务教研室主任）

副主编

程慕斌　　朱嘉奇　　宋　扬　　俞小红

编　委

苏建宏　　陈俊华　　侯小刚　　吴家旅　　占　飞　　林莉雯　　刘佳蓉　　裘黄丽
岳继萍　　毛　欣　　侯晓宇　　徐倩文　　楼历月　　秦晓林

出版说明

　　自 2016 年 11 月 30 日，教育部等 11 部门联合出台《关于推进中小学生研学旅行的意见》以来，研学旅行作为教育新形式、旅游新业态在国内蓬勃发展，成为教育和文旅行业的新增长点。但在迅速发展的同时，各地研学旅行行业也遇到了服务不规范、标准不统一、专业人才极度缺乏的窘境。因此，推进研学旅行专业人才培养已经成为旅游教育工作者迫在眉睫的任务。

　　2019 年 10 月，"研学旅行管理与服务"正式列入《普通高等学校高等职业教育（专科）专业目录》，研学旅行专业人才培养正式提上日程。为解决教材缺乏的问题，2020 年 1 月初，旅游教育出版社特邀请韩玉灵、吕龙根、邓德智、李岑虎等 40 余位来自院校、行业、企业的资深专家齐聚北京第二外国语学院，正式启动全国首套"研学旅行管理与服务系列教材"的编写研讨会。此套教材由北京第二外国语学院教授、中国旅游人才发展研究院执行院长韩玉灵，浙江旅游职业学院教授、全国《研学旅行指导师（中小学）专业标准》起草人邓德智共同担任总主编，各高校、教研院学科带头人担任分册主编、编委，组成系列教材编委会。此套教材于 2020 年 8 月正式出版，一经推出便受到各大旅游职业院校和行业、企业的高度关注。如今已多次再版加印，获得了读者的广泛认可。

　　与此同时，也有越来越多的高职院校纷纷设立研学旅行管理与服务专业。更具有标志意义的是，2022 年 7 月 11 日至 21 日，中华人民共和国人力资源和社会保障部公示了《中华人民共和国职业分类大典（2022 年版）》，研学旅行指导师也被纳入其中。在此背景下，我社于 7 月 30 日再次组织研学旅行相关领域的专家，召开了"研学旅行管理与服务系列教材"编写修订研讨会。我们特聘浙江旅游职业学院杜兰晓校长、青岛酒店管理职业技术学院姜玉鹏校长共同担任新版系列教材的专家指导委员会主任。此外，还特聘青岛酒店管理职业技术学院文旅学院石媚山院长、文化和旅游部人才中心研学旅行指导师考评员李岑虎教授共同担任副总主编。

新版"研学旅行管理与服务系列教材"一共12本，分别是《研学旅行概论》《研学旅行指导师实务》《研学旅行指导师实务》（活页版）、《研学旅行课程设计》《研学旅行教育理论与实践》《研学旅行基地运营与管理》《研学旅行安全管理》《研学旅行市场营销》《研学旅行政策法规》《研学旅行产品设计》《户外活动策划与管理》《研学旅行数字化运营》。本套教材编写阵容强大，采用研学旅行最新研究成果，确保教材内容与行业接轨，符合教学需求。

从总体上看，本套教材具有四大特色。

一、全国首套，体系完整

本套教材充分考虑了师生的教学需求，从基础性的研学旅行概论开始，由浅入深，遵循教育学的基本理论，同时也注重指导师实务、课程设计、安全管理、基地运营等实操能力的培养，既全面覆盖研学旅行工作的各个要素要点，又符合本专业学生的知识技能成长逻辑，是国内首套体系完整的"研学旅行管理与服务"专业教材。

二、作者权威，理念先进

本套教材的总主编、副总主编、各分册主编都是各大院校研学旅行的学科带头人和国内研学旅行行业的专家，有着丰富的执教或从业经验。编写内容以一线研学企业的成功经验为依托，紧跟教育部、文化和旅游部对研学旅行的指导意见，同时吸收国内最新研究成果，引入研学旅行先进理念，确保本套教材的准确性、前瞻性。

三、案例教学，操作性强

为方便教学，教材中引入大量案例。这些案例均来自旅行社、研学基地等研学旅行一线单位，参考性强，真正做到以案例导入学习，以案例增进理解，以案例引导实操。

出版说明

四、资料丰富，配套完善

书中将大量资料、视频等放入二维码，拓展了教材边界，方便学生学习理解。还有配套的多媒体教学课件、习题、试卷等，让教师对课程的讲授更加得心应手。

本套教材不仅可以作为研学旅行管理与服务、旅游管理等专业师生的教学用书，还可以作为研学旅行机构、研学基地等各类研学企事业单位相关工作人员的重要参考资料，以及教育和文旅行政管理部门进行研学规划时的参考用书。

研学旅行尚处在上升发展阶段，很多概念、理论、方法、模式更新较快。本套教材的编写力求保证内容的全面性、前瞻性，但难免有考虑不周之处，还请广大读者不吝赐教，以臻完善。

旅游教育出版社

2023 年 5 月

前　言

文化给旅游以内涵，旅游给文化以张力。在文旅融合的背景下，以文化为目的，以教育为内容，以旅游为载体的研学旅行深度赋能文旅融合，成为实现文旅融合的重要途径和方式，发展空间巨大。各地的研学旅行实践在不断探索前行，从中小学生人群不断扩散至亲子研学、大学生研学，将来甚至能不断扩散至中老年群体，同时研学与其他产业的结合形态也值得关注。需要更好地对应不同市场需求，设计多元化的研学旅行产品。

本教材以行业适用为基础，突出对研学旅行行业从业人员及研学旅行管理与服务专业学生的学习适应性，以研学旅行产品设计职业能力培养为重点，坚持立德树人、课程思政全面融入教材，强调理论够用、实践为主，突出问题导向和任务导向，引导学习者开展研究性学习。全本教材从研学旅行产品设计认知、研学旅行产品设计的基本策略、研学旅行产品设计与交付、研学旅行产品包装优化与运营推广、研学旅行经典产品设计范例及分析五个项目，全流程对接行业企业研学旅行产品设计实操，既有理论引领，又有丰富流程化操作论证，并提供了丰富案例供学习者学习，提高教材的可读性，培养学习者的学习兴趣和实践能力。此外，每个项目均有思维导图、任务导入、任务实施、任务小结与思考，将知识学习与实践训练有机结合，力图做到理实一体。

参与本教材编撰的成员有：

浙江旅游职业学院研学旅行管理与服务专业池静担任主编，负责教材大纲、章节、体例的设计和通稿，编写项目一，项目二任务一、任务二，项目四任务一、任务三。

少年游研学（浙江）国际旅行社有限公司课程研究院院长程慕斌编写项目二任务五、任务六，项目三任务一、任务二、任务三，项目四任务二。

杭州三易教育培训学校联合创始人朱嘉奇编写项目二任务三、任务四，项目三任务四、任务五、任务六。

浙江皓石教育集团董事长宋杨、北京中凯国际研学旅行股份有限公司俞小红编写项目五。

教材编写过程中得到了浙江省文化和旅游厅科技教育处、浙江省旅行行业协会、杭州市旅行社行业协会、浙江省教育信息中心等单位专家的大力支持和帮助，再次一并表示感谢。

本教材既可以作为高职高专、本科院校研学旅行管理与服务等专业学生专业教材使用，也可以作为旅行社、研学基地、中小学校、教育企业、体育拓展企业、景区等行业从业人员进行企业培训的参考用书。

本教材在编写过程中参阅了大量书籍、报刊等文献资料，访谈了很多研学从业者。因篇幅所限，有的文献和案例未能在参考文献中一一列举，从业者姓名也未一一提到，在此表示谢意和歉意！因研学旅行产品设计理论与实践正处于探索阶段，本教材虽经反复修改、推敲，但难免有疏漏之处，恳请读者和同仁批评指正！

编写组
2023 年 8 月

目 录
CONTENTS

项目一　研学旅行产品设计认知

任务一　掌握研学旅行产品的概念与特点 / 003

任务二　明确研学旅行产品设计的任务和要求 / 026

项目二　研学旅行产品设计的基本策略

任务一　了解和把握国家及地方有关政策对研学旅行的影响与导向 / 049

任务二　研学旅行市场调查与客户需求分析 / 061

任务三　研学旅行产品的策划与构思 / 078

任务四　研学旅行产品的可行性分析及实地考察 / 092

任务五　研学旅行产品的成本核算与价格确定 / 102

任务六　研学旅行产品的质量管理与风险管控 / 114

项目三　研学旅行产品设计与交付

任务一　中小学校招投标产品设计与应标 / 129

任务二　地接社为组团社进行产品设计与交付 / 146

任务三　研学旅行基地（营地）产品设计与推送 / 162

任务四　旅行社（研学服务机构）C端包价研学旅行产品设计与宣传 / 179

任务五　旅行社（研学服务机构）C 端定制化研学旅行产品
　　　　设计与对接 / 190

任务六　"研学 +"异业合作新模式产品设计策略与案例
　　　　分析 / 202

项目四　研学旅行产品包装优化与运营推广

任务一　研学旅行产品课程资料设计 / 213

任务二　研学旅行产品宣传资料设计 / 240

任务三　研学旅行产品销售推广 / 250

项目五　研学旅行经典产品设计范例及分析

案例 1　纵观山水·横品人文 / 261

案例 2　宋朝之大理寺神探：化身古朝名侦探，行走大宋临
　　　　安城 / 269

案例 3　小晋商闯乡宁研学手册 / 273

案例 4　第一届全国大学生乡村振兴创意大赛研学旅行赛金奖
　　　　作品 / 287

参考书目 / 297

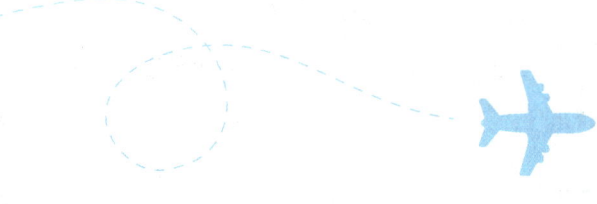

项目一

研学旅行产品设计认知

布达拉宫

研学旅行产品是一种独具特色和魅力的专项旅游产品，在旅游中学习，记忆更有硬度；在研究中学习，学习更有深度。通过本章节的学习，对后面模块的学习能起到基础性作用。首先，通过几千年来我国研学旅行发展历程，用发展的眼光探究研学旅行的前世、今生和未来，在历史的纵深中找到今日之定位。其次，通过概念学习，理解研学旅行的深刻内涵和边界。最后理解研学旅行产品概念，将产品概念有机融合，学有所思、研有所获，为设计出广受好评的研学旅行产品奠定基础。

思维导图

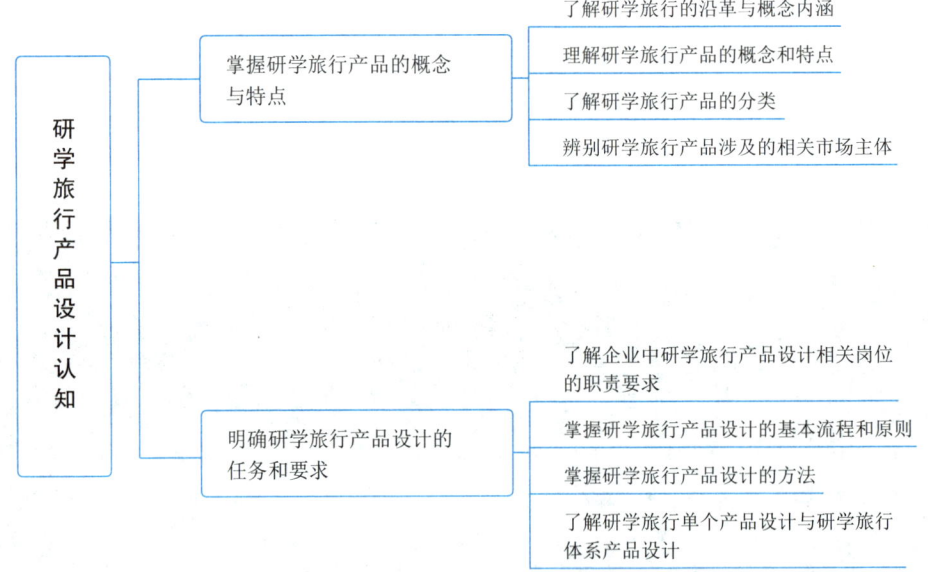

项目一 研学旅行产品设计认知

任务一 掌握研学旅行产品的概念与特点

 **学习目标**

知识目标	了解研学旅行的沿革与概念内涵,掌握研学旅行产品的概念与特点,了解研学旅行产品的分类,能够辨别研学旅行产品涉及的相关市场主体。
技能目标	能够清晰地区分研学旅行产品与传统旅游产品、研学旅行产品与普通教育产品的异同点;能够对不同研学旅行产品进行分类定位;能够清晰地区分相关市场主体,及其在研学旅行产品设计过程中的作用。
思政目标	深刻理解研学旅行的重要意义、工作目标、主要任务,把研学旅行的发展要求有机融入研学旅行产品设计思路。

 **任务导入**

雄心勃勃想从事研学旅行产品设计的小张为何被拒绝了?

某研学服务机构招聘研学旅行产品设计人员。某高校大学生小张早就听说研学旅行行业大有前景,看到招聘广告后,通过投递简历获得了面试机会。他认真查阅了一些行业信息、企业信息,还精心准备了一份自己准备的研学旅行产品策划案——"【世界遗产专线】初游山西经典之选 探寻山西境内3处世界遗产——云冈石窟、五台山、平遥研学游"。但是面试的时候,面试官问了他几个问题:"在你眼中,什么是研学旅行?研学旅行产品和普通旅游产品有什么区别?是不是冠上'研学'两个字就是标准的研学旅行产品了?"小张胡乱回答了几句,面试官反馈他没回答到要点上,雄心勃勃的小张面试失败了。

案例观察

近年来,"研学旅行"成为热词,作为一个风口上的新行业,吸引了众多参与方。但是研学旅行"只学不游""只游不学""学是学,游是游"的问题还普遍存在。有些单位举办学生活动时,冠之以"研学旅行"名头,形似而实不至,并非真正意义上的研学旅行。案例中的小张设计的研学旅行产品显然也存在这个问题。

> **问题思考**
>
> 1. 什么是研学旅行？研学旅行与一般旅游活动的区别与联系是什么？研学旅行与一般教育活动的区别和联系是什么？
> 2. 怎么样才能设计出符合政策导向、又能被市场认可的研学旅行产品？它的特点是什么？
> 3. 研学旅行产品设计过程中需要涉及哪些利益相关主体？

任务实施

子任务一：了解研学旅行的沿革与概念内涵

步骤一：了解研学旅行的历史沿革

在素质教育改革和文旅融合的大背景下，研学旅行由于秉承和延续了古代游学、"读万卷书，行万里路"的教育理念和人文精神，成为推进国民素质教育的新常态和拓展文化旅游发展空间的重要举措，在全国各地得到了积极响应和快速发展。社会时代背景赋予了研学旅行不同的角色和丰富的内涵，但从古至今、从国内到国外，其主要特征体现为以文化为目的、以教育为内容、以旅游为载体，在专家等研学指导师带领下，通过研学开阔视野、掌握通用技能、理解跨文化价值观差异。

我国自古以来就有游学的传统，中国传统游学活动是古代知识分子人格生命不可或缺的一部分，素为历代文人学者所重。早在春秋战国时期就出现的古代游学，可谓是研学旅行的萌芽。孔子开了中国游学风气之先，后有古代学子"求学""求仕"之"宦游"，还有徐霞客游历名山大川撰写游记等，这些都体现了我国"读万卷书，行万里路"的思想。游学发展到近代，与古代游学已有一定区别，人们更多地使用"海外修学旅游"一词，也就是所谓的"留学"。陶行知先生推动"新安小学长途研学旅行团"作全国性旅行，成为当时闻名国内外的"新旅"。

项目一　研学旅行产品设计认知

　　其他国家也素来就有类似"研学旅行"的现象。欧洲17世纪"大游学"运动兴起使"漫游式修学旅行"渐成风气，修学旅行成为知识阶层和社会上层的一种生活方式，内容涵盖外邦语言文化和礼仪的学习、结交名流、考察社会民情和政治制度及间或搜集文物等，这种带有明显求知目的的大游学属于精英旅行范畴。近现代真正意义上的研学旅行源于日本于1946年正式纳入学校教育体系并在全国范围实施的修学旅行，其课程涉及自然观光、历史体验、经济文化活动考察、职业选择等，形成了一套修学旅行高质量发展的创新机制。法国为推动研学旅行高质量发展，通过颁布相应政策、法规，对研学旅行活动的性质，课程的定义和目标，活动实施的步骤和要求、管理及评价手段，对教师的地位和作用及课程实施的要素都做了明确的规定，并规划系列主题目录，成立国家级专家指导小组，建立信息资料中心和评价目标导向。美国通过成立州青年领导理事会等组织机构，出台学区少量征税等支持性政策，制定相关法律全方位推进地方、州和国家层次的研学旅行计划，并开设有自然与社会研究、设计学习、社会参与性学习、服务性学习等系列课程，以保证研学旅行常态化、高质量发展。俄罗斯则重视社区和博物馆资源开发，积极创设研学旅行活动支持环境，出台相应的保障政策，鼓励全员参与，学校教学计划中明确规定人、社会、自然、艺术和工艺学等课程是必修课，并将课堂挪到社区博物馆，把物化的材料、教学大纲以及学生兴趣结合起来，以促进研学旅行活动高质量发展。芬兰政府为推动研学旅行的高质量发展和实施，一方面从顶层设计上建立健全制度与法律基础，高度重视专业化、高水平师资培训；另一方面，以"在地环境"为依托开展地方本位式研学与户外研学，力促研学旅行常态化开展。而韩国将毕业旅行作为学生的一门必修课，纳入毕业学分管理，其研学旅行形式更加多样化[①]。

　　我国"研学旅行"一词源于2013年国务院办公厅发布的《国民旅游休闲纲要（2013—2020年）》中提出的"逐步推行中小学生研学旅行"。2015年，国务院办公厅发布《关于进一步促进旅游投资和消费的若干意见》，提出要培育新的消费热点，支持"研学旅行"发展。2016年，教育部、国家发展改革委、国家旅游局等11部门联合发布《关于推进中小学生研学旅行的意见》，提出将研学旅行纳入教育教学计划，被行业内公认为是研学旅行最重要的政策文件，2016年也被称为研学元年。2016年，各地研学旅行政策密集出台，国家旅游局印发行业标准《研学旅行服务规范》。2018年，教育部公布全国中小学生研学实践教育营地26个，全国中小学生研学实践教育基地377个；2019年，

---

① 万田户，王露青，颜吉林.中国研学旅行高质量发展评价体系构建与测度［J］.四川轻化工大学学报：社会科学版，2022，37（05）：55-71.

教育部增补"研学旅行管理与服务"专业，归属旅游大类中的旅游类，修业年限3年，将研学旅行推向专业化发展的方向。2022年，研学旅行指导师被人力资源社会保障部纳入新版职业分类大典，成为新职业，开始制定《研学旅行指导师国家职业技能标准》[①]。

步骤二：理解研学旅行的概念

2016年，教育部等11部门印发的《关于推进中小学生研学旅行的意见》中明确定义："中小学研学旅行是由教育部门和学校有计划地组织安排，通过集体旅行、集中食宿方式开展的研究性学习和旅行体验相结合的校外教育活动，是学校教育和校外教育衔接的创新形式，是教育教学的重要内容，是综合实践育人的有效途径。"并指出，研学旅行时间"一般安排在小学四到六年级、初中一到二年级、高中一到二年级"，研学旅行内容为"小学阶段以乡土乡情为主、初中阶段以县情市情为主、高中阶段以省情国情为主"。

同年由原国家旅游局发布的《研学旅行服务规范》（LB/T 054—2016）将研学旅行定义为是以中小学生为主体对象，以集体旅行生活为载体，以提升学生素质为教学目的，依托旅游吸引物等社会资源，进行体验式教育和研究性学习的一种教育旅游活动。

有学者从学术角度，提出了"研学旅游"的概念，认为研学旅游又称"修学旅游"或"研学旅行"，进一步提出研学旅行定义有广义和狭义两种界定方式：广义的研学旅行是指以研究性、探究性学习为目的的专项旅行，是旅游者出于文化求知的需要，暂时离开常住地，到异地开展的文化性质的旅游活动；狭义的研学旅行特指由学校组织、学生参与的，以学习知识、了解社会、培养人格为主要目的的校外考察活动。[②] 随着研学旅行近年持续快速发展，受众群体从中小学生不断扩散至全生命周期人群，整合边界不断从研学基地、营地、博物馆等特定场域扩散至区域全域，全域研学的概念也开始出现：全域研学是指在一定区域内，以研学旅行为着眼点和突破点，对区域内文化、产业、生态资源进行有机整合，通过产研融合实现公共服务、机制体制、文明素养、文脉传承、品牌宣传等全方位和系统化的提升，在服务综合实践教育的同时，推进素质教育和区域发展互促的一种发展策略，也是全域文化旅游发展的一种新业态，在推进素质教育和区域发展上有着不可估量的重要作用[③]。

---

① 邓德智，景朝霞，刘乃忠．研学旅行课程设计与实施［M］．北京：高等教育出版社，2021．
② 杨艳利．研学旅行：撬动素质教育的杠杆：访上海师范大学旅游学系主任朱立新教授［J］．中国德育，2014（17）：21-24．
③ 陈东军，谢红彬．我国研学旅游发展与研究进展［J］．世界地理研究，2020，29（03）：598-607．

目前在各地具体实施过程中，普遍采用的还是教育视野下的中小学生研学旅行（狭义）定义，该定义强调了研学旅行的教育属性，还应满足如下五要素：第一，参与对象为中小学生；第二，主管部门是教育部门，组织方主要是教育部门和学校；第三，要有明确的综合实践育人的教育目标；第四，实施方式是服务机构以集体旅行和集中食宿来组织，参与对象以研究性学习和实践体验结合来参与；第五，研学旅行实施地点为学校以外的场所，它是一种校外教育活动。

但是随着研学旅行的快速发展，其参与主体从以中小学生为主开始向全年龄生命周期人群扩散，由此带来内涵的变化和发展，满足如下三要素：首先，参与对象为各年龄层研学受众，包括了大中小学生、成人、离退休人员等多元群体；其次，主管部门是旅游部门，组织方主要是各类旅游企业；最后，参与对象以研究性学习和实践体验相结合来参与，是研学受众出于文化求知的高层次精神文化享受而开展的旅游活动。本文所指的研学旅行面向群体为广义的受众群体，全文以研学受众统一称呼，在实际操作中主要有中小学生及其家长和其他年龄群体。

尤其是在针对研学旅行目前的主力人群——中小学生时，必须把握研学旅行的四大基本原则：

1. 教育性原则是根本

研学旅行要结合学生身心特点、接受能力和实践需要，设计符合学生年龄段的研学旅行课程，注重系统性、知识性、科学性、趣味性。既不能过度重视教育性"只学不游"，又不能只重视趣味性"只游不学"，研学旅行课程产品的设计要整体设计，将科学知识融入学生的自主体验及运用中。

2. 实践性原则是本质

研学旅行旨在引导学生走出校园，在与日常生活不同的环境中拓宽视野、丰富知识、了解社会、亲近自然、参与体验。所有研学旅行的课程产品、线路设计、活动内容一定有别于课堂内的教学方式，销售人员在进行产品推广时，应重点把握实践性这一特点进行产品介绍。

3. 安全性原则是底线

研学旅行必须坚持安全第一的原则，建立安全保障机制、形成安全保障体系。销售人员清楚研学旅行的安全隐患有哪些，并能坚守安全第一的原则，不突破底线，不推荐存在安全隐患的研学产品。

4. 公益性原则是导向

研学旅行是组织学生开展的课程，不是以营利为目的的经营性创收。企业应对贫困学生给予一定的费用减免；也可以引导基金会等机构为贫困家庭进行资助。

步骤三：辨析与研学旅行相关的概念

当前为了促进素质发展，除了国家推行的研学旅行，还有多种政府主推和市场力量助推的不同类别的活动，包括春秋游、冬夏令营、综合实践活动、劳动教育等其他校外活动，这些活动形式在参与主体、组织方式、出行时间等方面都与研学旅行有较大差异。研学旅行与其他常见概念的关系见图1-1。

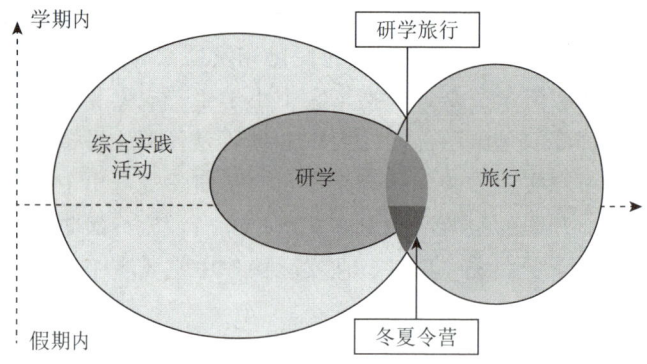

图1-1 研学旅行与其他常见概念关系图

研学旅行是教育部门和学校组织的校外教育活动，出行主体面向全体学生；综合实践活动是国家义务教育和普通高中课程方案规定的必修课程，与学科课程并列设置，是基础教育课程体系的重要组成部分；劳动教育是中共中央、国务院推出的涉及校内、家庭、校外等多场景的教育活动，参与主体为大中小学学生；冬夏令营、春秋游更多是市场化推动，由家长或机构组织开展的校外教育活动。

1. 理解中小学综合实践活动的概念

2017年，教育部印发《中小学综合实践活动课程指导纲要》的通知，明确指出中小学综合实践活动是从学生的真实生活和发展需要出发，从生活情境中发现问题，转化为活动主题，通过探究、服务、制作、体验等方式，培养学生综合素质的跨学科实践性课程。综合实践活动是国家义务教育和普通高中课程方案规定的必修课程，与学科课程并列设置，是基础教育课程体系的重要组成部分（见图1-2）。该课程由地方统筹管理和指导，具体内容以学校开发为主，自小学一年级至高中三年级全面实施。在课程属性上，综合实践活动是动态开放性的跨学科实践课程，强调从学生的真实生活和发展需要出发，选择并确定活动主题，鼓励学生根据实际需要，对活动过程进行调整和改进，实现活动目的。注重引导学生在实践中学习,在探究、服务、制作、体验中学习,分析和解决现实问题。其涉及多门学科知识,非某门学科知识的系统学习,也不同于某一门学科中的实践、实验环节,是一门综合性的跨学科实践课程。

图1-2 综合实践活动的主要方式及其关键要素图

2. 理解劳动教育的概念

劳动是创造物质财富和精神财富的过程,是人类特有的基本社会实践活动。劳动教育是发挥劳动的育人功能,对学生进行热爱劳动、热爱劳动人民教育的活动。当前实施劳动教育的重点是在系统的文化知识学习之外,有目的、有计划地组织学生参加日常生活劳动、生产劳动和服务性劳动,让学生动手实践、出力流汗,接受锻炼、磨炼意志,培养学生正确劳动价值观和良好劳动品质[①]。

劳动教育是新时代党对教育的新要求,是中国特色社会主义教育制度的重要内容,是全面发展教育体系的重要组成部分,是大中小学必须开展的教育活动。在评价标准上,通知要求将劳动教育纳入大中小学必修课,将劳动素养纳入学生综合素质评价体系,把劳动素养评价结果作为衡量学生全面发展情况的

---

① 教育部关于印发《大中小学劳动教育指导纲要(试行)》的通知。

重要内容，作为评优评先的重要参考和毕业依据，作为高一级学校录取的重要参考或依据。在课程设置上，要求构建劳动教育课程体系，大中小学设立必修课程和劳动周，同时强调其他课程有机融入劳动教育内容和要求。

3. 理解营地教育（冬夏令营）的概念

美国营地协会1998年给出的定义：营地教育是一种在户外以团队生活为形式，并能够达到创造性、娱乐性和教育意义的持续体验。通过领导力培训以及自然环境的熏陶帮助每一位营员达到生理、心理、社交能力以及心灵方面的成长。

20世纪90年代初，随着国外营地教育在我国的兴起，一些学校或旅行社、校外教育机构在寒暑假开展夏令营、冬令营活动，营地活动有军事、拓展、英语、艺术、科技等不同主题。现代意义上的营地教育以教育学和发展心理学等跨学科理论与实践为依据，鼓励和引导青少年发现潜能，培养他们在21世纪经济全球化与社会多元化背景下共处、共赢所需的意识与能力，如跨文化沟通与交流、领导力、生存能力、服务精神等。

4. 辨析易混淆概念之间的关系

营地教育活动在知识传授、能力培养、素质养成等方面与研学旅行有异曲同工之妙，但较研学旅行的目的性、教育性仍有差别。本质上，营地活动是市场化的校外教育形式，没有强制性和义务性，不在上学期间，不是所有学生都参与，费用也相对较高，具体营地服务和课程质量受社会市场化的推动。

亲子游学活动以各类目的地亲子游活动为主，中小学生和家长同行，离开自己熟悉的环境，到另一个全新的环境里进行学习和游玩，既不是单纯的旅游也不是简单的学，在学习之中潜移默化地体验人生，在体验当中学习，基本无课程内容，缺乏系统性。

综合实践活动、劳动教育、研学旅行三者之间的关系目前还没有定论。一种较为广泛的看法是，三者是当前和今后校外实践教育的三大体系，它们都有独立的课程大纲或准大纲性的文件，形成校外实践教育的三大支柱。可以认为，综合实践活动课程是国家课程，研学旅行和劳动教育都是综合实践活动课程的分支课程，研学旅行对应的是考察探究，劳动教育对应的是职业体验。当然，这种关系并非完全对应和被包容的关系，正是因为研学旅行有更广阔的空间和劳动教育有更深刻的内涵，研学旅行和劳动教育才能成为独立的体系，地位更加凸显。

同时，研学旅行与劳动教育不仅从理论上有精神深处的强烈共鸣，在实践上也能够实现产业深处的无缝对接。就重大意义和工作目标而言，研学旅行和劳动教育都以立德树人、培养人才为目的，让学生学会生存生活，实现知行合一，促进形成正确的世界观、人生观、价值观，培养他们成为德智体美劳全面发展的社会主义建设者和接班人。从产业角度来看，研学旅行并没有规定的主题，也或者说，一切主题都可以纳入研学旅行视野和事业中。在旅游活动中，打通劳动教育、研学旅行、综合实践活动的界限隔阂，回归文化和教育本义，是当代研学旅行应有之义。

步骤四：了解其他与研学旅行密切相关的几个概念

研学旅行是教育性突出的一种活动，为了实现其教育性，在设计过程中必须了解与研学旅行密切相关的几个概念。

1. 研究性学习

研究性学习是指研学受众在研学旅行指导师及教师指导下，从学习生活和社会生活中选择和确定研究专题，主动地获取知识、应用知识、解决问题的活动。在中小学生群体中，研究性学习与社会实践、社区服务、劳动技术教育共同构成综合实践活动，作为必修课程列入《全日制普通高级中学课程计划（试验修订稿）》中。

研究性学习不同于综合课程，虽然在很多情况下，它涉及的知识是综合的，但是它不是几门学科综合而成的课程，也不等同于活动课程。虽然它是研学受众开展自主活动，但它不是一般的活动，而是以科学研究为主的课题研究活动。它也不等同于问题课程，虽然也以问题为载体，但不是接受性学习，而是以研究性学习为主要学习方式的课程。

与传统"教与学"的学习方式相比，研究性学习对研学受众提出了完全不同的要求：在研究性学习中"学什么"要由研学受众自己选择，在研究性学习中"怎么学"要由研学受众自己设计，在研究性学习中"学到什么程度"要由研学受众自己做出预测和规定。

研学旅行活动通过研究性学习，使得研学受众的自主学习能力及独立思考能力得到强化。

2. 项目式学习 PBL

项目式学习（Project-Based Learning，简称 PBL），是一套设计学习情境、以问题为导向、以学员为中心的教学方法。它基于现实世界的实际问题，对复杂、真实的问题进行探究，思考解决方案，设计项目作品，并实施方案以解决问题的过程，能够让学生掌握所需知识，培养创新实践能力。

项目式学习是一种以学员为中心的教学方式。在项目式学习过程中，学员会积极地收集信息、获取知识、探讨方案，以此来解决具有现实意义的问题。因此在项目式学习过程中，不仅仅要求学员能够应用所学的学科知识，还要懂得如何在现实生活中将这些知识学以致用。

子任务二：理解研学旅行产品的概念和特点

步骤一：理解研学旅行产品的概念

为了更好地理解研学旅行产品的概念，需要先了解产品与旅游产品概念。

产品指被人们使用和消费，并能满足人们某种需求的任何东西，包括有形的物品、无形的服务、组织、观念或它们的组合。

旅游产品，亦称旅游服务产品，是指为满足旅游者需求而面向旅游者提供的各种产品和服务。它具体由实物和服务综合构成，构成要素主要包括旅游吸引物、旅游设施、可进入性和旅游服务，具有综合性、无形性、生产与消费同时性、不可贮存性、所有权不可转移性等特点。旅游产品可以分为观光旅游产品、度假旅游产品、专项旅游产品、生态旅游产品和旅游安全产品 5 种类型（国家旅游局，1999 年）。

还可将旅游产品理解为核心产品、形式产品和延伸产品三个层次的组合。科特勒于 1994 年（旅游市场营销）指出，产品有三个层面：一是核心产品，是游客购买的基本对象，它由对游客核心利益的满足面构成，即购买者认为能够通过所购产品来满足个人所追求的核心利益。这里所指的利益常常是无形的，很大程度上是与主观意愿，如气氛、过程、松弛、便利等有关的。二是形式产品，营销人员需要使核心旅游产品有形化，使之成为有形产品，即一个能够满足游客需求的实实在在的消费对象。有形旅游产品应该具有特色、品牌、质量、设计和包装 5 个特征。三是扩展产品，包括游客可以得到的所有的有形和无形的附加服务和利益，是"解决游客所有问题的组合产品"，甚至要把游客还未想到的问题纳入其中。

相应地，我们可以将广义的研学旅行产品，定义成是一种以研究性学习或体验式学习为目的的专项旅游产品，是旅游者出于文化求知的需要，暂时离开常住地，到异地开展的具有文化性质的旅游活动，面向全生命周期人群。

狭义的研学旅行产品，是一种以研究性学习或体验式学习为目的，由教育部门和学校有计划地组织安排，以中小学生为主体，寓学于游、知行合一，以学习知识、了解社会、培养人格为目的的专项旅游产品。

研学旅行产品是一个集课程、基地（营地）或景区（博物馆）、线路、指导师以及配套服务要素于一身的综合服务体系，这些构成因素相辅相成、缺一不可，共同服务于研学旅行活动的顺利开展。其中，研学旅行课程是前提和基础，旅行线路是载体和形式，而研学旅行指导师等人力因素是产品价值实现的推动者，研学基地（营地）、景区、博物馆、餐饮、住宿、交通等配套服务要素是研学旅行产品的保障体系。研学旅行产品设计要综合考虑这些因素及其之间的关系。

如果需要区分研学旅行产品的层次，可以如图1–3这样区分。

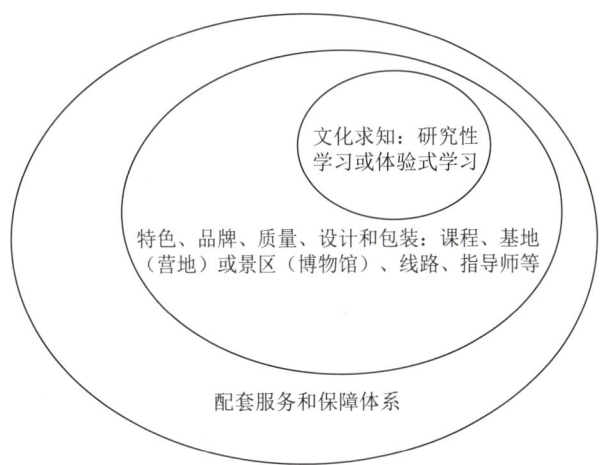

图1–3　研学旅行产品的层次

步骤二：掌握研学旅行产品与传统旅游产品、研学旅行产品与普通教育产品的异同点

研学旅行产品是从属于旅游产品的专项旅游产品，拥有旅游产品的一般特性，但与传统旅游产品相比较而言，还有以下特点：

1. 明确的教育目标与清晰的教育主题

研学旅行并非走马观花的游山玩水，也不是在原来的旅游产品基础上听讲解、生硬地塞进一点"学习"的元素，而是有着明确教育目标与清晰教育主题的教育实践活动。研学旅行要有课程的开发、产品的设计，培养研学受众的学习兴趣和习惯，从而提高其学习能力、实践能力和创新能力，形成良好的心理素质和健全的人格，达到文化求知的高层次精神文化享受。

2. 行走路线选择与传统旅游不同

研学旅行不是选择热门或高冷景区，而是结合教育主题的文化内涵，考察路线后进行严格的筛选。要做到契合教育目标，符合教育主题，玩中学，学中研。

3. 研学旅行涉及的教育方式因人而异

在落地实施上，研学旅行不能采用纯旅游的常规方法，而要依据不同年龄段身心发展的特点采取差异化教育方式，让研学旅行受众乐学会学，提升主动性、参与性和学习力。

4. 具有跨学科体系化的课程体系

研学旅行产品需要由专业的研学旅行指导师在跨学科研究性学习理念指导下，设计相对完整且系统的研学课程体系，而不是旅游观光与游学中的碎片化知识。

同时，研学旅行产品也同样属于一种特殊的教育产品，但由于它是一种校外教育活动，又与普通教育产品之间体现出明显差别。

1. 认知学习与实践体验的紧密结合

教育理念上，研学旅行强调认知学习和实践体验，即研究性学习和旅行体验的紧密结合，使体验式学习得以系统化和理性化。充分地促进学生"知行合一、学以致用"，将"动手与动脑""书本知识和生活经验"相结合，培养综合素养。

2. 传统学习方式的改变

研学旅行改变了我国中小学生的传统学习方式，学生由静态的课堂记忆学习为主转变为动态的体验学习为主，由被动地接受学习逐步转变为主动地自主学习，由个体的独立学习为主转变为小组的合作学习为主，由机械的记忆性学习转变为探究式的研究性学习。

3. 课堂教学模式的改变

在活动课程的时空上，由校内课堂向校外的自然环境、社会活动领域和学生生活领域延伸，旅行变成课堂，社会成为教材，世界成为老师。研学旅行受众在行走的课堂中体验问题解决的过程和方法，从而引导研学旅行受众亲近自然、体验社会，弥补教材、课堂教学和学校教育的不足。

步骤三：掌握研学旅行产品的特点

1. 课程化

课程化是研学旅行产品区别于其他细分旅游市场和产品的关键特征，是全行业关注的焦点，也是企业间的竞争门槛所在。研学旅行课程实质上不单指具体的课程内容与设计，而是贯穿了理念设计、课程设计、行前引导、行中执行、行后评价，从方案到执行，从设计到落地，从参与到评价的完整链条。正是从这个意义上看，课程是可以被模仿的，但是贯穿于全链条的研发、服务和执行能力是企业能够建立起的真正核心竞争力[1]。

2. 开放性

研学以问题（包括主题、课题等）或活动（包括实验、制作、发明等）作为出发点，教师围绕问题或活动提供相关信息，研学受众围绕问题或活动展开研究，学习的目标在于提高研学受众的探究意识与解决问题的能力。在研学中，研究的问题、解决问题的方法、学习方式、成果的表现形式等具有开放性。所要研究的问题给研学受众的创造留下较大的空间，研学受众可根据自己的爱好、兴趣和特长从自然、社会和生活实际中选择课题。

3. 主体性

研学是一种以研学受众为主体的学习方式，主要形式有个人学习、小组合作学习等。在学习过程中，最大程度地发挥与发展研学受众的学习积极性，注重培养研学受众参与和人际互动的能力，不断提高再学习的能力，积极培养研学受众的主体意识和团队精神。

4. 社会性

培养研学受众的社会交往能力，处理好师生之间的关系、生生之间的关系、学校与社会的关系等。研学要研究社会，向社会学习，吸取营养，处理好人际关系。

5. 实践性

通过研学，促进研学受众在掌握间接经验的同时也体验直接经验，不断提高实践能力。研学从研究的内容来讲，来源于自然、社会和生产实际；从表现形式来讲，通过研学受众动手、动脑解决具体问题，不断提高能力，体现实践性。通过实践，增强体验、学会学习和增强能力。

6. 人文性

人文素养的培养是学校教育的一个重要内容。实践表明，研学有利于培养研学受众的人文素质，对学校德育的其他方面也起着重要的支持作用，因而，它是学校教育不可忽视的一个方面。

7. 综合性

研究课题需研学受众综合运用已学的多学科知识，提高学生的社交、合作、研究、动手、表达、思维等能力，培养研学受众的创新精神和实践能力。

8. 差异性

由于研学受众的知识、能力、个性、兴趣等方面均存在着差异，故在实施课题研究时要充分考虑以下情况：选题范围、研究深度、选择方法不一，研究

---

[1] 张杨，等.中国研学旅行发展报告 2021［R］.北京：中国旅游研究院，2021.

分析和解决问题的方式、研究进度、成果呈现不一。确定的课题和要求符合研学受众的知识水平和能力水平，跳一跳都能摘到"果实"。通过学习，发挥每一个研学受众的所长，使每一个研学受众均学有所得、体验成功的喜悦，并激发其求知欲。

子任务三：了解研学旅行产品的分类

按照不同的分类标准，可对研学旅行产品进行不同分类。

步骤一：按受众群体对象来源分类

根据受众群体对象的来源，总的来说可以分为 B 端（Business）和 C 端（Customer）两类。B 端一般指团体，C 端一般指个体或直接用户，在研学旅行中，B 端可以是中小学校、旅行社、研学基地（营地）等。C 端则是作为研学旅行产品直接消费者的研学受众及其家庭。

步骤二：按资源类型分类

在国家旅游局发布的《研学旅行服务规范》中，将研学旅行产品按照资源类型分为知识科普型、自然观赏型、体验考察型、励志拓展型、文化康乐型。

知识科普型：主要包括各种类型的博物馆、科技馆、主题展览、动物园、植物园、历史文化遗产、工业项目、科研场所等资源。

自然观赏型：主要包括山川、江、湖、海、草原、沙漠等资源。

体验考察型：主要包括农庄、实践基地、夏令营营地或团队拓展基地等资源。

励志拓展型：主要包括红色教育基地、大学校园、国防教育基地、军营等资源。

文化康乐型：主要包括各类主题公园、演艺影视城等资源。

步骤三：按受众群体年龄层次分类

亲子研学类：一般以幼儿园、小学低学龄段儿童及其家长为主。
小学高段：一般指 4~6 年级小学生，以乡土乡情研学旅行产品为主。
初中段：一般指初一、初二年级学生，以县情市情研学旅行产品为主。
高中段：一般指高一、高二年级学生，以省情国情研学旅行产品为主。
其他年龄段：其他年龄层中参与研学旅行的人群，特别是中老年群体。
目前，研学旅行的主力人群还是中小学生，与一般游客不同，他们在心理和生理方面都需要特殊对待，如身体活力无限，但又容易受伤；探索欲强，但缺乏危机的辨别意识。在针对中小学生群体时，作为一种校外教育形式，研学旅行的活动过程需要兼具活动、教育、趣味、体验，过程中需要教材、执行手册、导师手册、考核评价等配套内容。

但是随着人们对深度体验及高层次精神文化学习需求的不断提升，针对其他人群的研学旅行产品也需要不断地被开发和设计出来。

步骤四：按研学旅行主题分类

按照研学旅行产品主题，可分为自然生态类、历史文化类、国防科工类、红色研学类、劳动教育类等。

自然生态类：自然生态类主题研学旅行产品是以自然风光、动植物资源、自然文化遗产等为资源开展主题研学，以引导学生感受祖国大好河山，树立爱护自然、保护生态的意识。

历史文化类：历史文化类主题研学旅行产品以文博资源、非遗资源、优秀传统文化等为资源，通过对这一类型资源开发主题研学活动，以引导学生传承中华优秀传统文化核心思想理念、中华传统美德、中华人文精神，坚定学生的文化自觉和文化自信。

国防科工类：国防科工类主题研学旅行产品以安全教育基地、国防教育、科普科技、素质拓展等为主题资源，通过对这一类型资源开发的主题研学实践活动，以引导学生学习科学知识、培养科学兴趣、掌握科学方法、增强科学精神，树立总体国家安全观，树立国家安全意识和国防意识。

红色研学类：红色研学类主题研学旅行产品以革命历史、爱国主义教育、展现基本国情和改革开放成就的资源为依托开发研学实践活动，以引导学生了解革命历史，学习革命斗争精神，以及基本国情及中国特色社会主义建设成就，激发学生爱党爱国之情。

劳动教育类：劳动教育类主题研学旅行产品是以劳动教育资源为依托，以引导学生开展富有特色的主题劳动实践教育课程，让学生走出课堂、走进自然、走向社会接受劳动教育。依据地方文化特色，将劳动教育和学校特色文化创设紧密结合，因地制宜、因材施教，积极开展各种寓教于乐的特色劳动教育创建活动。

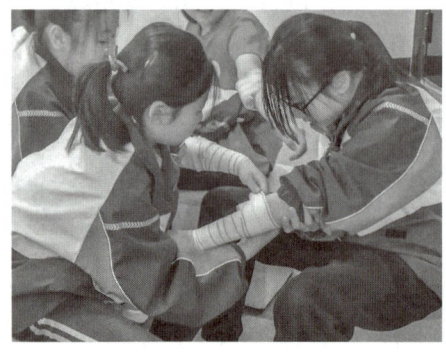

图1-4 各种主题的研学旅行产品

子任务四：辨别研学旅行产品涉及的相关市场主体

研学旅行是旅游与教育融合发展的交叉领域，所涉业态、行业边界和利益相关者正处于发育演化过程中。就目前行业现状来看，研学旅行行业生态系统表现出两个基本特点：一是涉及的利益相关者类型多，包括学校、教师、学生、家长、政府部门、研学服务机构、人才培养单位、研学旅行基地（营地），以及旅游交通、餐饮、住宿等支持部门。二是超越传统的行业组织边界，跨学科跨部门的行业融合性强，各类企事业单位、行业、机构、产业等都可以通过"+研学"进入这一领域[①]。

研学旅行产品涉及的相关市场主体指研学旅行市场上从事交易活动的组织

---

① 刘俊，陈琛.后疫情时代研学旅行行业可持续性生态系统的构建[J].旅游学刊，2020，35（09）：7-10.

和个人，既包括自然人，也包括以一定组织形式出现的法人，既包括营利性机构，也包括非营利性机构，如各类型大中型及中小微企业。常见的相关市场主体主要有：提供研学旅行服务的中介，包括旅行社、教育服务机构等，旅行社按分工不同又可分为地接社和组团社，地接社就是旅游地负责接待、服务的旅行社，而组团社就是游客签订合同的旅行社；研学旅行产品要素供应方，为研学旅行活动提供研学旅行所需的研学课程与活动场所、交通、住宿、餐饮等服务的机构，包括研学基地、研学营地、客运运输企业等，除了传统旅游企业如酒店、餐厅、车队等之外。在这些市场体中，也需要进行研学旅行产品设计的是研学营地和研学基地。

步骤一：认识提供研学旅行服务的中介

教育部等 11 部门《关于推进中小学生研学旅行的意见》明确，学校委托开展研学旅行，要与有资质、信誉好的委托企业或机构签订协议书，要明确委托的企业或机构承担学生研学旅行的安全责任。这里，学校的"委托企业或机构"在《研学旅行服务规范》中被称作研学旅行承办方，特指与研学旅行活动主办方签订合同、提供教育旅游服务的依法注册的旅行社（机构）。就目前实际操作而言，旅行社行业企业由于拥有质量保证金、旅行社责任险两大保险体系，有可以为个人提供便捷的个人旅游意外险投保服务，有专业研学旅行操作实力的旅行社，成为许多地区和省份的首选委托企业，也是连接研学受众和研学旅行产品要素供应方之间的重要桥梁。如 2021 年北京市教育委员会发布《关于加强全市中小学研学旅行管理的通知》，明确要求学校委托开展研学旅行的，应选择依法注册并符合相关行业标准参照国家文化和旅游局颁布的《研学旅行服务规范（LB/T 054—2016）》、信誉好、具有一定学生实践活动组织经验的旅行服务机构作为研学旅行活动承办方，并签订具有法律效力的合同或协议。《浙江省关于推进中小学生研学旅行的实施意见》也要求，学校委托开展研学旅行的，要与有旅行社服务资质、信誉好的被委托企业或机构签订协议书和安全责任书，明确被委托企业或机构承担学生研学旅行的工作要求和各方安全责任。

提供研学旅行服务的中介基本要求为：

（1）应为依法注册的旅行社。

（2）符合 LB/T 004 和 LB/T 008 的要求，宜具有 AA 及以上等级，并符合 GB/T 31380 的要求。

（3）连续三年内无重大质量投诉、不良诚信记录、经济纠纷及重大安全责任事故。

（4）应设立研学旅行的部门或专职人员，已有承接 100 人以上中小学生旅游团队的经验。

（5）应与供应方签订旅游服务合同，按照合同约定履行义务。

对于有资质从事研学实践承办任务的旅行社，研学受众还应当重点考察旅行社的以下几个方面：

1. 资源整合能力

研学旅行涉及吃住行等各个环节，这就需要旅行社对这些环节有很强的资源整合能力。因此，研学受众在选择旅行社时，就要考察旅游企业的资源掌握情况，以及整合使用这些资源的能力。

2. 课程设计能力

作为承办方的旅行社，也应该具备较强的产品设计能力、过往经验和典型成功案例，这主要是出于旅行社拥有独特的自身优势，比如掌握了类型丰富的资源库、拥有经验老到的操作人员和多年经营旅游业务的心得等。培养有一定设计能力的研学指导师队伍，是未来的旅行社需要重点突破的方向。

3. 落地执行能力

由于研学旅行是出行在外，现场情况千变万化，这也就加大了课程实施的难度。而在这一方面，旅行社同样具有自身独特的优势，可以为研学受众进行研学旅行时借用。因此，一方面，研学受众应考察旅行社操作人员理解研学课程的能力；另一方面，则要考察他们将自己所理解的课程在实际操作中执行落地的能力。

4. 安全保障能力

研学旅行，安全第一，参与研学实践的旅行社，应当有强烈的安全意识。在落实研学课程的整个环节中，研学受众就应当关注旅行社是否做到了"活动有方案，行前有备案，应急有预案"。

步骤二：了解地接社和组团社的关系

提供研学旅行服务中介按照其业务类型，可以分为地接社、组团社。他们之间的关系如下：

1. 市场业务关系视角——供应商与采购商

地接社和组团社到底是一种什么关系？它们都是旅行社，是同行，这是最大的相同点，不同点在于业务重点不一致，一个偏重组团收客，一个偏向接待服务。一家组团社，为了向客户提供更优质的产品和服务，往往会在一个地方选择几家地接社作为供应商，进行内部比选，择优确定最终地接旅行社。所以说，地接社和组团社在业务上属于供应商与采购商的关系。也就是说，组团社是产品和服务的采购方，地接社是产品和服务的供应方，双方以合同的方式形成业务合作。基于这种关系，作为地接社的产品设计人员职责非常重要，设计的产品必须让组团社认可，而组团社的认可度直接来自产品的收客效益，故产品设计者既要有B端思维也要具备C端思维。

2. 产品设计职责视角——主角与配角

地接社作为产品提供方，同时也是服务的接待方，自然承担起产品设计的主要任务，是当然的主角，主角的优势在于对当地的研学资源熟悉。但是，此类产品设计毕竟属于双方共同的产物，因而还需要组团社的参与，他们自然成为配角，配角的优势在于更了解客源地的客户需求和市场动态。地接社和组团社双方协作，才能更好完成产品设计任务，千万不可唱独角戏。案例中的小张就是因为唱了独角戏，才导致出现组团社不满意的后果。

3. 产品设计合作视角——导演与编剧

相当部分的研学旅行产品是地接社与组团社合作完成的作品，从合作的视角分析，双方更像是导演和编剧的关系。导演重在理念输出、想法创造、构思分享，有市场思维，知道观众想要什么，这类似于组团社的定位。而地接社的产品设计人员更像是一名编剧，要学会设计场景、落实细节、化用各类资源。编剧和导演要相互讨论，意见趋于一致，但最终还是导演定夺。

4. 产品设计在场视角——主场与客场

我们引入一个全新的视角，再来分析地接社和组团社之间在产品设计上的关系，因为只有厘清了双方的关系，才能形成正确认知，指导产品设计工作顺利开展。研学旅行产品的根本属性决定了地接社与组团社彼此难分的密切关系，这种根本属性就是"非独立性"。生产者提供的不是一种有形物，而是人和物、环境所形成的一种具有结构功能的系统和作用，生产与消费同时发生，同在现场，即在场性。对于产品来说，地接社无疑是主场，占据主场优势，所以要为产品设计与交付落地全面负责，这也是组团社看中的能力。对于组团社来说，他既以客场心态，以客户角度来检验地接社的产品设计与服务水平，同时也会以业务甲方主场的姿态来审视。所以，地接社和组团社的合作本质上是双方的一种博弈。

步骤三：认识研学旅行产品要素供应方

研学旅行产品要素供应方指与研学旅行活动承办方签订合同，提供旅游地接、交通、住宿、餐饮等服务的企业（机构）。供应方可能会与研学受众直接发生合作关系，但在长时间、异地的远距离研学旅行过程中，通过旅行社这样的承办机构来落实供应方，是较为合适的选择。

供应方基本要求为：

（1）应具备法人资质。

（2）应具备相应经营资质和服务能力。

（3）应与承办方签订旅游服务合同，按照合同约定履行义务。

步骤四：了解研学旅行基地（营地）

在研学旅行过程中，对研学旅行基地（营地）这种研学旅行产品要素供应方尤其需要关注，它自身也需要进行研学旅行产品设计。

"十三五"期间，教育部利用中央专项彩票公益金支持开展中小学生研学实践教育项目，2017年和2018年分两批在全国各地遴选、命名了40个单位为"全国中小学生研学实践教育营地"（以下简称"营地"）和581个单位为"全国中小学生研学实践教育基地"（以下简称"基地"），对全国中小学研学实践教育工作的开展起到了积极的推进作用。各省市也积极响应，陆续遴选命名了省市一级的研学基地与营地，这项工作一直在持续进行中。

1. 研学实践教育基地与研学实践教育营地的功能与定位

中国旅行社协会与高校毕业生就业协会《研学旅行基地（营地）设施与服务规范》（T/CATS 002—2019）（以下简称《规范》），对研学旅行基地（营地）做出如下定义：自身或周边拥有良好的餐饮住宿条件、必备的配套设施，具有独特的研学旅行资源、专业的运营团队、科学的管理制度以及完善的安全保障措施，能够为研学旅行过程中的学生提供良好的学习、实践、生活等活动的场所。

根据教育部有关评选研学实践基地文件的要求，研学基地主要指各地各行业现有的，适合中小学生前往开展研究性学习和实践活动的优质资源单位。该单位须结合自身资源特点，已开发或正在开发不同学段（小学、初中、高中）、与学校教育内容衔接的研学实践课程。同时具备承接中小学生开展研学实践教育的能力，能够结合单位资源特点，设计开发适合小学、初中、高中不同学段学生，与学校教育内容相衔接的课程和线路；学习目标明确、主题特色鲜明、富有教育功能；有适合中小学生需要的专业讲解人员及课程和线路介绍。能够积极配合教育部门工作，对中小学生研学实践教育活动实施门票减免等优惠措施，单位周边交通便利，适宜中小学生前往开展研学实践教育活动，在本地区、本行业有一定示范意义。研学基地定位主要围绕五大板块（优秀传统文化板块、革命传统教育板块、国情教育板块、国防科工板块、自然生态板块）进行，包括各地现有的爱国主义教育基地、国防教育基地、革命历史类纪念设施遗址、优秀传统文化教育基地、文物保护单位、科技馆、博物馆、生态保护区、自然景区、美丽乡村、特色小镇、科普教育基地、科技创新基地、示范性农业基地、高等学校、科研院所、知名企业、各类青少年校外活动场所、大型公共设施、重大工程等资源单位。研学基地还要求财务管理体制明确，内部保障机制健全，产权清晰，运行良好，日常运转经费来源稳定；注重预算管理、绩效评价，内部控制与财务制度健全，会计基础工作规范，具备项目管理能力，近三年来没有受到各级行政管理（执法）机构的处罚。

与研学基地稍有不同，研学营地往往是教育系统所属的青少年校外活动场所、综合实践基地等单位，是学校教育的重要组成部分，是校外教育的中转站（能保障省内外中小学生开展实践教育活动），是研学实践教育活动组织的枢纽，是区域内研学活动组织的大本营。营地一般都要求具有完善的设施和保障能力，正式运营1年以上，各项运行制度健全，保障与承载能力强。房屋、水电、通信、消防等基础设施配套齐全，环境优良，能够至少同时接待成百上千名学生集中食宿（各个地区规定上有一定区别），能够提供开展研学活动的交通需求，内部具备基本的医疗保障条件，周边有医院，有安全措施和完善的硬件保障能力，有应急预案，从未发生过重大安全事故。并且，营地一般具有从事研学实践教育工作的专职队伍，管理机构健全，制度完备，领导班子政治素质高、统筹协调能力强，师资队伍充分，业务能力较强，能够设计规划课程和线路，能够组织中小学生集体实践，开展研究性学习，同时，日常运转经费来源相对稳定，具有确保正常运转的长效机制，财务管理规范。

2. 研学实践教育基地与研学实践教育营地的区别与联系

行政隶属不同。营地一般隶属于教育行政部门，而基地隶属于各行各业的管理部门，主管部门包括宣传、发改、科技、工信、自然资源、生态环境、住建、交通、水利、农业农村、文旅、卫生健康、气象、海洋等。

区位要求不同。相对于基地而言，营地更关注周边是否有丰富的研学资源和保障资源，区位优势体现在周边有车站、机场、码头、医院、公安、消防、各研学资源单位等，交通便利，能够短时、方便、快捷地到达。

师资队伍要求不同。相对于基地而言，营地对师资队伍的要求更高，对业务能力要求更强。营地有从事研学实践教育工作的专职队伍，能够组织中小学生集体实践，能够设计规划区域研学课程和线路，而基地师资队伍的要求主要是有适合中小学生需要的专业讲解人员及课程和线路介绍。

线路与课程开发的重点不同。营地更注重区域研学线路和课程的统筹开发，有力地避免了课程的同质化、单一化；基地更注重立足自身资源的特色研学课程的开发，相对于营地而言，缺乏课程宏观的统筹。

交通要求不同。营地注重本区域内交通便利的同时，还兼顾省（国）内外交通区位优势，承载的是区域交通与省（国）内外交通的双循环枢纽作用，而基地更关注的是到达本单位的交通便利情况。

后勤保障与承载要求不同。在硬件基础设施方面营地比基地的标准更高，要求也更为详细，重点体现在营地必须具备同时接待成百上千人以上食宿的条件，内部具备基本的医疗保障条件（医务室）以及完善的安全保障硬件条件，营地具有一所标准化寄宿制学校的后勤保障配置。

虽然有非常多明显的区别，但是研学营地与研学基地也有紧密联系，主要体现在：

育人目标相同。围绕立德树人根本任务，五育并举，以培养学生的综合实践能力和创新能力为核心，以学生发展为本，全面提升学生综合素质，促进学生培育和践行社会主义核心价值观，培养新时代中国特色社会主义的建设者和接班人。

辐射与带动的关系。以营地为核心，辐射区域内基地，串点成线，连线成网，逐步形成国家、省、地（市）、县、镇五级体系，构建研学实践教育网络化平台。

桥梁与纽带的关系。发挥营地隶属教育行政部门，基地隶属于各行各业的优势，架起教育与各行各业之间的桥梁，构建政府主导、行政推动、社会参与、课程引领、机制健全的研学实践教育工作组织保障体系。

建设研学实践教育基地与研学实践教育营地，有利于促进区域研学实践教育工作开展，有利于推动全面实施素质教育，创新人才培养模式，有利于发展全域旅游，加快提高人民生活质量，满足学生日益增长的旅游需求。业界目前正在不断探索"营地+基地"模式，构建各种群体广泛参与、活动品质持续提升、组织管理规范有序、安全责任落实到位、文化氛围健康向上的研学实践教育发展体系，为广大青少年铺设一条更长、更宽、更美的研学之路。

步骤五：了解研学旅行基地（营地）与研学服务机构的关系

1. 行业链关系

研学实践教育基地（营地）与旅行社等研学服务机构，都处在研学旅行整个行业链条的某一个环节上，构成了业务上的联结关系。研学旅行基地（营地）因其自身属性，成为研学服务机构的资源方以及产品与服务的提供商，研学服务机构因其性质特点，成为研学旅行基地（营地）的资源、课程、产品与服务的采购方，研学旅行基地（营地）通过研学服务机构这个渠道，让产品和服务满足更多客户需求。

2. 产品链关系

能够将研学实践教育基地（营地）与研学服务机构捆绑在一起，主要靠产品。研学旅行基地（营地）立足本身资源特色，开发出产品，并针对研学服务机构推出渠道价格和渠道合作方式，通过自身的资源和产品力，为研学服务机构的产品设计增加可选度、差异化，研学服务机构的产品设计也需要研学旅行基地（营地）的课程、产品、资源作为内容支撑，双方是优势互补、合作共赢关系。

3. 客户链关系

研学服务机构既是研学实践教育基地（营地）的合作客户，同时，也为研学旅行基地（营地）带来客户，因为研学旅行基地（营地）通过研学服务机构，将产品销售给其他客户。因此，从这个层面来看，研学服务机构和研学旅行基地（营地）的客户是一致的，保持着高度吻合的客户链关系，这也是研学旅行基地（营地）和研学服务机构能够长期合作的共同基础。当然，双方之间也存在竞争关系，研学实践教育基地（营地）的产品如直接销售给C端市场，这条客户链自然就不复存在。

任务小结与思考

本次任务围绕"掌握研学旅行产品的概念与特点"来进行，主要包括四大核心任务点，一是了解研学旅行的沿革与概念内涵，了解研学旅行发展的历史沿革，掌握研学旅行的概念并与其他概念做区分。二是理解研学旅行产品的概念和特点，理解研学旅行产品的概念，掌握研学旅行产品与传统旅游产品、研学旅行产品与普通教育产品的异同点。三是了解研学旅行产品的分类，掌握不同的分类标准和区分方式，能够对不同研学旅行产品进行分类定位。四是辨别研学旅行产品涉及的相关市场主体，掌握其在研学旅行产品设计过程中的作用。这部分内容是开展研学旅行产品设计的理论基础，必须清晰掌握所有要点。

结合实际思考

1. 请同学们去找一找你心目中的精品研学旅行产品，并说明理由。

2. 什么是研学旅行产品？你能谈谈自己的理解和体会吗？

思考答案

任务二 明确研学旅行产品设计的任务和要求

知识目标	了解企业中研学旅行产品设计相关岗位的职责要求，掌握研学旅行设计的基本流程和原则，掌握研学旅行产品设计的方法，了解研学旅行的单个产品设计与体系产品设计之间的区别和联系。
技能目标	掌握搜集研学旅行产品设计相关岗位信息的方法，了解研学旅行产品的基本设计方法，理解研学旅行产品设计的手段，理解形成研学旅行产品立体设计的思路。
思政目标	能够将教育性、主题性、安全性、体验性、融合性原则很好地体现在研学旅行产品设计过程中。

小李想从事研学旅行产品设计相关岗位工作

小李对研学旅行这一新行业非常感兴趣，他觉得自己有一定的旅游行业从业经历，对产品设计比较感兴趣，于是就想尝试研学旅行产品设计相关岗位工作。他打开招聘网站，以"研学旅行""产品设计"为主题输入，得到很多相关岗位的招聘信息，在不同企业有不同的岗位名称，有产品设计专员、课程设计教师等称呼，岗位职责也根据企业需求有一些变化。

以下为某个典型岗位的岗位职责：

1.研学旅行课程、产品的研发设计、活动策划：针对某一领域或学科开发出系列课程活动，形成课程体系；能融合学校内学科内容或其他素质教育品类设计研学课程活动；产品教育性强，新颖有趣。

2.课程体系与标准化的搭建：对开发出的系列课程可归纳提炼教育理念，对培养的能力有底层设计，兼顾素养培育与效果外化；能够开发设计标准化的课程产品实施手册（执行流程、说课教案、课程评价等）。

3.课程实施过程中的培训与跟踪优化：培训课程执行团队，使授课团队能有效实施课程；跟踪活动执行效果，总结优化。

4.研究、实践各种创新性教育教学方法，并在实际研学课程开发和执行中创造性应用。关注政策方向、市场需求变化、同业发展情况。

5.进行课程活动的统筹执行，如导师团队管理、工作统筹、产品课程实施、服务对接、把控行前、行中、行后各事项。

另一典型岗位的职责要求为：

1.负责研学营地教育课程前期调研、资料搜集及用户需求分析。

2.负责研学课程产品的框架设计、内容策划、课件设计及课程编写等。

3.定期进行行业趋势及前沿分析，进行课程形式的创新研究。

4.协助培训主讲一起完成培训课程。

5.负责与国内研学资源接洽与对接。

6.参与完善课程开发相关业务制度、工作流程及标准。

案例观察

研学企业根据规模的大小、业务范围的不同，有从单级到多级的各种结构类型。由于每个研学企业组织架构不同，相对应的岗位职责虽有一定共性，但也是存在很多个性，需要认真分析，找到共性基础，满足个性要求。

1.你对上述两个岗位的职责要求有什么看法？

2.你觉得研学旅行产品设计的共性要求有哪些？

子任务一：了解企业中研学旅行产品设计相关岗位的职责要求

步骤一：了解研学旅行产品设计相关的组织架构和岗位设置

研学旅行发展时间还不长，在研学旅行相关市场主题中，与研学旅行产品设计相关的岗位有较大区别。

在提供研学旅行服务的中介机构和研学基地（营地）中，随着规模的扩张、业务范围的扩大，经历了从单级到多级的结构变化、由简单到复杂的发展过程。由于每个单位组织架构不同，相对应的岗位职责也是大不相同的。对市场上大中小型的提供研学旅行服务的中介机构和研学基地（营地）来说，研学课程开发设计部门的设置也有所不同。以下提供几种常见的组织架构形式。

（一）直线职能型

研学服务机构的业务量不断增长和员工人数达到一定规模后，就会从单级组织结构发展到多级。机构内部分工会越来越明确，导致"部门化"的产生，实行阶梯式管理。直线职能型是比较简单的组织结构类型，适合中小型简单的研学服务机构。

1. 小型研学企业常见架构（见图 1-5）

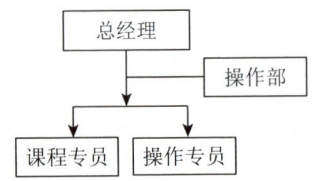

图 1-5　小型研学企业常见架构

2. 中小型研学企业常见架构（见图 1-6）

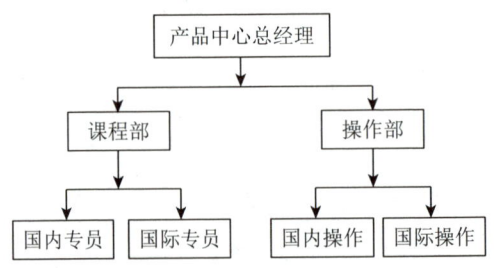

图 1-6　中小型研学企业常见架构

3. 中大型研学企业常见架构（见图1-7）

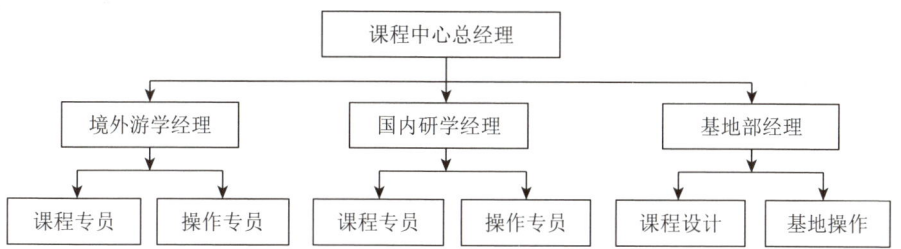

图1-7 中大型研学企业常见架构

以上三种架构呈现了由简单的部门划分到部门内部的更细致分工的架构演化，也就是向专业化转变的过程。在业务量和员工数量不太大的时候，上述几种架构都能较好地满足需求。但是随着业务量及员工数量的持续扩张，容易出现部门与部门之间的沟通不畅，出现问题相互推脱，工作效率低。资源把控分散等问题，因此产生了更为复杂的组织结构形式。

（二）事业部型

事业部型一般是大型研学企业的组织架构（见图1-8），分工明确，资源统一，部门之间关系紧密，合作起来比较顺畅，可以相互制约，相互监督，提高工作效率，提升服务质量。针对业务类型开展专业化的经营，也可以增加其他部门，如散客部、亲子部等。在每种业务量不断提高的基础上才能设置相对应的部门。

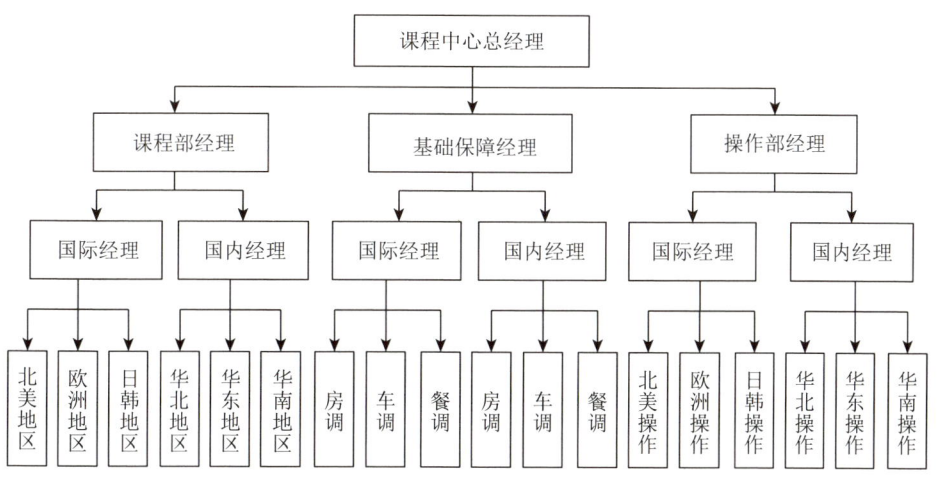

图1-8 大型研学企业常见架构

相应地，在提供研学旅行服务的中介机构和研学基地（营地）中，相关的岗位主要是围绕研学旅行产品业务来设置的。许多企业设置了研学旅行产品研发设计部门，衍生出研学旅行产品经理、研学旅行产品策划、研学旅行产品专员、研学课程设计师等不同分工和相应岗位。也有很多企业是基本一致的岗位职责，却有不同的岗位称呼。研学旅行服务企业业务板块如图1-9所示。

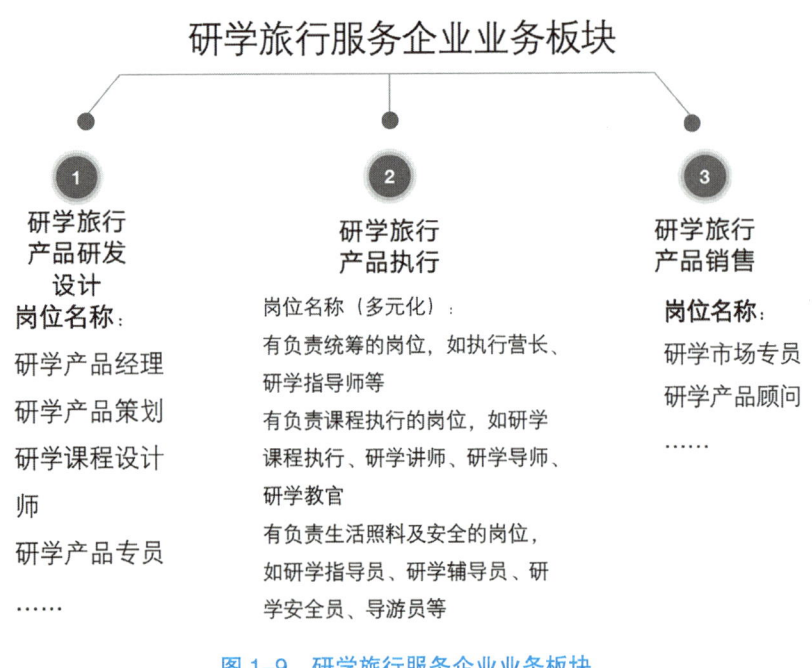

图1-9 研学旅行服务企业业务板块

以文博场馆为代表的研学基地（营地）中，情况有些不一样。以博物馆为例，目前博物馆主要承担社会教育功能。在文旅融合的背景下，博物馆掀起了"研学热"，结合博物馆自身文化定位面向中小学生开展形式多样的研学活动。目前博物馆研学活动主要分为三类。其中，第一类是在博物馆内开展研学活动；第二类是馆外研学服务机构进驻博物馆开展研学活动；第三类是由家长自发或研学服务机构组织，聘请博物馆社教部老师在馆外开展研学活动。博物馆研学活动从性质上进行划分，可分为公益类和收费类。

研学活动执行部门：博物馆的社教部、宣教部、信息中心、体验部、公共服务部等，名称略有差异，但工作职责大体相同，主要承担社会教育与服务的职责。

博物馆研学活动设计和执行人员主要由博物馆讲解员兼任。岗位名称为讲解员、科普辅导员、研学导师、馆员等，大部分博物馆目前未设立专门的研学指导师岗位；部分博物馆将讲解员与社教专员进行了严格的区分，也有部分博物馆因专职人员有限便引入第三方机构，具体负责安全问题、路线设置、市场拓展等工作，还有的非遗类博物馆特别邀请了非遗传承人作为研学活动的设计和执行人员。

步骤二：了解研学旅行产品设计相关岗位的职责与要求

无论是什么类型的市场主体，研学旅行产品设计相关岗位人员的基本岗位职责都有：

（1）研学受众需求收集与归纳、调研与分析。

（2）研学资源信息收集与筛选、分析与评估。

（3）研学旅行产品策划与构思。

（4）研学旅行产品方案编写与成本核算。

（5）研学旅行产品设计与交付。

（6）研学旅行产品优化包装等。

当然，上述工作有时不是一个人，而是一个团队合作完成的，许多研学企业将其划分为两个基本职能，一个是课程研发职能，一个是操作职能。课程研发主要工作职能是研发新的课程模块、新的课程体系，并能完成研学过程中手册撰写工作。操作主要是研学过程中的基础保障部分，也就是说操作部的工作人员要具备旅行社操作的全部职能。同时按承接研学旅行的接待标准进行操作。

为了能更好地完成研学任务，在每一个研学项目进行时，许多研学企业设置一位项目经理，主要职责是协助、监督更好地完成课程研发及后勤保障工作。项目经理是承接方与校方、销售联系的纽带，是整个研学课程研发、课程实施的总指挥。项目经理可以是销售、研学旅行指导师、操作专员、课程专员等。

（一）项目经理职责

- 负责把课程与行程进行整合，并整理出亮点，方案整体美观。
- 要有一定的组织能力、协调能力、解决突发事件应变能力。
- 负责在整个研学过程中的监管工作（包括课程内容、后勤保障内容）。
- 团队结束后，负责问题收集、整理、反馈。

（二）课程研发职责及岗位设置

课程研发岗位主要工作是通过对研学受众的分析，完成相应的课程模块和手册的编撰，并且在课程设计过程中不断发现创新与改进产品。具体岗位职责有：所有研学手册的制作及课程落地；专项考察，教授授课内容，考察地点的制定及内容的落地情况；确保课程安全落地实施；负责课程研发及升级，使公司产品处于市场领先位置。课程研发岗位分为课程研发经理和课程专员。

1. 课程研发经理岗位职责

- 负责新产品的研发、部门管理、正常业务开展。
- 负责新线路及课程的对接，协助课程专员完成课程开发。
- 负责与销售对接，并协助销售与客户沟通，确保需求准确，最快时间完成研发课程。
- 负责收集各地新课程及产品，各地资源整合。
- 负责监督收集各团手册，整理，归档。
- 负责新产品培训工作。
- 新产品的市场调查、客户反馈意见的收集。
- 建立公司新产品开发流程及管理制度。

2. 课程专员岗位职责

- 负责研学团的手册，任务书，课程的编写。
- 与操作共同完成行前课，关于课程及手册相关内容。
- 负责收集各团手册，整理，归档。

（三）操作职责及岗位设置

操作岗位是研学旅行成本把控的重要部门，主要负责研学后勤保障工作，安排房、车、餐、基地（营地）等内容。操作岗位本着不降低标准的原则，降低成本，让利润最大化；掌握各地的研学资源，设计出合理的研学线路。操作岗位分为操作经理和操作专员。

1. 操作经理岗位职责

- 根据公司全年经营目标，制订出部门工作计划、经营方针和运营模式。
- 负责操作中心的团队运营管理工作。
- 负责操作中心总体资源把控、人员把控、重要资源收集。
- 负责操作中心的团队建设和管理，保障业务顺利开展。
- 做好操作中心与其他部门的协调工作，总体协调。
- 团队发生重大事件的处理，及相关法律知识的普及。
- 负责操作中心的质量整体把控。
- 负责与公司内部各部门的对接工作。
- 负责各地区地接社的筛选工作。

2. 操作专员岗位职责

- 根据研学旅行需求，按线路完成基本产品、线路安排与设计。
- 负责具体行程方案的文本排版以及地接询价等工作，与产品部门沟通课程。

- 落实完成房、餐、车、门票、保险、物资等团队所需所有要求。
- 负责同行的价格收集、换季时更新同行产品价格信息、周边景点协议。
- 负责针对研学旅行指导师及导游的行前说明会。
- 负责完成团队出发前分房、分餐、分车等本团事宜。
- 与产品部对接课程产品的工作。

子任务二：掌握研学旅行产品设计的基本流程和原则

步骤一：辩证看待研学旅行产品设计与研学旅行课程设计的联系与区别

研学旅行产品设计与研学旅行课程设计也容易混淆，需要辩证看待。

研学旅行课程设计是指根据学习者的需求来确定课程目标，并根据这一目标，遵循研学旅行的规律和要求，分析目的地研学资源的特点，借助一定的教学方式方法，结合学生实际情况，将研学旅行课程诸要素有序、优化安排，形成可操作的范式化课程方案，再通过计划、组织、实施、评价、修订来达到课程目标的整个工作过程。研学课程设计是研学活动有序开展、实现教育价值的前提和基础。

研学旅行产品设计则是在研学旅行课程设计的基础上，根据课程内容、研学场域、目标客户群体，选择适用的课程内容，以一定的形式和价格组合成一个可销售的产品，向市场进行投放，包括但不限于活动、文创周边等。也有很多业界人士和学者将研学旅行产品设计等同于研学旅行线路设计，也就是认为研学旅行产品设计就是为了保证研学旅行的可行性，须依据各个研学旅行课程时间长短、研学资源空间远近和集群状况、出行费用、安全保障综合考虑设计出最佳线路。这种看法过于局限，可以从市场与受众的角度更全面、更广泛、更立体地认识研学旅行产品设计。

可以说，研学旅行课程设计是研学旅行产品设计的基础，研学旅行产品设计则是研学旅行课程设计进行市场化的一个过程，根据有无启动原因，可以分为有委托的设计和无委托的设计两类。

步骤二：了解研学旅行产品设计的基本流程

（一）区分设计动因

开始研学旅行产品设计前总会有一个启动原因，动因不外乎两种情况：有委托和无委托。

1. 有委托的设计

需求方主动地提出设计研学旅行产品要求的情况就属于有委托的设计，谁委托、谁出钱、谁受益。绝大多数有委托的设计来自 B 端，如各级各类中小学校、研学基地（营地）等。由于以上各类主体的需求各不相同，决定了被委托人——研学旅行产品设计者的基本立场必须倾向委托人，针对同样的研学资源，设计出来的研学旅行产品就有明显区别。

2. 无委托的设计

无委托的设计也大量存在于市场中，是研学旅行设计者或其他各类市场主体为引导市场而主动进行的研学旅行产品设计。无委托设计的成本由设计者自身承担，设计思路是其中最宝贵的智慧结晶。但是目前无委托设计存在盗版容易、无知识产权保护的问题，因而容易伤害研学旅行产品设计者创新的积极性。研学旅行产品也是后生产型的特殊产品，可以先进行销售再生产，盗版者不但不用投入设计成本，而且可以规避前期开发的一些问题，最终将有损创新产品的经济效益。因此，研学旅行设计者可以尽量选择有独特资源优势、自身能掌控的一些研学资源进行无委托设计。

（二）搜集信息、构思设计

搜集信息主要是两方面的信息：一是需求方信息，即目标客户对研学旅行的实际需求。脱离需求谈研学旅行产品设计犹如空中楼阁，只有将需求全面细致地调查清楚，才能设计出有针对性、有实用价值的研学旅行产品。二是竞争对手信息。面对激烈的市场竞争环境，通常来说企业如若能针对性地了解同行业竞争对手，不仅能收集整理竞争者信息，建立竞争对手档案库，还能有效分析竞争对手将会有什么动作、企业应该采取哪些对策，从而为赢得和保持竞争优势提供决策支持。教材将在项目二中详细展开。

（三）实地踏勘

研学旅行产品设计与其他有形产品设计的不同之处在于要实地踏勘，需要挑选吃、住、行、游、保险救援等各方面的旅行服务供给，与供应商商定合作事宜，初步核算产品成本，这对于研学旅行产品的质量关系重大。耳听为虚、眼见为实，实地踏勘掌握研学旅行产品配套服务与保障体系。

1. 挑选旅行服务供给

旅行服务供给是支持旅行活动的旅游资源，除了吃、住、行、游等服务外，还应考虑保险救援等有关安全的服务保障。挑选研学旅行目的地和研学资源是重中之重，需要根据研学旅行产品主题和设计动因，寻找合适的地点，挖掘恰当的研学资源。餐饮方面，需要根据研学旅行产品内容的需要进行试餐。食物中毒是研学旅行过程中的重大责任事故，一般要求寻找有能力做到 48 小时留样的餐厅,并充分考虑营养、习惯、风味等。住宿方面,可根据需求和预算情况,挑选合适的研学营地、酒店等,挑选入住地点时要充分搜集相关的素材资料,以封闭式管理的研学营地为首选。出行方面,根据研学旅行活动实施的需要,综合利用飞机、高铁动车、专列、大巴及其他特种交通工具,并充分考虑车辆紧缺时的情况,提前准备替代方案。游览方面,主要是门票,在充分配合主题、内容和形式的前提下,挑选有利于盈利的门票折扣。保险救援方面,中小学生在外旅行过程中,遇到意外事件的概率还是不小的,需要通过购买保险救援服务提升安全保障能力,根据保费、保额、保险条款选择良好的旅游意外险。也有直接采购地接服务,帮助综合解决上述问题,地接社的服务资质、资源整合能力、落地执行能力和安全保障能力是考察的重点。

2. 与供应商商定合作事宜

在挑选完上述旅行服务供应商后,就要与其商定合作事宜、签约,必要时还需要支付订金,以确保所有事项的稳定供给,明确交付质量规定。

3. 初步核算研学旅行产品成本

在实地勘验完成后,产品的初步核算成本也就可以明确了,有利于后面的报价和与需求方交流,也有利于设计者掌握盈亏平衡点、掌控收支。研学旅行产品基本核算公式为:

各项成本+[成本加成×(1+税率)]

(四)设计结果

研学旅行产品设计的完成需要呈现两套材料——设计方案、对外文本。设计方案是整个前期设计工作的总结,每家企业有各自的模板,一般包括设计目的、设计思路、特色亮点、产品说明及报价等信息。对外文本则是将产品设计按照市场化要求进行美化设计和呈现,使研学旅行产品易于销售、便于生产,这部分是本教材模块三重点阐述的内容。

当然,每个产业都要依托一定的产品形式才能最终通过销售创造价值,因此,研学旅行行业也必须相应地提供研学旅行产品。而研学旅行产品设计是销售的"上游",设计出广受市场好评、彰显地域特色的研学旅行产品,对研学受众及研学目的地都意义重大。除此之外,研学旅行产品设计还可以在研学旅行业务链中起引导作用。

1. 跨行业资源整合

研学旅行产品设计可利用和开发的资源非常丰富,可以将不同类型的研学资源深度融合,使之成为一个涵盖多种学科、涉及知识面丰富的高品质研学旅行产品。

同时,研学旅行产品非常适宜进行跨行业资源整合,这个过程往往就是整合能够容纳进同一主题领域的、原本各自独立的各行业不同资源的个体，链接彼此、共同协作、资源共享，共同完成某项学习目标，形成更有学习价值和意义的整体。资源的整合可以使不同类型的资源灵活配置，使其具有更强的适应性、系统性和高价值性，并能创造出新的资源。研学资源的整合不仅可以丰富区域内的活动内容，提高研学活动的效率和价值，还能延长产业链条，促进研学周边地区交通、住宿、旅游等行业的共同发展。

2. 引导研学旅行需求

研学旅行产品设计的作用发挥得好，合理地配置资源、盘活供给、强化服务，就能够引导研学受众购买研学旅行产品的需求。并且顺应研学旅行的教育性本义，让广大青少年在研学旅行过程中实现对"中国特色社会主义道路自信、理论自信、制度自信、文化自信"的理解和认同，只有考虑对资源进行跨区域的整合，更巧妙地凸显研学旅行的特色，才能最大限度实现研学旅行的教育意义，实现研学旅行产品设计的价值。

步骤三：了解研学旅行产品设计的主要目的和原则

目前，研学旅行领域被人诟病的一大问题就是课程和产品的同质化。谁能够率先在研学旅行课程设计及产品设计上走出一条创新发展之路，谁就可以占领更大的市场份额，迅速地成长起来。总体来说，研学旅行产品设计的目的主要为以下两点：

1. 产出更多的研学旅行产品

这里更多的研学旅行产品是指更多主题的研学旅行新产品，不断挖掘研学资源的潜力和空间。相关企业在推出新产品时，一定要善于捕捉市场需求信息，也就是产品设计要走在市场需求的前面，体现研学旅行需求的超前性，以充分实现研学旅行产品设计在整个产业链的功能和作用。

2. 产出更多的优质研学旅行产品

好的产品永远是消费者喜欢购买的产品，质优价平的研学旅行产品永远会受到市场的欢迎，经得起市场考验。从研学旅行产品的特性来看，除了实践性、体验性、趣味性，还应注重知识性、学术性特征，采用多者兼顾的模式，从情感、知识、载体多维度去构建完整的研学旅行课程资源体系。

情感，也可以衍生为理想、信念、价值观等。研学旅行不仅仅要让研学受众增长知识，还要注重研学受众对于世界的整体感知和全面素养的培养，在"行万里路"中让研学受众形成更为健全的世界观、人生观。

知识，指知识性的探求，或是对学术性的探究。校内的知识是书本上的教育，是一种被动接受式的教育，学习方式单一，如果说学校教育靠的是大脑，校外的研学旅行教育则主要通过身体来进行认知，也可叫作具身化认知，通过身心全方位的感知来获取知识。

载体，指景区、基地（营地）中可供研学的资源，多指有形的资源，如文物、建筑等。以有形资源为载体，充分展示、挖掘其中的文化内涵和教育价值，将资源中所承载的科技、礼制、民俗、哲学内容供研学受众更为直观地学习和体验。通过直接接触，让研学受众学习到更深刻、更为直接的道理，让研学旅行变得更为印象深刻。

研学旅行产品设计要遵循教育性、安全性、主题性、体验性、融合性原则。

1. 教育性原则

教育性是研学旅行产品设计的第一项基本原则。研学旅行产品设计要充分结合研学受众的身心发展特点和实际需要，遵循教育规律，实现"行有所研，研有所获"。

2. 安全性原则

安全性是研学旅行产品设计的重要考虑因素。研学旅行的范围广、开放性强，对中小学生来说，成百上千人的集体出行管理难度大，安全隐患多，必须充分考虑安全因素，确保全过程每个环节的安全性。因此，研学旅行产品必须能够适应大规模接待的要求，在确保安全操作的前提下，让研学受众同时参与研学活动。

3. 主题性原则

围绕某一特定主题，配备相应系统设计的充满知识性、趣味性、科学性的活动，开展研究性学习。

4. 体验性原则

要以研学受众为中心，根据其所思所想，遵循认知规律设计活动，增强研学体验。

5. 融合性原则

研学旅行要体现"旅游+"产业融合新趋势，引导研学受众关注我国各领域研究成果，开阔眼界、增长知识，提高社会责任感、创新精神和实践能力。

子任务三：掌握研学旅行产品设计的方法

设计研学旅行产品有一套完整的方法。能够识别有研学价值的"点"，是研学旅行产品的核心竞争力，这就需要从研学旅行产品的基本方法和结构入手，从抓主题、定目标、创内容、编形式几个节点去实现研学旅行产品设计，从点、线、面形成研学旅行产品结构的立体设计，不断升级研学旅行产品的内涵和品位。

步骤一：了解研学旅行产品的基本设计方法

1. 创新设计

创新的目的是引领消费者对新的研学旅行产品产生需求，因此创新设计是处于强势地位的领先企业想要保持一路领先的必由之路。这里的创新设计，主要是主题创新、内容创新、形式创新等。

2. 借鉴设计

借鉴其他企业的成功经验、汲取失败教训是自身发展的捷径。研学旅行产品创新设计的成功，固然可以获得良好的市场效果，但也存在较大风险，同时也容易被其他企业模仿。目前很多中小企业采用借鉴设计的方法，分析创新者推出的产品特点和市场定位，根据自己对市场的认识和客户的需求，对产品进行重新包装，汲取成功的设计模式，与自身优势结合进行二次开发，迅速获取收益也是可行的。

步骤二：理解研学旅行产品设计的手段

1. 抓主题

一个好的研学主题是研学旅行的灵魂，研学旅行的主题确定关乎后来研学旅行课程的设计以及后期的研学旅行活动的顺利进行，每一个研学旅行在开始之前就必须做好研学主题方面的内容。

广义的研学旅行主题是指研学活动的主旨和核心，狭义上则指该研学活动的名称。研学旅行要立足国情，结合地区、学校和研学受众的实际情况进行资源的梳理、整合，深入挖掘本土文化底蕴，结合研学受众学习目标、年龄特征，开发多层次、多类型、有特色的研学活动主题。

抓研学旅行产品的主题，主要有两种情况：一是需求方已经提出相对明确的研学旅行主题，围绕这个主题去筛选、设计研学旅行产品；二是在现有研学资源中提取一个主题。相对来说，第二种情况的难度更大。

2. 定目标

研学目标的分析与确定是研学旅行产品设计的重要内容，是研学旅行活动的出发点和归宿，是对研学受众达到的研学成果或最终行为的明确阐述。它首先需要确定研学旅行活动中研学受众的学习内容及其学习程度的期望，使研学有了明确的方向；其次它给研学任务是否完成提供测量和评价的标准。因此研学目标的设计是研学旅行的基本前提。

研学目标的分析和确定需要充分考虑研学受众的年龄特征、研学旅行主题、研学地点和资源特色等情况，落实立德树人的根本任务，实现研学活动的目的和意图，提升核心素养。

3. 创内容

可供研学旅行产品设计利用的资源非常丰富，运用得当，它们都可以满足研学受众的心理需求和生理需求。设计时应侧重于培养研学受众的实践能力和创新思维，使其在实践中探索，在探究中发现，从而提高自主、合作、探究的能力。同时，必须注意实践的梯度，要由易到难、由近到远地开展研学活动。还应关注学科之间的融合，化单一的学科知识技能为综合的研学活动，在活动结束后要对研学成果进行展示和反思，从而提高研学的实效性。

4. 编形式

好的设计思路还需要良好的编排、取舍，突出产品特点，同时在这个过程中形成一种升华、不断点题，形成需求方喜闻乐见的形式，加深记忆度和辨识度，创造购买的渴望。

步骤三：形成研学旅行产品结构的立体设计

前文分析过，研学旅行产品是一个集课程、基地（营地）或景区（博物馆）、线路、指导师以及配套服务要素于一身的综合服务体系。一个研学旅行产品，无论它的格局是大是小，都应该按照研学旅行产品结构的"点、线、面"去设计，通过研学旅行设计者的精心设计和构思，把研学资源加工成为有吸引力的研学课程节点，再勾勒成一条条富含教育价值的线，精雕细琢成能够助力立德树人的面，呈现出得体的内涵和形象。对于点、线、面的认知不尽相同，本文采用以下理解：点主要指研学旅行产品要素的设计，特别是研学旅行课程设计；线主要是将研学旅行产品要素串联成研学旅行线路的设计，也就是常见的单个研学旅行产品设计；面主要是研学旅行产品体系设计。

1. 点的设计

点的设计在研学旅行产品设计过程中主要表现为研学课程设计。研学课程设计是将研学课程理念转化为具体、可操作的课程实践活动的关键环节，具有范式化特征，一般需要在遵循研学旅行的要求和目的地资源特点的前提下，设计包含课程理念、价值取向、课程目标、课程任务、课程内容、时间安排、组织形式等选择和操作过程的设计，以形成满足受众研学需求的单个主题研学课程。

一个好的研学课程设计，必须坚持以研学受众为中心，将研究性学习与旅行体验相结合，通过开发、实施研学实践活动，围绕真实情境中的问题展开探索，促进学生主动学习、主动思考，丰富学习体验，才能呈现良好的设计效果。

2. 线的设计

线是由两个以上的"点"连接而成，将各个单个主题的研学课程设计链向上下游衍生整合，产生相互关联、有效整合的研学线路就是线的设计。研学旅行产品的整体设计必须讲究产品的系统性和全面性，在一定区域范围内以地方特色、优秀传统为基础，进行研学主题和特色的深度挖掘，组合住宿接待设施、研学资源点、交通等要素，形成完整的线路。科学规划研学旅行线路，既要考虑到整个旅途的学习体验，又要考虑到线路的安全性、经济性、可行性等多种兼容情况。

3. 面的设计

面的设计可以理解为由多个单个主题的研学课程、多条研学线路形成的研学旅行产品体系，以及由此带来的市场占有与品牌效应，这个时候的研学旅行产品设计应不断追求课程的有机迭代更新和品位层次的累进。

子任务四：了解研学旅行单个产品设计与研学旅行体系产品设计

步骤一：了解研学旅行单个产品设计与研学旅行体系产品设计的联系与区别

作为一项特殊的教育产品和旅游产品，研学旅行还非常需要形成系统化的体系产品，以顺应系统化的研究性学习和旅行体验需求，分别为不同参与对象在不同时间段设计系统性、体系化的研学旅行产品。

体系是指由若干有关事物或某些意识相互联系的系统构成的一个有特定功能的有机整体，如工业体系、思想体系、作战体系等。体系（system of systems）是一个科学术语，泛指一定范围内或同类的事物按照一定的秩序和内部联系组合而成的整体，是不同系统组成的系统。

研学旅行体系产品设计，即产品体系的构建是研学旅行企业从操作性角度对企业同类或相关的产品系列战略层面的文化、定位以及策略层面的价格、包装等一系列要素构成的审视。需要使用对广泛的市场机会进行收集、分析、选择和收缩的系统性分析方法，制订出一系列以市场为中心的、能够带来具有前瞻性的最佳业务成果的战略与行动计划。通过此方法，帮助企业聚焦于有价值的商业机会，避免"只要感觉有机会什么都做的机会主义者"倾向，提高产品规划的前瞻性和符合度，提升运营效率。

在实际工作过程中，研学旅行单个产品设计与研学旅行体系产品设计通常是交叉进行的过程。有时，需要先进行整体的研学旅行体系产品设计，再逐个开发设计研学旅行单个产品。有时，也会存在先设计出一款非常好的研学旅行单个产品，再逐渐深挖其内涵、扩充其外延，形成研学旅行体系产品的情况。

步骤二：了解研学服务机构（旅行社）研学旅行体系产品设计思路

在研学服务机构中，为适应不同地域学校、市场的需求，研学服务机构会从不同渠道角度设计不同的研学课程体系。以某研学服务机构为例，其研学旅行体系产品契合市场需求，开发了几个系列产品。

1. 综合社会实践课程体系

综合实践活动课程属于国家规定的中小学必须开设的"必修课程"，强调学生从活动中学习、从经验中学习、从行动中学习，是一种独立于"学科课程"之外的课程形态，代表着我国基础教育领域课程体系结构性的突破。少年游立足杭州，开发8大类社会实践活动课程，为中小学生开设亮点纷呈的"第二课堂"。

（1）智慧科技大课堂：（特色课程示例）AI小达人/网易讲堂/超燃影视人/智能制造&饮料王国漫游记。

（2）自然环保大课堂：（特色课程示例）玩转低碳科技 践行垃圾分类/与动植物交朋友/探寻一滴水的传奇/自然探索者联盟&走"两山"探"竹迹"。

（3）成长励志大课堂：（特色课程示例）浙里启航 大鹏翱翔/名校励志&英才筑梦行动。

（4）生命健康大课堂：（特色课程示例）打卡中医药/避火降魔STEM/急救高手修炼手册。

（5）生活大课堂：（特色课程示例）寻味舌尖上的杭州/当茶香遇上书香/蚕&丝蝶变曲。

（6）人文大课堂：（特色课程示例）读行西湖/遇见良渚&超越五千年/非遗&诺亚方舟计划。

（7）艺术大课堂：（特色课程示例）书法"王"道/创意手作&指尖上的非遗功夫/小皮影大制作。

（8）红色大课堂：（特色课程示例）传红色基因，励家国梦想。

2. 春秋游研学旅行产品体系

等到春暖花开，秋色斑斓，我们相约一起，走出校门，走向大自然，走进一个美丽的新世界。为了这一天，等了大半年！校园之外的世界，成了我们的读本，索性放下书包，放慢脚步，放飞心灵，拥抱绿水青山，咏叹诗情画意，你可以跟随少年游，一起徜徉美丽的景区景点，一起趣玩特色博物馆、科技馆，一起走进生态乡村体验农事农活，一起探究非遗完成漂亮的手作小品。

（1）景区景点体验游：春秋游涵盖华东所有AAA级以上景区，因"景"制宜，根据景区的文化底蕴和风格特色，精心设计体验活动，让学生不仅能欣赏到美丽的风景，探究丰富的人文，更能体验到有趣有味的互动游戏，游得开心，学得畅意，获得感爆棚。

（2）博物场馆趣味游：博物馆、科技馆等各类文化场馆是开展学生第二课堂的理想场所，在少年游的眼里，高大上的场馆不仅是简单的参观，还可以通过游戏、互动、体验分享等有趣的形式，玩转华东各地博物馆、科技馆、特色馆，让这些场馆在学生面前灵动起来。

（3）生态乡村特色游：春天，万物复苏，百花盛开，草长莺飞，师生相伴走进美丽乡村，一起采茶叶、摘桑葚、挖竹笋、打猪草，品农家饭，赏田园景，干农家活，感受春天生命勃发的气息。秋天，层林尽染，硕果累累，在丰收的时节，相约一起来到乡村旷野，享受农村丰收景象，体验收获果实的快乐和劳动的喜悦，感叹土地的神圣。

（4）非遗基地传承游：非物质文化遗产是民族文化的基因，是中华优秀传统文化的重要部分，为落实党中央《关于实施中华优秀传统文化传承发展工程的意见》精神，组织师生一起走进各类非遗传习基地，探究非遗的前世今生，学习体验非遗文化，以另一种方式开展"非遗进校园"，让学生都成为非遗传承人、传播使者，共同守护好我们的精神家园。

（5）名校名企见学游：怀揣一个读书求学的梦想，捧着一颗追求进步的红心，相约浙江大学、南京大学、复旦大学、上海交通大学等国内最顶尖学府，参观校园、了解校史、与学哥学姐互动、走进大学课堂；参访杭州网易、娃哈哈、吉利、上海大众、农夫山泉等国际一流企业，引导学生做好生涯规划，为人生成长奠基。

3. 课程化主题研学旅行产品体系

某企业致力于中小学生课程化研学旅行，立足华东，辐射全国，形成了较为完备的课程体系，首创推出"跟着课本去研学""城市深度研学游""名校名企励志游"等品牌课程库，创新研发"人文艺术""自然生态""生命健康""智慧科技""红色经典"等系列分主题课程，研学时间以4~6日为主，践行少年游课程研发与执行理论模型，强化教育理念引领，学习主题和目标引导，追求专业品质。

（1）品牌课程库：

跟着课本去研学：组织专业团队，通过认真研读中小学现行各学科教材，发现梳理学科知识与研学资源的契合点，赋予资源教育性意义，开发相应研学课程，实现校内外课程的完美融合。

跟着成语游江南/跟着诗词游江南/跟着名人游江南/跟着文史游江南/跟着典故游江南/跟着三字经游江南。

城市深度研学游：一座城市就是一本教科书，一座有历史文化的城市就是一座博物馆，深入挖掘城市特色，通过不同的角度设置不同的课程，让学生从不同维度认识城市。

名校名企励志游：著名高校往往自带"网红气质"，人文丰厚，名人辈出，学习氛围浓厚；知名企业通常"吸睛无数"，企业文化发达，技术先进，产品一流。上名校，入名企，为学生播下梦想的种子，激发奋斗的力量。

名校系列：北京大学/清华大学/浙江大学/复旦大学/同济大学/南京大学/上海交通大学/南京航空航天大学/中国美术学院/上海戏剧学院……

（2）分主题研学课程人文艺术系列：

以培养学生文化基础，涵养人文底蕴，培育人文情怀，提升审美情趣为目标，围绕主题选取研学资源，进行课程化开发，通过实践性、体验性强的人文艺术活动，达到课程既定效果。

研学内容涉及：人文——文学、历史、文物、非遗、名人、名物、名产、名胜、古迹；艺术——美术、书法、音乐、舞蹈、摄影、戏剧、工艺、艺术设计。

特色课程示例：《文脉传承古今　茶丝通达世界》。

自然生态系列：聚焦中小学生生态环保意识的养成与教育，通过开展系列研学活动，让学生走进大自然，践行生态环保，学会正确的垃圾分类方法，形成中国特色社会主义生态文明观。特色课程示例：《博学文化徽州　励志大美黄山》。

生命健康系列：通过生命健康系列课程，让学生学会健康生活方式，落实生命教育，提高珍爱生命意识，健全完善人格，提升身体素质，懂得情绪管理，加强心理引导，增强自我管理能力，以积极健康、阳光乐观的心态学习生活、快乐成长。特色课程示例：《探究生命奥秘　学会健康生活》。

智慧科技系列：围绕科技主题，开发特色课程，以培养学生科学精神、实践能力和理性思维、批判质疑、勇于探究的优秀品质为核心目标，通过前沿科技体验、智能制造企业参观、科普行动等途径，让学生做一个充满现代智慧的科技达人。特色课程示例：《笃学励志状元郎　科创报国飞天梦》。

红色经典系列：加强学生爱国主义、革命传统教育是中小学德育的重要内容，通过组织学生赴革命纪念馆、红色景点、英雄故里等地开展形式多样的缅怀仪式、纪念活动，激发学生的爱国情感，敬仰英雄、学习英雄、讴歌英雄，永葆一颗红心，做中国特色社会主义的建设者和接班人。特色课程示例：《誓言不忘国耻　心怀家国天下》。[①]

步骤三：了解研学基地（营地）研学旅行体系产品设计思路

在研学基地（营地）中，需要因地制宜地挖掘在地资源，以户外体育活动课程为主线，开发不限于户外运动、自然教育、爱国教育、生命教育、劳动教育、未来教育等课程类型，在学科类型上涉及体育学、生物学、植物学、动物学、医学、历史学、地理科学、工程学、人体科学等众多学科，由此构成完整的营地教育课程体系。营地教育需要以跨学科的理论和实践知识为依据，以团队生活为形式，融合娱乐、创造和教育等多种属性，鼓励、引导营员探索自己、发现潜能，培养其沟通、领导、生存、团队配合、服务等综合素质的教育性活动。

目前研学营地的课程体系呈现深挖在地资源、百花齐放的特征，每个研学营地基于自身的资源禀赋，开发出了不同的课程体系。以杭州市兰里研学大本营为例，它位于杭州市西湖区三墩镇兰里景区内，内外交通便捷。以美丽乡村、田园风光为背景，结合中小学课标，从三农（农业、农村、农民）、三生（生产、生活、生态）维度，深挖兰里农耕文化、科技农业、非遗传承、良渚文化、荀子文化等在地文旅资源，形成以新劳动教育及国防教育为核心，以自然教育、非遗手作、创客教育、食育美食、户外素拓为支撑的六大课程体系，业务涉及研学/游学（学农、学军）、毕业季/成人礼、冬夏令营、团建/疗休养、课程输出、研学进校园、农创文创、家庭休闲，发展目标是打造集研学实践教育、农事观光体验、课程输出、亲子家庭休闲等于一身的综合性研学实践教育营地。图1—10是其完整的课程体系示意图。

---

① 此部分特色课程示例来自杭州远景国际旅行社。

课程体系	春·系列课程		夏·系列课程		秋·系列课程		冬·系列课程	
	名称	选择	名称	选择	名称	选择	名称	选择
耕读传家	农业初体验		农业初体验		农业初体验		农业初体验	
	我的春天菜园		我的夏天菜园		我的秋天菜园		我的冬天菜园	
	插秧记		插秧记		丰收记		丰收记	
现代智慧	现代栽培技术护航蔬菜生长		智能调控技术护航香草生长		人工授粉技术护航作物生产		无性繁殖技术护航兰花生长	
	科学实验室·紫甘蓝的秘密		科学实验室·芳香纯露工厂		科学实验室·探秘种子结构		科学实验室·细胞观察室	
匠心手艺	春之礼（植物拼贴画）		夏之礼（植物拼贴画）		秋之礼（叶脉书签）		冬之礼（叶脉书签）	
	天工开物（鲁班锁制作）		天工开物（鲁班锁制作）		天工开物（鲁班锁制作）		天工开物（鲁班锁制作）	
	植物笔记（草木拓印）		植物笔记（草木拓印）		植物笔记（草木拓印）		植物笔记（草木拓印）	
岁时节令	伊始之春（立春）		立夏乌米香（立夏）		诗话婵娟（中秋）		迎冬（立冬）	
	春风十里（春分）		粽香兰里（端午）		桂枝香（寒露）		冬藏（冬至）	
	艾在兰里（清明）		消暑（小暑）		一叶知秋（霜降）		辞旧迎春笑（春节）	
人间烟火	春酿笋尖		乌米饭		冰皮月饼		糯米糍粑	
	马兰头水晶蒸饺		水晶粽子		桂花印糕		翡翠白玉水饺	
	艾草青团		玫瑰藕糕		魔豆工坊		冰糖葫芦	
	茶之道（茶道礼仪）		茶之道（茶道礼仪）		茶之道（茶道礼仪）		茶之道（茶道礼仪）	
生命物语	First Aid 急救培训		First Aid 急救培训		First Aid 急救培训		First Aid 急救培训	
	野外急救		野外净水		扎帐篷		镁棒取火	
	三墩水乡情		三墩水乡情		三墩水乡情		三墩水乡情	
	萌宠乐园（喂养）		萌宠乐园（喂养）		萌宠乐园（喂养）		萌宠乐园（喂养）	

图 1-10 杭州市兰里研学大本营课程体系

任务小结与思考

本次任务围绕"明确研学旅行产品设计的任务和要求"来进行，主要包括四大核心任务点。一是了解企业中研学旅行产品设计相关岗位的职责要求，为将来从事相关岗位工作做好铺垫。二是掌握研学旅行设计的基本流程和原则。三是掌握研学旅行产品设计的方法。四是了解研学旅行单个产品设计与体系产品设计之间的区别和联系。通过相关知识和技能的学习，对研学旅行产品设计的任务和要求有一个全面的认识，为将来从事相关工作奠定扎实的理论基础。

结合实际思考

1. 研学旅行产品设计的基本流程有哪些？
2. 请阐述研学旅行课程设计与研学旅行产品设计之间的区别和联系。
3. 你认为，需要如何更好地实现研学旅行产品设计？

思考答案

项目二

研学旅行产品设计的基本策略

中国共产党第一次全国代表大会纪念馆

研学旅行对于中小学生来说是衔接学校教育与校外教育的创新形式、核心素养不可缺少的重要方式与途径；对于其他的研学受众，是开阔视野、实现高层次精神享受的有益补充。那么开展什么样的研学旅行才是适合研学受众、真正让研学受众受益的呢？这就需要优秀的研学旅行产品设计，为研学受众带来持续的正面影响。优秀的研学旅行产品设计需要遵循一定的基本策略和流程，在深入了解市场需求与教育目标的对接、资源的筛选与目标的实现之间找到合理的平衡点。

思维导图

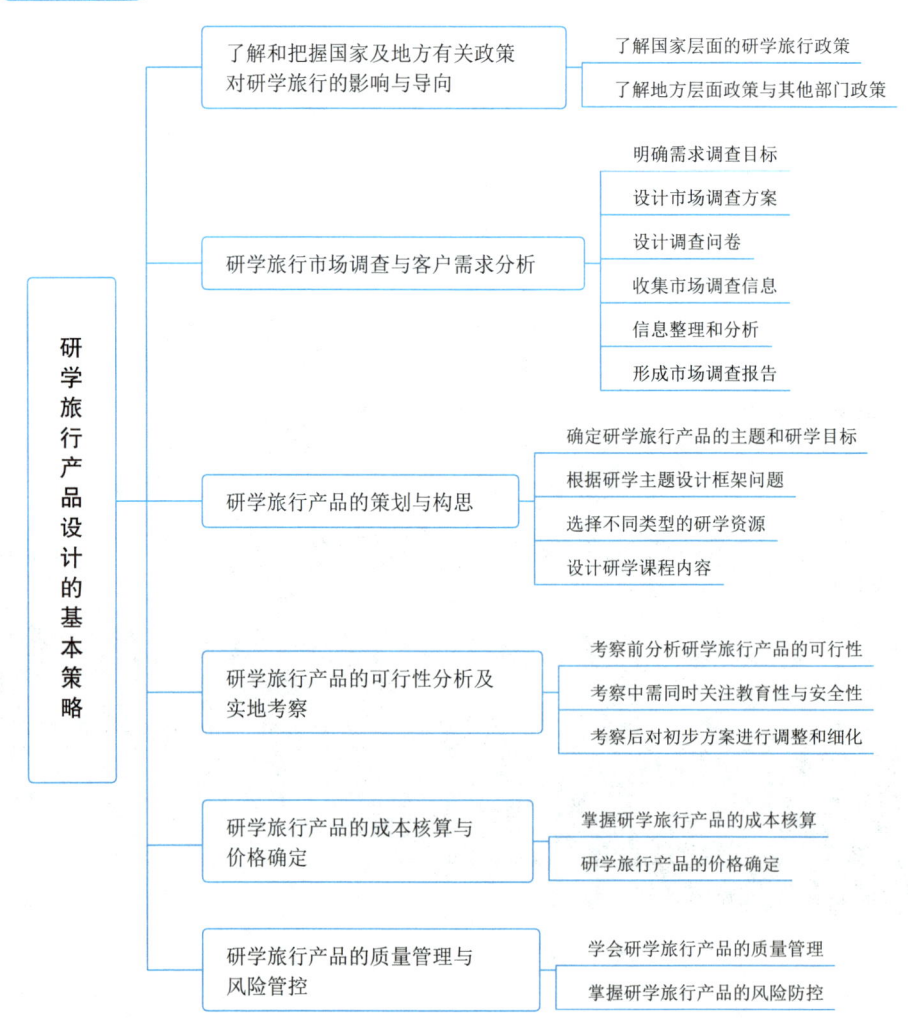

项目二 研学旅行产品设计的基本策略

任务一 了解和把握国家及地方有关政策对研学旅行的影响与导向

学习目标

知识目标	了解和把握国家层面的研学旅行政策，了解地方层面政策与其他部门政策。
技能目标	能否分析政策对当地研学旅行市场的影响，把握研学旅行产品设计的基调和方向。
思政目标	培养学生对政策的敏感性和认知度。

任务导入

苦恼的小刘不知从何下手进行研学旅行产品设计

小刘是某研学服务机构新进员工，岗位是研学旅行产品设计部门助理，他非常喜欢这份工作，也很希望将工作做好。刚入职，经理给他一些资料让他先去学习，他一看都是密密麻麻的政策文件，有点头皮发麻，也不知从何下手去理解这些政策文件。我们一起来帮助小刘解决他的困境吧。

案例观察

研学旅行发展深受政策影响。2016年以后，这种"旅游+教育"的模式得到了官方认可，"自上而下"的引导力量为研学旅行的发展指明了前进的方向。国家的相关政策密集出台，地方相关部门跟进政策，扶植大量研学旅行企业成长，研学旅行由此进入了蓬勃发展的阶段。因此，深入理解国家层面研学旅行政策导向，把准地方层面和其他层面的政策要点，对研学旅行产品设计至关重要。

问题思考

1. 你认为政策如何对研学旅行发展产生影响？
2. 你认为研学旅行产品设计应该如何去切实分析地方及其他层面政策要求？

研学旅行承载了素质教育改革和旅游转型发展新目标，极富中国特色。需要认真研究国家、地方、学校等各个层面的政策文件，理解研学旅行的政策导向和需求，把握研学旅行发展进程。

子任务一：了解国家层面的研学旅行政策

步骤一：分析政策对于研学市场发展的影响

研学旅行是在国家和政府诸多的政策支持下快速发展起来的。

从2013年开始，不断有省市开始研学旅行的试点工作；2015年，国务院发文要求"支持研学旅行发展，把研学旅行纳入学生综合素质教育范畴"；2016年，教育部等11家部委发布《关于推进中小学生研学旅行的意见》，这是国家层面第一次旗帜鲜明地支持研学旅行；2016年到2017年，原国家旅游局以及教育部先后推出一系列政策，给研学旅行提供了良好的发展平台。

在各种政策以及市场的驱动下，研学旅行从此驶入快车道，进入规模化发展阶段，由此可见政策对研学旅行的影响。越来越多的专业研学服务机构、教培机构、旅游企业加入研学旅行行业队伍，大量爱国主义教育基地、文博场馆等成为研学基地，新建改造了大量研学营地，并且出现了研学导师等新兴职业；中小学也根据本校的实际情况，安排学生参与，满足教学和学生的需要。未来，研学旅行还会继续受各个层面政策的影响，从业者还需不断从政策取向出发，构思研学旅行产品设计的主要方向和思路。

从政策制定的主体来看，研学旅行政策可以分为国家政策、地方政策及其他政策。

1. 国家政策

国家政策指国家制定的，引导国家研学旅行行业发展方向、引导推动行业结构升级、协调国家行业结构、使行业健康可持续发展的政策。

2. 地方政策

地方政策指地方制定的，引导地方研学旅行行业发展方向、引导推动地方行业结构升级、协调地方行业结构、使地方行业健康可持续发展的政策。

3. 其他政策

其他政策指其他主体制定的与研学旅行相关的政策。主要是与研学有紧密联系的其他部门发布的有助于推动研学旅行发展的政策。

步骤二：了解研学旅行国家层面政策出台的历程

有关研学旅行的国家层面政策从2013年以来陆续推出，对研学旅行的发展起了关键性引导作用，以下是按时间顺序做的政策梳理。

1. 2013年《国民旅游休闲纲要（2013—2020年）》首次提出

2013年2月2日，国务院办公厅印发《国民旅游休闲纲要（2013—2020年）》，纲要中提出"逐步推行中小学生研学旅行"的设想。此前我国许多地区都有尝试把研学旅行作为推进素质教育的一个重要内容来开展。

2. 2014年进入教育部基础司工作要点

2014年4月19日，教育部基础教育一司司长王定华在第十二届全国基础教育学校论坛上发表了题为《我国基础教育新形势与蒲公英行动计划》的主题演讲。在会上，他首先提出了研学旅行的定义：学生集体参加的有组织、有计划、有目的的校外参观体验实践活动。研学要以年级为单位、以班为单位进行集体活动，同学们在老师或者辅导员的带领下，确定主题，以课程为目标，以动手做、做中学的形式，共同体验，分组活动，相互研讨，书写研学日志，形成研学总结报告。

3. 2014年研学旅行纳入中小学日常教育范畴

2014年8月21日国务院《关于促进旅游业改革发展的若干意见》中首次明确了"研学旅行"要纳入中小学生日常教育范畴，积极开展研学旅行。按照全面实施素质教育的要求，将研学旅行、夏令营、冬令营等作为青少年爱国主义和革命传统教育、国情教育的重要载体，纳入中小学生日常德育、美育、体育教育范畴，增进学生对自然和社会的认识，培养其社会责任感和实践能力。按照教育为本、安全第一的原则，建立小学阶段以乡土乡情研学为主、初中阶段以县情市情研学为主、高中阶段以省情国情研学为主的研学旅行体系。

4. 2015 年新突破

国务院办公厅《关于进一步促进旅游投资和消费的若干意见》出台，较之 2009 年的国发 41 号文、2012 年的国发 31 号文，本次国务院新出台的《关于进一步促进旅游投资和消费的若干意见》有新突破，提出应建立健全的研学旅行安全保障机制。旅行社和研学旅行场所应在内容设计、导游配备、安全设施与防护等方面注意青少年学生特点，寓教于游。加强国际研学旅行交流，规范和引导中小学生赴境外研学旅行活动开展。

5. 2016 年开启研学旅游大发展元年

（1）2016 年国家旅游局公布首批"中国研学旅游目的地"和"全国研学旅游示范基地通知"。通知要求各研学旅游目的地和示范基地要进一步挖掘研学旅游资源，深化打造主题品牌，扩大对青少年人群的政策优惠，加强接待配套设施建设，切实提高管理服务水平和安全保障，不断提升研学旅游的综合吸引力和品牌认知度。各级旅游部门要充分发挥对研学旅游目的地和示范基地的指导作用，加大在政策、资金、项目、人才培训、宣传推广等方面的支持力度，将研学旅游培育成为各地旅游发展创新的增长点。

（2）关于做好全国中小学研学实验区工作的通知。为贯彻落实《国家中长期教育改革和发展规划纲要（2010—2020 年）》、国务院办公厅《关于进一步促进旅游投资和消费的若干意见》，培养中小学生的创新精神和实践能力，推动研学旅行工作健康发展，教育部确定河北省邯郸市等 10 个地区为全国中小学研学旅行实验区。

（3）2016 年 12 月 19 日国家旅游局发布《研学旅行服务规范》行业标准。随着我国旅游业的发展，研学旅行已经成为教育旅游市场的热点。为了规范研学旅行服务流程，提升服务质量，引导和推动研学旅行健康发展，国家旅游局发布《研学旅行服务规范》，行业标准已经国家旅游局批准，2017 年 5 月 1 日起实施。

（4）《中国学生发展核心素养》正式发布。2016 年 9 月 13 日，《中国学生发展核心素养》正式发布，并强调：突破知识本位与应试教育的藩篱窠臼，引领学生培育适应社会发展与终身发展需求的必备品格和关键能力。

（5）11 部委正式发布《关于推进中小学生研学旅行的意见》，被业界称为"研学宪法"。2016 年 11 月 30 日，教育部等 11 部门印发的《关于推进中小学生研学旅行的意见》指出，中小学生研学旅行是由教育部门和学校有计划地组织安排，通过集体旅行、集中食宿方式开展的研究性学习和旅行体验相结合的校外教育活动，是学校教育和校外教育衔接的创新形式，是教育教学的重要内容，是综合实践育人的有效途径。

6. 2017年进一步引导推动

（1）教育部办公厅关于开展2017年中央专项彩票公益金支持中小学生研学实践教育项目推荐工作的通知。为贯彻教育部等11部门《关于推进中小学生研学旅行的意见》精神，落实立德树人根本任务，帮助中小学生了解国情、热爱祖国、开阔眼界、增长知识，着力提高中小学生的社会责任感、创新精神和实践能力，"十三五"期间，教育部利用中央专项彩票公益金支持开展中小学生研学实践教育项目，将在各地遴选命名一批"全国中小学生研学实践教育基地"和"全国中小学生研学实践教育营地"，广泛开展中小学生研学实践教育活动。

（2）教育部印发《中小学德育工作指南》（以下简称《指南》）的通知。该《指南》是指导中小学德育工作的规范性文件，适用于所有普通中小学。各地要加强组织实施，将《指南》作为学校开展德育工作的基本遵循，纳入校长和教师培训的重要内容，并将其作为教育行政部门对中小学德育工作进行督导评价的重要依据，进一步提高中小学德育工作水平。

（3）教育部办公厅关于公布第一批全国中小学生研学实践教育基地、营地名单的通知。根据《教育部办公厅关于商请推荐"全国中小学生研学实践教育基地"的函》（教基厅函〔2017〕24号）、《教育部办公厅关于开展2017年度中央专项彩票公益金支持中小学生研学实践教育项目推荐工作的通知》（教基厅函〔2017〕25号）精神，在国家有关基地主管部门和各省级教育行政部门推荐基础上，经专家评议，营地实地核查及综合评定，现命名中国人民革命军事博物馆等204个单位为"全国中小学生研学实践教育基地"，河北省石家庄市青少年社会综合实践学校等14个单位为"全国中小学生研学实践教育营地"。

7. 2018年、2019年稳步推进

《教育部基础教育司2018年工作要点》继续实施中央专项彩票公益金支持校外教育事业发展项目，推进研学实践教育营地和基地建设。教育部公示2018年"全国中小学生研学实践教育基地、营地"名单根据《教育部办公厅关于商请推荐"全国中小学生研学实践教育基地"的函》（教基厅函〔2018〕44号）、《教育部办公厅关于开展"全国中小学生研学实践教育基（营）地"推荐工作的通知》（教基厅函〔2018〕45号）精神，在中央有关部门和各省级教育行政部门推荐的基础上，经专家评议、营地实地核查及综合评定，拟命名中国人民解放军海军南海舰队军史馆等377个单位为"全国中小学生研学实践教育基地"，北京市自动化工程学校等26个单位为"全国中小学生研学实践教育营地"。

8. 2020年教育领域政策频出

2020年全国教育工作会议召开，强调基础教育要在扩容和深化上下功夫，提升落实立德树人根本任务的针对性、实效性，对准"五育并举"体系中的短板弱项，保持定力、持续用力、精准发力。中共中央、国务院《关于全面加强新时代大中小学劳动教育的意见》阐述加强劳动教育的重大意义、指导思想和基本原则；把握基本内涵、明确总体目标、设立必修课程、确定内容要求、健全评价制度，全面构建体现时代特征的劳动教育体系；家、校、社协同广泛开展劳动教育实践活动；从实践场所、人才队伍、经费投入、安全保障四方面，着力提升劳动教育支撑保障能力；切实加强劳动教育的组织实施。4月24日《给全国中小学校新学期加强心理健康教育的指导建议》教育部中小学心理健康教育专家指导委员会提出，制订心理健康教育工作方案，开展针对性的心理健康教育课程和活动，注重疫情防控与学校文化活动相结合。6月3日，普通高中课程方案和语文等学科课程标准（2017年版2020年修订）方案明确，综合实践活动与劳动为必修课程，综合实践活动共8学分，其中研究性学习6学分；劳动共6学分，其中志愿服务2学分，在课外时间进行，3年不少于40小时。

7月15日，教育部《大中小学劳动教育指导纲要（试行）》明确劳动教育的性质和基本理念，总体目标、内容和学段要求，途径、关键环节和评价，学校劳动教育的整体规划与组织实施，条件保障与专业支持。

8月13日，中国红十字会总会、教育部《关于进一步加强和改进新时代学校红十字工作的通知》把健康教育作为素质教育的重要内容，主动融入相关学科教学活动、课堂教育与课外实践；因地制宜建设一批红十字青少年社会实践基地；广泛开展具有知识性、趣味性、服务性的红十字特色课内外活动和志愿服务。

9月16日，《农业农村部办公厅、教育部办公厅关于开展中国农民丰收节农耕文化教育主题活动的通知》开展民俗文化现场教学、农事劳动体验、乡村考察等农耕文化教育实践活动，建设一批安全适宜的农耕文化主题教育研学基地，规划设计一批中国农民丰收节等农事节庆专题研学教育线路。

9月22日，教育部等八部门《关于进一步激发中小学办学活力的若干意见》强调加强与社会有关方面合作，建立相对稳定的研学实践、劳动教育和科普教育基地，打造中小学生社会实践大课堂，免费或优惠向学生开放，充分发挥各类公共文化设施和科技场馆的重要育人作用。

10月13日，中共中央、国务院印发《深化新时代教育评价改革总体方案》，坚持把立德树人成效作为根本标准，促进德智体美劳全面发展，完善德育评价，强化体育评价，改进美育评价，加强劳动教育评价。

项目二 研学旅行产品设计的基本策略

10月20日，教育部、国家文物局《关于利用博物馆资源开展中小学教育教学的意见》强调，推动博物馆教育资源与学校教育需求的有机衔接，明确教育部门和中小学校、文物部门与博物馆各自在利用博物馆资源开展中小学教育教学中的责任分工和具体要求，突出博物馆教育课程开发与教育目标、教学内容的互补和有机融合。

11月3日，《中共中央关于制定国民经济和社会发展第十四个五年规划和二〇三五年远景目标的建议》提出了"十四五"时期经济社会发展主要目标及实现目标的具体举措。其中涵盖建设高质量教育体系、健全现代文化产业体系、发展红色旅游和乡村旅游、提升公共文化服务水平等方面内容。

9. 2021年、2022年持续深化推进

教育部、财政部等5部委《关于大力加强中小学线上教育教学资源建设与应用的意见》健全资源体系。坚持把德智体美劳全面发展育人理念贯穿到资源建设全过程、各环节，推进资源专业化、精品化、体系化建设。以培育和践行社会主义核心价值观为核心，丰富专题教育资源，包括爱国主义教育、宪法法治教育、品德教育、劳动教育、中华优秀传统文化教育、生命与安全教育、心理健康教育、家庭教育、生态文明教育、经典阅读、研学实践、影视教育等。教育部等6部门：《义务教育质量评价指南》在涉及学生的"劳动与社会实践"评价指标方面，《义务教育质量评价指南》提出重点要考查学生"劳动习惯"和"社会体验"。其中"劳动习惯"指标的考察要点主要包括"劳动观念"和"劳动技能"两个方面，劳动技能包括家务劳动、校内劳动、校外劳动三个内容；"社会体验"主要包括社会调查、研学实践、志愿服务、公益活动和职业体验等。教育部：规范研学服务，制订《中小学生研学旅行服务合同（示范文本）》完善协同育人机制方面，将研制构建家校社协同育人机制的指导意见。积极推广使用《家庭教育指导手册》，遴选宣传一批家庭教育指导优秀案例。制订《全国中小学生研学实践教育工作指南》《中小学生研学旅行服务合同（示范文本）》。文化和旅游部：《"十四五"文化和旅游发展规划》推出一批具有鲜明非物质文化遗产特色的主题旅游线路、研学旅游产品。开展国家级研学旅行示范基地创建工作，推出一批主题鲜明、课程精良、运行规范的研学旅行示范基地。工业和信息化部、国家发展和改革委员会、教育部、财政部等8部委：《推进工业文化发展实施方案（2021—2025年）》发挥工业文化研学教育功能，鼓励各地利用工业遗产、老旧厂房等设施培育一批工业文化研学实践基地（营地）。

国务院发布《全民科学素质行动规划纲要（2021—2035年）》鼓励和支持各行业各部门建立科普教育、研学等基地，提高科普服务能力。国务院办公

厅:《关于进一步加强非物质文化遗产保护工作的意见》深入挖掘乡村旅游消费潜力，支持利用非物质文化遗产资源发展乡村旅游等业态，以文塑旅、以旅彰文，推出一批具有鲜明非物质文化遗产特色的主题旅游线路、研学旅游产品和演艺作品。引导社会力量参与非物质文化遗产教育培训，广泛开展社会实践和研学活动。农业农村部:《关于拓展农业多种功能　促进乡村产业高质量发展的指导意见》开发森林人家、林间步道、健康氧吧、温泉水疗、水上漂流、滑草滑沙、星空露营等产品，打造一批循环农业、生态农牧、稻渔共生等生态样板，建设一批学农劳动、研学实践、科普教育等实训基地，创设一批农事生产、节气物候、自然课堂、健康养生等科普教程。

子任务二：了解地方层面政策与其他部门政策

自国家出台相关政策以来，各地、各部门也陆续推出促进研学旅行发展的政策文件。

步骤一：了解地方层面政策

部分地区研学旅行政策汇总情况如表 2-1 所示。

表 2-1　部分地区研学旅行政策汇总情况

地区	时间	研学政策
北京市教育委员会	2018.1	《北京市教育委员会关于初中综合社会实践活动、开放性科学实践活动计入中考成绩有关事项的通知》
上海市教育委员会	2019.8	《上海市初中学生社会实践管理工作实施办法》
安徽省教育厅	2012.2	《安徽省教育厅关于开展中小学生研学旅行试点工作的通知》
重庆市教育委员会等 10 部门	2017.4	《重庆市教育委员会等 10 部门关于进一步深化中小学生研学旅行试点工作的实施意见》
甘肃省教育厅等 11 部门	2017.6	《甘肃省教育厅等 11 部门关于开展中小学生研学旅行工作的实施意见》
广东省教育厅等 12 部门	2018.1	《广东省教育厅等 12 部门关于推进中小学生研学旅行的实施意见》
海南省教育厅等 12 部门	2017.12	《海南省教育厅等 12 部门关于推进中小学生研学旅行的实施意见》
河南省教育厅等 10 部门	2017.12	《关于推进中小学生研学旅行的实施方案》

续表

地区	时间	研学政策
黑龙江省教育厅等11部门	2017.11	《关于推进中小学生研学旅行的实施意见》
湖南省教育厅等11部门	2017.12	《关于推进中小学生研学旅行工作的实施意见》
吉林省教育厅等11部门	2017.12	《吉林省教育厅等11部门关于开展中小学生研学旅行的实施意见》
山东省教育厅等12部门	2017.7	《山东省推进中小学生研学旅行工作实施方案》
天津市教育委员会	2017	《天津市教委关于认真做好研学旅行工作的通知》
浙江省教育厅等10部门	2018.7	《关于推进中小学生研学旅行工作的实施意见》
陕西省教育厅等12部门	2017.4	《关于推进中小学生研学旅行的实施意见》
内蒙古自治区教育厅等10部门	2019.5	《内蒙古自治区关于推进中小学生研学旅行工作的指导意见》

各地都在教育部等11部门政策文件基础上，结合地区实际，提出相应的发展研学旅行的要求，为助推当地研学旅行发展提供了重要政策支持和保障。

如浙江省教育厅、浙江省旅游局等10部门联合出台《关于推进中小学生研学旅行工作的实施意见》中，明确要用5年左右时间，创建全国中小学研学实践教育营地2个以上、全国基地20个以上。遴选公布省级营地10个以上、省级基地100个以上。

研学线路设计要求形成营地辐射式研学线路和主题串联式研学线路。营地辐射式研学线路是以研学实践教育营地为核心、周边基地为辐射圈的研学旅行实践基地群。主题串联式研学线路则是各地围绕"红色之旅""生态之旅""文化之旅""活力之旅"主题，精心筛选打造3~5条面向本区域的示范性研学旅行精品线路。

研学实践课程开发建设方面，要求：第一，建立区域性研学课程体系。以"学天下、行天下、成天下"为主线，以"行走家乡、览胜祖国、放眼世界"为路径，建立小学阶段以乡土乡情为主、初中阶段以县情市情为主、高中阶段以省情国情为主的研学旅行活动课程体系。第二，精心设计学校研学课程。与综合实践活动课程统筹考虑，将研学课程纳入学校年度教育教学计划，建构"走下课堂、走出校园、走进社会、走向未来"的研学旅行课程模式。第三，营地（基地）研学课程要求。至少具备一个研学旅行活动主题，有针对性地开发自然类、历史类、地理类、科技类、人文类、体验类等多种类型的活动课程。

1. 学校研学活动的安排

中小学各学段研学旅行一般安排在小学四五六年级、初中一二年级、高中一二年级。一般情况下，学校每学年组织安排 1~2 次研学旅行活动，每学年合计安排研学旅行活动小学 3~4 天、初中 4~6 天、高中 6~8 天。研学旅行尽量避开旅游高峰期。

2. 学校研学活动的组织

学校组织开展研学旅行可采取自行开展或委托开展的形式。学校委托开展研学旅行的，要与有旅行社服务资质、信誉好的被委托企业或机构签订协议书和安全责任书。

3. 家庭亲子研学旅行活动

充分利用家庭旅行多样性、灵活性、简易性等特点，大力鼓励和引导各中小学生家庭，利用寒暑假期等有计划、有目的地带孩子外出研学旅行。

除此之外，浙江要求建设高效便捷的研学活动服务和评价体系。借鉴温州市鹿城区基于"学生社会大课堂"智能微信平台的研学服务和评价运作模式，积极建立并完善集信息提供（区域内和省级研学基地、营地资源信息）、课程呈现（研学实践课程内容）、活动记录（进入基地与营地通过定位、扫码等的显示和活动课程参与情况的实时记录）、评价反馈（包括对学生参与活动评价和对基地、营地服务满意度评价）等板块于一身的闭环运行的研学活动服务和评价体系。积极为家庭带领孩子参加省内外研学活动提供人性化的服务支撑，为家庭亲子研学旅行提供实时记录。努力实现研学旅行分层级、分区域、全过程的信息化管理服务和全方位的活动反馈评价。

步骤二：了解各个部门的相关政策

各个部门都在陆续出台与研学旅行相关的政策，营造行业发展的良好氛围和环境。仅刚刚过去的 2022 年，就有很多政策，以下展示部分政策：

2022 年 1 月国务院印发《国务院关于印发"十四五"旅游业发展规划的通知》：推动研学实践活动发展，创建一批研学资源丰富、课程体系健全、活动特色鲜明与安全措施完善的研学实践活动基地，为中小学生有组织开展研学实践活动提供必要保障及支持。

2022 年 4 月国家文物局印发《"十四五"考古工作专项规划》：鼓励依托国家考古遗址公园、国家重点区域考古标本库房、考古研究基地和考古工作站开展考古工地开放日、考古研学旅行与考古夏令营等多种公众考古活动。

2022 年 5 月国家发展改革委印发《革命老区重点城市对口合作工作方案》：加强革命老区红色遗址保护和旅游基础设施建设，打造红色文化传承项目及载

项目二 研学旅行产品设计的基本策略

体,规范有序开展以红色文化传承为主题的研学实践活动,建设红色研学旅行基地(营地)。

2022年8月中共中央办公厅、国务院办公厅印发《"十四五"文化发展规划》:推动旅游与现代生产生活有机结合,加快发展度假休闲旅游、康养旅游、研学旅行实践活动等,打造一批国家全域旅游示范区、A级旅游景区、国家级旅游度假区、国家精品研学旅行带、国家旅游风景道、特色旅游目的地、特色旅游功能区、城市绿道、骑行公园和慢行系统。

2022年2月教育部发布《教育部2022年工作要点》:推进中小学生劳动教育,全面加强涉农高校耕读教育,推进职业院校劳动教育,开展中小学生职业启蒙教育。指导中小学劳动教育实验区开展工作,持续开展中小学生劳动素养发展状况监测。

2022年2月文化和旅游部办公厅、教育部办公厅、国家文物局办公室发文《关于利用文化和旅游资源、文物资源提升青少年精神素养的通知》:以博物馆、纪念馆、开放的文物保护单位、考古遗址公园和红色旅游景区等设计精品研学旅行路线,综合运用专题讲座、文艺演出、解说导览和参与志愿服务等方式,推动青少年在感悟社会主义先进文化、革命文化和中华优秀传统文化中增强文化自信。

2022年4月文化和旅游部、教育部、自然资源部、农业农村部、国家乡村振兴局、国家开发银行印发《关于推动文化产业赋能乡村振兴的意见》:鼓励各地加强"中国民间文化艺术之乡"建设,塑造"一乡一品""一乡一艺""一乡一景"特色品牌,形成具有区域影响力的乡村文化名片,提升乡村文化建设品质,充分开发民间文化艺术研学旅行的产品和线路。

 **任务小结与思考**

本次任务围绕"了解和把握国家及地方有关政策对研学旅行的影响与导向"来进行,主要包括两大核心任务点,一是了解国家层面研学旅行政策,二是了解地方层面政策与其他部门政策。研学旅行发展受国家、地方和各部门政策显著影响,需要认真研究国家、地方、学校等各个层面的政策文件,理解研学旅行的政策导向和需求,把握研学旅行产品设计方向。

结合实际思考

1. 各类政策文件如何影响研学旅行产品设计?
2. 如何有效解读各类政策文件?

思考答案

项目二 研学旅行产品设计的基本策略

任务二 研学旅行市场调查与客户需求分析

知识目标	掌握研学旅行市场调查与客户需求分析主要的6个步骤，明确需求调查目标、设计市场调查方案、设计调查问卷、收集信息、信息整理和分析、形成市场调查报告的相关要求。
技能目标	掌握明确需求调查目标、设计市场调查方案、设计调查问卷、收集信息、信息整理和分析、形成市场调查报告的具体做法。
思政目标	能够理解做好市场调查，需要具备良好的沟通能力、思考能力和较好的心理素质要求，并能在研学旅行市场调查过程中不断提升个人素质。

小张不知如何着手研学旅行市场调查与客户需求分析

小张从经理那里领到一个设计研学旅行市场调查方案的任务，经理告诉他，必须充分进行研学旅行市场调查，才能进行良好的研学旅行产品设计，在开始研学旅行市场调查前，必须设计科学的调查方案并组织实施。小张非常理解市场调查的重要性，但是如何着手进行市场调查，可以采用哪些方式方法进行调查，如何保证市场调查的科学性、可靠性，他觉得亟须很多的指导。让我们一起来帮助他解决这个问题。

案例观察

市场调研是企业制订产品策略和计划的基础，它可以帮助企业了解市场的需求和趋势，以及竞争对手的情况，从而制定出更加合适的产品定位和策略。

问题思考

1. 你认为应该如何进行科学的市场调研？
2. 你有没有真正地去进行过一次完整的市场调研？

研学旅行市场调查与客户需求分析是收集、记录、分析有关研学市场营销资料和信息的最重要手段，是企业制订营销计划和策略的基础工作。没有市场调研，营销计划和策略的制订就没有依据，也就制订不出切实可行的营销计划和营销策略。不同类型的市场调查的程序不尽相同，但基本上都有明确需求调查目标、设计市场调查方案、设计调查问卷、收集信息、信息整理和分析、形成市场调查报告六个重要任务。

子任务一：明确需求调查目标

调查问题的界定和调查目标的确实是最重要的一个步骤。只有清楚地定义了研学市场调查的问题，明确要解决的问题，以及问题的重点，确立了调研目标，方能正确地设计和实施调研，最终才能有高质量的调研结果。

步骤一：了解常见的研学旅行市场调查类型

常见的研学市场调查可以分为以下四种类型。

（1）探索性调查，就是使用假设性的方法，推测某一问题造成的原因。

（2）描述性调查，是通过详细的调查和分析，来对研学旅行市场营销活动的某个方面进行客观的描述。

（3）因果性调查，是某个变量是否影响和决定其他变量的变化。

（4）预测性调查，是企业为了推断和测量研学旅行市场的未来变化而进行的研究。

除了上述类型外，市场调查还可以根据调查内容分为市场需求调查、市场环境调查、市场竞争调查、购买者调查、产品调查、价格调查、分销调查、促销调查。

步骤二：掌握校方需求调查要点

在做研学旅行市场调查时，根据研学旅行的特征，常见的调查是针对校方需求的调查和针对研学受众需求的调查。需要尽可能细致地了解其需求，校方需求调查可着重在以下方面展开（见表2-2）。

表2-2 研学旅行校方需求调查表示例

基本信息	学校名称		学校地址	
	预计出行日期		出行天数	
	学校特色		校风校训	
	社团课程		校本课程	
	补充说明			
	出行人员	年级	共	人
	学生人数		学生情况说明	
	教师人数		教师情况说明	
研学活动需求	研学活动主题方向			
	研学课程目标			
	研学课程内容	研学地点：		
		关联学科：		
		学习方式：		
		其他要求：		
	行前课程			
	学习手册要求			
接待标准	用餐			
	住宿			
	交通			
	研学指导师			
	预算			
	其他			
以往案例				

步骤三：掌握研学受众需求调查要点

针对研学受众的需求调查，则可围绕常用的"六个问题"展开，设计关于研学目的地、研学时间、研学目的、出行时长、出行人数、出行预算的六类核心问题，每类问题再设置多个有相互联系、支持和延伸的子问题，以帮助对调查问题的深入了解（见表2-3）。

表 2-3 研学受众需求调查表示例

核心问题	常见提问方法
研学目的地	您想带孩子前往什么地方进行研学旅行？
研学时间	您准备安排在什么时间前往？
研学目的、体验诉求等	您最希望得到的收获有哪些？
出行时长	您觉得多长时间的研学旅行比较合适？
出行人数	这一次您将和谁一起前往？
出行预算	您的预算和期待得到的服务水平是怎样的？

子任务二：设计市场调查方案

步骤一：掌握市场调查方案七要素

拟定市场调查方案，至少包含七要素。

（1）调查目标（Why）：说明此次调查的背景、目的和意义。

（2）调查项目（What）：根据市场调查目标，在调查方案中列出本次市场调查的具体目的和要求。

（3）调查对象（Who）：确定具体的调查对象，如学校、家长、中小学生、教师等。

（4）调查地点（Where）：确定具体的调查区域。

（5）调查时间（When）：将整个进行过程安排形成一个时间表，确定各阶段的工作内容及所需时间。

（6）调查方法（How）：常见的调查方法有专题会议、人员访谈、问卷调查等。

（7）调查预算（How much）：费用预算主要有调查表设计印刷费、调查人

项目二 研学旅行产品设计的基本策略

员培训费和劳务费、礼品费、调查表统计处理费用等。企业应核定市场调查过程中将发生的各项费用支出，合理确定市场调查总的费用预算。

步骤二：设计市场调查流程

在明确市场调查方案要素后，就要开始考虑设计市场调查流程。可以通过组织专题会议进行需求调查，需要尽可能邀请到与研学旅行活动相关的单位领导及教师参与，由浅入深、从整体到细节地探讨研学旅行活动，进行头脑风暴。召开专题会议的优点是得到的信息比较全面，因为在发言交流中大家都会得到其他人的启发和借鉴，相对容易达成共识、快速明确工作方向。

人员访谈可以通过面对面访谈、电话访谈、邮件访谈等，也可以一对多地进行访谈。这种调查的优点是，一般情况下，调查结果更深入、更真实，因为访谈方式往往能引起被访谈者的重视，会比较积极地深入思考交流，也更容易感知到被访谈者的主观感受。

问卷调查常常使用纸质问卷和网络问卷，可以将事先准备好的研学旅行调查问卷下发到特定的调查对象手中进行该调查工作，也可以利用网络、程序等工具在线进行需求调查。问卷调查的优点是调查覆盖面广，收集的信息量大，可以通过数据分析得到相对客观的结果，帮助决策。

子任务三：设计调查问卷

问卷是国际上通行的调查工具和作业方式，也是我国近年来推行最快、应用最广的一种调查手段，被广泛应用于社会调查、经济调查、市场调查的各个领域，它能够将定性问题转换为定量分析。调查问卷，又称问卷、调查表，是调查者根据一定的调查目的和要求，按照一定的假设设计出来的，由一系列问题、调查项目、备选答案及说明所组成，是向被调查者收集资料的一种工具。本教材将重点展示问卷的设计要求。

步骤一：理解问卷设计的基本要求

设计一份好的问卷必须考虑这样几个问题：问卷是否能提供必要的管理决策信息？是否考虑到应答者的情况？是否满足编辑、编码和数据处理的要求？

一张问卷必须具有以下功能：

（1）必须完成所有的调研目标，以满足调查需要，能够回答调查提出的原始问题。

（2）必须以可以理解的语言和适当的智力水平与被调查者沟通，并获得被调查者的合作。

（3）对调查人员来说，必须易于管理，方便记录下被调查者的回答的同时，还必须有利于方便快捷地编辑和检查完成的问卷，并容易进行编码和数据输入。

步骤二：了解问卷的基本结构

一份标准的调查问卷，一般包括标题、说明信、填表说明、正文和调查者的情况五个部分。

1. 标题

问卷的标题是概括说明调查研究主题，使被调查者对所要回答的问题有一个大致的了解。确定标题应简明扼要，易于引起被调查者的兴趣和责任感。

2. 说明信

说明信是调查者向被调查者写的一封简短信，其作用主要是用来说明调查的目的、需要了解的问题及调查结果的用途的。有些问卷还要有问候语，以引起被调查者的重视，同时还要向被调查者介绍调查组织单位，请求被调查者合作，向被调查者表示感谢。说明信用语语气必须礼貌、热情、诚恳、大方，内容主要是简要介绍调查的目的、需了解的问题及调查结果的用途等，还需对涉及被调查者的隐私信息或商业机密做保密承诺，以争取被调查者的积极参与。

3. 填表说明

填表说明也称指导语，是用来指导被调查者填答问题的各种解释和说明。不同的调查问卷，对指导语的要求不一样。指导语所采取的形式多种多样，可分为卷头指导语，即填表说明；卷中指导语则是针对具体某个问题做指示。

4. 正文

正文即调查内容，是调查者所要了解的基本内容，是调查问卷中最主要的部分，又叫正文部分，同时也是问卷设计的关键部分。它主要是以提问的形式提供给被调查者，这部分内容设计的好坏直接影响整个调查的价值，主要包括各类问题及其答项、问题的编码。常见问题有事实性问题、意见性问题和陈述性问题，可采用开放式、是否式、多项选择式、态度评比式等多种类型的问题方式。

5. 调查者的情况

在问卷的最后，可附上调查人员的姓名、访问日期、时间等，以明确调查人员完成任务的情况。

步骤三：审阅研学旅行市场调查问卷范例

研学旅行市场调查问卷范例

尊敬的家长：

您好！2016年12月，教育部等11部门联合发布《关于推进中小学生研学旅行的意见》（教基一〔2016〕8号），正式将"研学旅行"纳入中小学教育教学计划。为了解学生及家长参与研学旅行的意愿，我单位特组织问卷调查。作为学生家长，您的回答对于推动研学旅行的健康发展具有重要价值。请根据您和孩子的实际情况，实事求是、客观准确填报有关数据信息。我们会对问卷中的个人信息严格保密。衷心感谢您的支持和参与！

（备注："研学旅行"的定义：研学旅行是指由教育部门或学校有计划地组织安排的，通过集体旅行、集中食宿方式开展的研究性学习和旅行体验相结合的校外教育活动。活动必须是由教育部门或学校牵头组织，不包含家长、学生自发组织的活动。）

××研学服务机构

2022年12月30日

第一部分：基本信息

1. 您是孩子的？
□父亲　　　　□母亲　　　　□爷爷　　　　□奶奶
□其他

2. 您孩子的年级？
□小学一年级　□小学二年级　□小学三年级　□小学四年级
□小学五年级　□小学六年级　□初一　　　　□初二
□初三　　　　□高一　　　　□高二　　　　□高三

3. 您是否听说过研学旅行？
□是　　　　　□否

4. 您对研学旅行的了解程度？
□非常了解　　□一般　　　　□不了解

5. 您是通过什么途径了解的研学旅行？
□学校　　　　□社会机构　　□旅行社　　　□其他

6. 您的孩子参加过学校组织的集体研学旅行活动吗？
□参加过　　　□没参加过

7. 您的孩子参加学校组织的研学旅行活动次数？

☐ 1 次 ☐ 2 次 ☐ 3 次 ☐ 4 次
☐ 5 次 ☐ 5 次以上

8. 您认为中小学生研学旅行适宜的时间是？

☐ 1 天以下 ☐ 2~3 天 ☐ 4~7 天 ☐ 8~14 天
☐ 15 天以上 ☐ 无所谓

9. 您希望孩子研学旅行活动的目的地是？

☐ 市内 ☐ 省内 ☐ 跨省 ☐ 国外

10. 您考虑是否让孩子参加研学旅行的主要因素是？

☐ 价格 ☐ 时间 ☐ 安全 ☐ 效果
☐ 其他

11. 在参与研学旅行期间，您希望孩子尝试哪些活动？

☐ 游览自然风景名胜 ☐ 参观人文景观
☐ 参观文、博、纪念馆类 ☐ 习俗活动
☐ 游玩主题乐园类 ☐ 其他

12. 您期望选择什么时候进行研学旅行？

☐ 周末及节假日 ☐ 寒暑假 ☐ 上学期间 ☐ 都可以

在您认同研学旅行目的、经济上可以承受的情况下，您愿意每年为研学旅行活动支出总额最多为？

13. 国内

☐ 0~500 元 ☐ 501~1000 元
☐ 1001~2000 元 ☐ 2001~3000 元
☐ 3001~5000 元 ☐ 5001 元及以上

14. 国际

☐ 0~5000 元 ☐ 5001~8000 元
☐ 8001~10 000 元 ☐ 10 001~15 000 元
☐ 15 001~20 000 元 ☐ 20 001 元及以上

15. 您希望学校能为孩子的研学旅行提供哪些保障机制？

☐ 有紧急联系方式 ☐ 购买保险
☐ 研学旅行指导师数量充足 ☐ 其他

16. 您期望每位带队老师负责多少名学生最合适？

☐ 5 人以下 ☐ 6~10 人 ☐ 11~15 人 ☐ 16~20 人
☐ 20 人以上

17. 您期望学校在活动结束后给予哪些反馈？

☐ 老师口头说明 ☐ 书面报告

☐活动现场照片或视频 ☐家长会
☐其他

第二部分：满意度调查

请按照满意程度打分，5 分代表非常满意，1 分则为非常不满意

18. 您对孩子所在学校开展的研学旅行活动整体满意度？
☐ 5 ☐ 4 ☐ 3 ☐ 2
☐ 1

19. 请您谈一谈不满意的原因

20. 您对孩子所在学校开展的研学旅行活动收费形式的满意度？
☐ 5 ☐ 4 ☐ 3 ☐ 2
☐ 1

21. 请您谈一谈不满意的原因

22. 您对孩子所在学校开展的研学旅行活动时间周期的满意度？
☐ 5 ☐ 4 ☐ 3 ☐ 2
☐ 1

23. 请您谈一谈不满意的原因

24. 您对孩子所在学校开展的研学旅行活动信息宣传的满意度
☐ 5 ☐ 4 ☐ 3 ☐ 2
☐ 1

25. 请您谈一谈不满意的原因

26. 您对孩子所在学校开展的研学旅行活动安全防护的满意度
☐ 5 ☐ 4 ☐ 3 ☐ 2
☐ 1

27. 请您谈一谈不满意的原因

28. 您对孩子所在学校开展的研学旅行活动效果的满意度
□ 5　　　　　　□ 4　　　　　　□ 3　　　　　　□ 2
□ 1

29. 请您谈一谈不满意的原因

30. 您对孩子所在学校开展的研学旅行活动的意见和建议

非常感谢您的支持。

　　　　　　　　　　　　　　　　　　　　　　调查人员：
　　　　　　　　　　　　　　　　　　　　　　调查时间：
　　　　　　　　　　　　　　　　　　　　　　调查地点：

子任务四：收集市场调查信息

收集市场调查信息是一项较为复杂烦琐的工作。一般又可以分为收集现场资料和收集二手资料两部分。

步骤一：掌握收集现场资料的要求

现场资料是一手资料。现场收集资料工作包括对现场资料收集人员的选择、培训、控制和考核等工作，以及准确掌握现场收集的方法和程序，及时有效地辨别问卷质量。现场资料收集前，要按照事先划定的调查区域确定每个区域调查样本的数量、调查人员的人数、每位调查人员应访问样本的数量及访问路线，明确调查人员及访问人员的工作任务和工作职责，做到工作任务落实到位，工作目标、责任明确。每个调查区域最好还要配备一名督导人员。

步骤二：掌握收集二手资料的要求

收集二手资料是指查询并研究与调研项目有关资料的过程，这些资料是经他人收集、整理的有些是已经发表过的与调查主题相关的资料。这些资料的来源非常广泛，大致包括来自政府机构、行业协会、专门调研机构和其他大众传播媒介。主要优点是省时省钱，但也需要仔细甄别其时效性、可比性、相关性和精确性。

时效性：在某些信息来源中得到的数据资料往往已过时数年，不能作为决策的主要依据。贪图简便，用过时资料来推断当前的市场状况，将使企业的调研缺乏时效性与准确性，因此无法被决策者所采用。

可比性：从不同地区得到的数据有时无法进行相互比较，这是由于各地区条件不同、数据搜集程序和统计方法不同等。有时同一类资料在不同的地区可能会使用不同的基期，同指标在含义上也可能不大相同。各地区数据的不可比性，必然会影响到数据的有用性，从而影响到企业决策。

相关性：必须研究所找到的资料是否最能切中问题的有关方面，任何牵强附会只能使调研结果得出错误的结论。

精确性：只在很少的情况下、一些由别人公布的第二手资料会全面、精确地论述市场调研人员所要调查的主题，但多数情况并不如此。要提高资料的精确度，市场营销调研人员还应当深入研究制作这类第二手资料时所用的方法，推敲一下它们是否经得起科学的考验。

子任务五：信息整理和分析

通过辛苦收集得来的信息本身并没有太大意义，只有进行整理和分析后信息才变得有用。整理和分析信息这一步非常关键，需要使用一些数据分析技术，如交叉列表分析技术、概况技术、综合指标分析和动态分析等，使资料系统化、简单化和表格化，以达到准确、完整和实用的目的。目前国际上较为通用的分析软件有 SPSS、SAS 和电子表格软件等。

步骤一：信息整理

信息整理一般可以分为编辑、汇总和分类、制表三个步骤。

编辑：编辑工作的任务，首先是从市场调查资料中，选取一切有关的重要的参考资料，剔除无关紧要的没有参考价值的资料，然后将挑选出来的全部资料，按照一定的逻辑顺序排列，使之前后连贯一致。并且根据实际需要，将其中某些数据进行换算或调整，以便进行比较编辑工作。最后还要查对资料的可靠性，以确保调查资料的合理和准确，如实反映客观情况。

汇总和分类：汇总工作是把已收集到的并经过编辑选取出来的大量资料，从形态上进行编组，或按大类分堆集中，使之成为某种可供备用的形式。这项工作必须在资料分析工作开始前完成。分类的工作任务和工作性质与汇总基本相同，其不同之处主要是需要对汇总后的资料进一步按小专题细分。资料分类的方法很多，通常使用较多的是按数量和价值进行划分，如收入、营业额、地区、年份、产品特点等。分类的操作过程是先分大类再分小类。

制表：制表工作是把有关实地调查的资料，用适当的表格形式表现出来，以便说明问题或从中发现某种典型的模式。

步骤二：资料分析

资料分析是整个市场调查资料工作的最后阶段。资料分析的主要任务是利用调查得来的全部情况和数据，去验证有关各种因素的相互关系和变化趋势，及将全部的资料进行适当的组合，以揭示其所包含着的某种意义，明确具体地说明调查结果。

在进行资料分析时，要遵循三条基本原则：①要有步骤有条不紊地组织和进行工作；②要反复核对全部有关资料，尽量避免差错；③尽量减少猜测和假设，基于分析手上的资料而得出的推论并非绝对准确可靠的，为此应在多方面考虑问题，并采取适当的措施对误差进行处理。

子任务六：形成市场调查报告

步骤一：了解市场调查报告的一般要求

报告代表整个过程的最后结果，编写的报告供企业决策者在决策时做参考，这是整个调研活动的最后一个重要阶段。报告不能是数据和资料的简单堆积，调研人员不能把大量的数字和复杂的统计技术扔到管理人员面前。正确的做法是把与市场营销决策有关的主要调查结果报告出来，并遵循所有有关组织结构、格式和文笔流畅的写作原则。编写报告时应注意围绕调查目的，重点突出，事实清楚，简明扼要，中肯客观。

步骤二：审阅研学旅行产品开发设计调研报告范例

调查报告有多种模板和格式，以下范例仅供参考。

××乡村地区研学旅行产品开发设计调研报告

研究以××乡村地区为研究对象，在前期研究基础之上，通过实地走访、问卷调查的研究方法，从××乡村地区的资源角度出发，结合参与研学活动游客的主体感知，力求为××乡村地区研学旅行产品的开发提供参考。

一、××乡村地区旅游资源现状

1. 资源报告

××乡村地区旅游资源丰富，有悠久的红色历史、丰富的现代与传统农业资源、古朴的旧址遗迹，以及各类民俗节庆等。根据《旅游资源分类、调查与评价》(GB/T 18972—2017)对××乡村地区的资源基本情况进行系统整理。从分类和数量上看共有单体50余项。

2.资源特征

(1)数量众多,资源丰富

××乡村地区景点数量众多,包含了地文景观、生物景观、建筑与设施等六大主类旅游资源,又可以细分为乡土地理、自然生态、历史文化、非遗传承、红色研学等模块。

(2)核心景点分布集中,研学价值较高,利于产品整体开发

××乡村地区已经形成具有一定研学主题的核心景点,包括省级研学基地1个,研学价值较高,分布集中,距离研学旅行客源市场较近,有利于开展研学旅行活动。

二、××乡村地区研学旅行产品开发现状

1.研学旅行发展初具规模

目前××乡村地区每年稳定接待中小学数量超过5000人,并逐渐向亲子家庭、大学生、中老年群体扩展。

2.研学旅行产品日趋丰富

研学旅行产品发展日趋丰富,不断有企业加入进来。根据实地访谈得知,针对不同年龄段量身定制的研学旅行产品不断被开发出来。

三、研学旅行产品市场分析

团队于2021年5月16日—2021年6月16日进行了问卷调查工作,问卷采用现场调查法进行。本次调查共发放问卷200份,共回收问卷182份,有效问卷为182份,有效回收率为91%。被访者以学生为主,样本基本信息如表1所示。

表1 受访人群人口特征分析

人口特征	指标	频数	百分比	人口特征	指标	频数	百分比
性别	男	102	56.04	年龄	学龄前	18	9.9
	女	80	43.96		小学生	90	49.45
客源地	本区	32	17.58		初中生	49	26.92
	主城区	82	45.05		高中生	19	10.44
	周边区县	66	36.26		其他年龄	6	3.3
	其他省市	2	1.1				

1. 被访者参与研学旅行的动机

调查结果显示，前来参与研学旅行的学生，大多以参与劳动教育、了解传统文化为主。因此在进行研学旅行产品开发时，应不断挖掘劳动教育、传统文化系列产品，吸引研学受众参与研学活动。具体内容如图1所示。

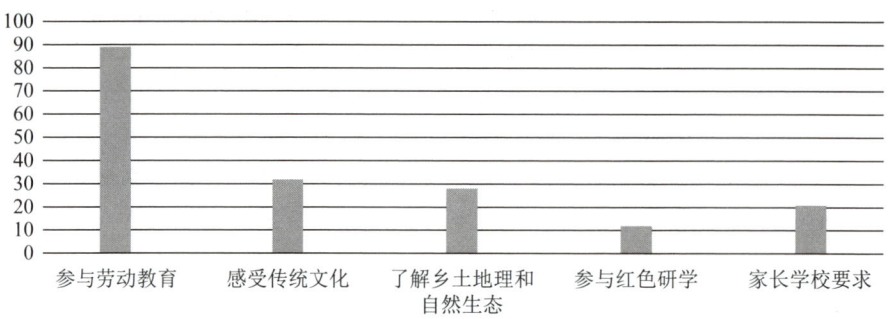

图1 参与研学旅行的动机

2. 被访者参与研学旅行的行为特征

（1）被访者参与研学旅行的重复频次较低

被访者参与研学旅行的次数的统计情况如图2所示，目前的重游率不高。

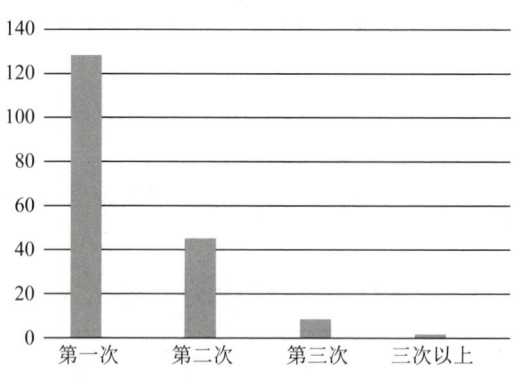

图2 参与研学旅行的次数

（2）被访者参与研学旅行的方式以学校组织为主

目前的研学旅行产品多数只针对学校或班级集体进行开发设计，在散客方面的产品几乎没有。研学旅行的市场不应只局限于学校组织的学生，面对散客也应开设相应的研学旅行产品。具体情况如图3所示。

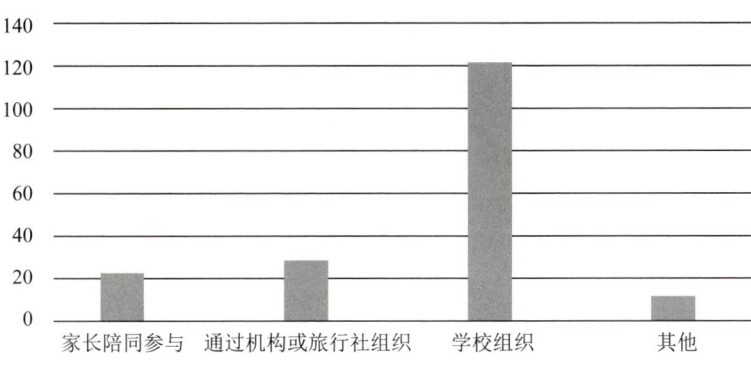

图3 研学旅行的组织方式

3. 被访者对××乡村地区研学旅行产品的感知和认可度

被访者对××乡村地区研学旅行产品的偏好以体验性主题活动为主，体验性较强的主题项目更受学生欢迎。统计数据显示，在现有研学旅行产品中，被访者最感兴趣的是体验性主题活动，对纯文化项目感兴趣程度较低。

同时，被访者对参与研学旅行的认可度较强。根据调查结果，111名被访者认为参加研学活动有必要，38名被访者认为参与研学旅行非常有必要。认为有必要跟非常有必要的被访者加起来占比为72%，可见被访者认为参与研学活动很重要，如图4所示。

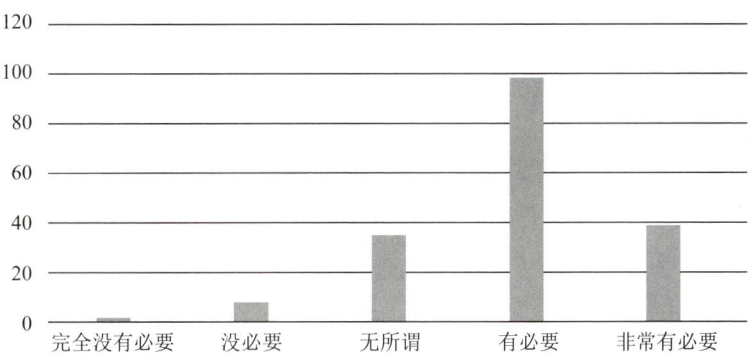

图4 研学旅行的必要性

四、××乡村地区研学旅行产品开发的不足

1. 资源有待进一步开发，缺乏深度整合

××乡村地区旅游资源虽然数量丰富，分布集中，但是目前的资源利用率不高，导致在产品开发上存在一定缺陷。目前的研学旅行产品基本只能在单点进行最多两个小时的活动，很难串联成线。在当前研学旅行产品层面，还需加强深度整合，以实现研学旅行产品的创新利用。

2. 产品形式单一，以静态展示为主，吸引力不强

从旅游体验理论出发，研学旅行产品必须要让学生拥有较强的体验性与参与感，才能提高产品的吸引力。××乡村地区现有研学旅行产品以劳动教育为主，其他类型产品比较缺乏。其他很多研学产品主题无法跳出"看+讲"的传统形式。研学旅行活动开展过程较为平淡，缺乏趣味性，产品内容较为普通，缺乏独特性和不可复制性。问卷调查显示，学生更愿意参与的研学旅行类型是趣味性与体验性相结合的产品。

3. 产品开发深度可进一步提升，补充内涵

通过深度访谈得知，有很多课程还是浮于资源表面，学生在研学过程中探究性受到削弱，收获较少。多数仅停留在"听与看"的层面，动手、动脑的机会还可以进一步增加，需要进一步安排"游"与"学"的比例，使研学效果与其实质达到统一。

五、××乡村地区研学旅行产品开发策略

1. 推出"1+N"模式，整合开发研学旅行资源

目前××乡村地区的研学旅行产品主要集中在某省级研学旅行基地（营地），应将其与周边同类型资源、民俗旅游资源、生态旅游资源、乡村旅游资源等其他类型旅游资源进行有机结合，从而组成具有独特性的旅游产品，最大限度地发挥省级研学基地（营地）的吸引力。因此，可考虑推出"红色+N"模式，整合开发红色旅游资源。

2. 创新产品形式，增强产品体验性，强化教育属性

随着数字化体验经济时代的到来，研学旅行产品的旅游方式也在由单纯的观光、讲解向场景式互动体验的方式转变。因此，要抓住消费者"求新""求趣"的需求加快研学旅行产品的创新。

3. 深度挖掘当地文化精神内涵，针对不同年龄研学受众需求开发专题化研学旅行产品

研学旅行产品的设计要充分关注不同研学受众群体的差异，分析不同研学受众群体的个性特征以及需求特征，并以此进行产品的分类设计，专题化研学旅行产品，以寓教于乐为目的，针对研学旅行的目标市场，定制科学的专题化研学旅行产品，打造特有研学旅行精品线路，提高研学旅行产品的"内核"品质。

六、结语

在研学旅行快速发展的当下，××乡村地区面临着研学旅行资源整合利用不足、产品类型单一、产品体验性一般、教育效果不佳等诸多问题，阻碍了研

学旅行的健康持续发展。

　　研学旅行产品的开发作为推动研学旅行的重要支撑，要在整合旅游资源的基础上，深挖资源内涵，创新研学旅行产品形式，增强产品体验性，还要根据不同研学受众群体的特征进行专题化产品设计，从而更好地发挥研学旅行的教育属性和社会效能，实现研学旅行的创新发展。

任务小结与思考

　　本次任务围绕"研学旅行市场调查与客户需求分析"来进行，研学旅行市场调查与客户需求分析是收集、记录、分析有关研学市场营销资料和信息的最重要手段，是企业制订营销计划和策略的基础工作。通过学习掌握研学旅行市场调查与客户需求分析主要的6个步骤——明确需求调查目标、设计市场调查方案、设计调查问卷、收集市场调查信息、信息整理和分析、形成市场调查报告的相关要求和方法。

结合实际思考

　　1. 请结合实际情况，设计一份研学市场调查问卷。
　　2. 请进行一次研学市场调查，并形成一份研学市场分析报告。

思考答案

| 任务三 | 研学旅行产品的策划与构思 |

学习目标

知识目标	了解研学旅行产品的本质，理解教育属性在研学旅行产品中的重要地位，并掌握研学旅行产品策划的一般思路。
技能目标	能够厘清不同客户群体的市场需求，并针对不同的客户需要，来构思不同的研学旅行产品。
思政目标	能够将思想政治教育的目标融入研学旅行产品策划与构思，成为研学旅行产品的重要有机组成部分。

任务导入

小王的产品方案为什么没有得到合作方的重视？

研学旅行产品的策划与构思

一天，某研学服务机构收到了一家大型教培机构的合作意向。这家大型教培机构的主营项目为音乐类的素质培训，拥有七家校区、两千余名学员。机构校长在初步交流中，表达了他们有意通过与研学服务机构的强强合作，拓展研学业务，希望机构能提供一个可参考的研学旅行产品方案，供下次讨论会时具体商议。领导高度重视这个合作意向，并把这项艰巨的任务交给了担任产品策划的小王。小王考虑到，这家教培机构规模较大，在教育领域深耕多年，应该对课程专业性方面的要求较高。于是，他决定将自己之前负责的某重点小学的研学方案，提交下次讨论会讨论，也可以展示公司的实力。

具体方案如下：

日期		地点	活动内容参考时间安排
DAY 1	上午	高铁	学校统一集合，乘车前往高铁站
	下午	上海历史博物馆	参观博物馆收藏的上海地方的文物标本，上海地方自然环境资源、社会历史发展和建设成就的陈列。了解上海从远古到新中国成立的历史，特别是鸦片战争后被辟为通商口岸，以及后来成为中国工业和工人运动中心和中国共产党诞生地直到上海解放的革命历史。
		外滩	跟随辅导员漫步上海地标——外滩，全程 4 千米，在这里可以领略黄浦江的风采，也可以远眺对岸浦东陆家嘴地区的新姿，外滩西侧矗立着各种风格迥异的中西建筑物，今天被称为"万国建筑博览群"的建筑群。可以在陈毅广场进行启动仪式。
		备注	由于上海历史博物馆面积的因素，需要和外滩分批交叉学习
DAY 2			上海（汽车 1 小时 40 分钟）—嘉兴南湖
	上午	中共一大会址	跟随辅导员参观中共一大会址，了解一大会议的历史经过，学习红色精神。
		田子坊	【田子坊】泰康路的田子坊，在上海被称为"上海的苏荷"、视觉产业的"硅谷"，由辅导员带领漫步上海最有味道的弄堂，享受一家家特色小店和艺术作坊带给我们的视觉盛宴。
	下午	南湖风景区南湖革命纪念馆	【南湖】参观一大会议纪念船——南湖红船，感受中共一大宣布建党这一激动时刻。【南湖革命纪念馆】由讲解员带领参观纪念馆，通过参观"中共一大史料陈列"，了解 1840 年以后中国人民为寻求救国救民的道路而不断探索、抗争以及中国工人阶级的壮大、传播、建立直至中国共产党的成立这一历史史实。活动：由讲解员带领参观讲解革命纪念馆；南湖景区参观南湖红船。
		专题讲座	晚上酒店会议室相关专家进行红船精神及建党史讲座。
DAY 3			嘉兴（汽车 1 小时）—桐乡乌镇西栅（汽车 1 小时 50 分钟）—杭州
	上午	乌镇西栅	探寻"中国最后的枕水人家"——乌镇的水乡文化、古桥文化、风俗习惯，乌镇的特产及人文。活动：1.分小组对江南水乡的特色商铺进行考察；2.品尝江南特色小吃。
	下午	西湖	【漫步西湖】了解外流湖和内流湖的差异以及亚热带季风气候的特点，探究西湖部分景点的光学现象，欣赏西湖美景，让学生身临其境，游历西湖感知"天人合一"的意境，体会其悠久历史及其特别发展、文化含量和厚重的"东方名湖文化"。活动：漫步西湖苏堤，了解西湖文化。唱一首红歌——集体合唱《我和我的祖国》。

续表

日期		地点	活动内容参考时间安排
DAY 4			杭州浙江大学（1小时30分钟）—绍兴
	上午	浙江大学	【浙江大学紫金港校区】浙江大学的渊源——创建于1897年，是中国近代史上效法西方学制最早创办的几所新式高等学校之一。活动：1. 由浙大学生带领学生参观浙江大学，参观校史馆；2. 由专业老师带领在实验室进行甲鱼解剖实验。
	下午	鲁迅故里	跟随辅导员依次参观周家新台门、周家老台门、百草园、三味书屋。
	晚上	越剧体验	餐厅由专业越剧演员为大家表演一段传统越剧，越剧发源于浙江，在国外被称为"中国歌剧"。
DAY 5			绍兴（高铁6小时10分钟）—北京
	上午	兰亭	跟随辅导员参观了解王羲之的生平，《兰亭集序》的创作背景，体会汉字与书法的艺术魅力。体验活动：书法创意大赛——分组进行扇面题诗创作。
	下午	高铁	高铁返回

这是一个曾经实际落地过的产品，当时学校的反馈评价很高，因此，小王颇为自信。但是在讨论会上，教培机构的校长对这款产品并不重视，没有表现出感兴趣的神色。他很疑惑："这是为什么呢？"

案例观察

本案例中，小王的看似专业的成熟产品，却没有获得对方的认同，你知道是什么原因吗？产品看似已经历过实践验证，但是未必适用于所有客户。虽然教培机构也是"学校"，但与中小学校还是有较大区别的。我们如何能够快速判断客户需求，分析不同客户的差异性，给出不同的产品设计思路，这是一个很值得研究的课题。

问题思考

1. 小王提出的方案为什么对方不感兴趣？
2. 经历过实践验证的好产品，换个客户，还是好产品吗？
3. 研学旅行产品策划中，如何体现教育属性？

项目二 研学旅行产品设计的基本策略

研学旅行产品策划是研学旅行产品设计中的第一环节，是研学企业根据特定的市场需求，遵循教育性原则，整合不同的旅游和课程资源，形成产品或产品体系开发的整体思路。其特殊之处在于，研学旅行产品兼具旅游产品和教育产品的双重属性。产品的旅游属性，意味着产品策划者要关注旅游服务的质量和旅行活动的体验感。产品的教育属性，意味着产品的核心要件在"课程"，产品策划者更需关注旅行活动的教育性，重视参与学员的学习效果。因此，旅行的体验感和学习的获得感是研学旅行产品策划中需关注的重点。

子任务一：确定研学旅行产品的主题和研学目标

研学旅行产品的主题是研学旅行课程活动的核心概念和中心思想的具体表达。从狭义上看，研学旅行产品的课程主题就是研学课程的标题。从更深层次看，研学旅行产品的主题一方面要能体现产品的教育属性，客户通过了解产品主题就能大致了解课程的主要内容，例如："解决哪些问题""研究什么课程"或"锻炼哪项技能"等；另一方面也要体现产品的旅游属性，让客户能快速知晓研学目的地。例如，感受诗意是没有落脚点的，但是"诗意的西湖"是有真实的目的地作为抓手的。因此，研学旅行产品的主题是研学旅行产品设计的关键所在，主题和研学目标的确定关乎研学旅行产品设计的方向和质量，以及后续的研学活动落地的顺利进行。每一个高质量的研学旅行产品，都是从一个有价值的产品主题开始的，并落实成为具体可实现的研学目标。

步骤一：结合学校主题教育或综合实践活动设计研学主题

2016年，教育部等11部门联合发布《关于推进中小学生研学旅行的意见》，提出"把研学旅行纳入学校教育教学计划，与综合实践活动课程统筹考虑，促进研学旅行和学校课程有机融合，要精心设计研学旅行活动课程"。因此，在产品主题的设计阶段，就要充分思考，如何与学校课程有机融合。

根据教育主管部门的要求，在五四青年节、国家宪法日等重要时间节点，学校往往会组织各类主题教育，例如劳动教育、法治教育、安全教育、红色革命教育等。这些主题教育都具备转化为研学旅行产品主题的潜力。部分主题教育是每年都会组织的常规活动，产品设计者要能围绕着同一教育主题，设计不同类型、不同内容的产品主题。还有一些主题教育，往往会具备鲜明的时代性和实效性。例如，在杭州亚运会前后，杭州学校都会组织与亚运有关的主题教育。这就要求产品设计者要有敏锐的市场观察能力，预先筹划产品，使产品具有先发优势。

每个学校都有不同的办学特点，在不同的时间节点，学校往往还会组织丰富多彩的校园文化活动，如阅读节、艺术节等。因此，产品设计者要善于结合不同学校独具特色的校园文化和办学理念，将学校办学理念和校园文化活动转化为研学旅行产品主题。

按照《中小学综合实践活动课程指导纲要》（以下简称《纲要》）的要求，研学旅行属于"考察探究"的活动方式。因此，我们将《纲要》推荐的活动主题进行微调，尤其是要赋予其具体的研学场景，作为研学旅行产品主题。此外，现行各学科教材中大多有综合实践或活动课的章节，同样也可以妥善运用。

步骤二：结合委托方的需求和资源禀赋设计研学主题

除了中小学学校，各种不同类型的教育机构也是常见的研学旅行产品委托方。此时，产品设计者需要认真听取和分析产品委托方的需求。需要特别注意的是，同为产品委托方，教育机构与中小学学校是不同的。教育机构虽然是甲方，但是每一个参与学员和家长都是独立决策的消费者。在合作中，委托方更熟悉市场需求和自身特点，研学服务机构更擅长研学旅行产品的设计与落地。这就需要，在设计研学主题时，研学服务机构与委托方充分沟通，发挥双方的特点和长处。

同时，我们还可以注重发掘对方独特的资源禀赋。以下述两家美术机构研学合作的调查结果为例（见表2-4、表2-5）。

·美术类教育机构甲

表2-4　美术类教育机构甲的资源禀赋

机构学生数	1000人左右，消费能力一般
机构课程	幼儿和小学低段的儿童画课程
产品目的	丰富现有产品体系
机构资源	机构与某知名动漫公司有较好的合作关系
特殊需求	能安排至少一次相关的非遗体验

项目二 研学旅行产品设计的基本策略

· 美术类教育机构乙

表 2-5 美术类教育机构乙的资源禀赋

机构学生数	700 人左右，消费能力较强
机构课程	针对术科考试的美术课程
产品目的	强化学生的奋斗目标
机构资源	机构有一位资深的美术教师可以随队
特殊需求	邀请著名画家讲座

这两家教育机构，他们虽然同为美术类机构，但是生源不同、需求不同、资源禀赋不同，最终设计的研学旅行产品主题自然是不同的。

步骤三：根据研学受众学习和成长的需要设计研学目标

在研学受众学习和成长的过程中，总有一些地方值得亲自到访一次，总有一些问题值得深入思考一次，总有一些活动值得躬身体验一次，总有一些技能值得细致学习一次。研学旅行产品设计者需要认真学习前沿的教育理念，用心与家长交流，有意识地总结学生的学习需求，形成清晰的研学课程目标，这样才能设计出有生命力的研学旅行产品。

研学课程目标是选择研学课程资源、设计研学课程内容的重要依据及最终目的，研学课程内容是为了实现课程目标而存在的。同时，研学课程内容又影响了课程目标的制订。一般来说，在设计具体研学课程内容之前，必须明确研学课程目标，而研学课程目标的确定是一个对多种信息进行挖掘、提炼、归纳、总结、提升的过程，在制订的过程中要遵循包含三维目标基本内容的原则，也应当按照规范的要求结构进行表述。

研学课程关注的是学生的综合能力，所以研学课程目标应当是一个多维度、有层级的目标体系。这个目标体系应该关注至少三个方面的内容：

知识，指通过研学课程学习的知识，包括学科知识、社会常识、自然原理等。

能力，指通过研学课程培养和提升的能力，包括认知能力、社交能力、实践能力、自理能力等。

思想政治，指通过研学课程，对思想观点、立场、情感等方面的塑造和提升，包括正确的三观、民族精神、爱国主义、革命精神、科学精神、民主法治精神等。

一个完整的课程目标，包括 A、B、C、D 四个要素。

A（Audience）：行为主体，意为学习者，这里指学生，是目标表述中的主语。行为目标在描写时应指向学生的学习行为，而不是教师的教授行为。规范的行为目标开头应当要清楚地表明达成目标的行为主体是学生，例如"学生……"等的描述。

B（Behavior）：行为动词，说明通过学习，学生应能做什么，是目标表述句中的谓语和宾语。这是目标表述中的最基本的成分，不能省略。课程目标应采用可观察、可操作、可检验的行为动词来描述。

C（Condition）：行为条件，说明上述行为在什么条件下产生，是目标表述的状语。如"通过小组探究学习，制订……""在网上收集材料，检验……"等。

D（Degree）：表现程度，规定学生达到上述行为的最低标准，用来测量学生学习的结果所达到的程度，如"能准确无误地说出、详细地写出、客观正确地评价……"等表述中的状语部分，正是限定了目标水平的表现程度，以便检测。

完整的课程目标体系包括三类：结果性目标、体验性目标、表现性目标，因此目标陈述也有相应的三种基本方式：

（1）结果性目标的陈述方式。结果性目标说明学生的学习结果是什么，指教学过程结束后，学生身上所发生的行为变化。这种目标指向具有精确性、具体性、可操作性的特点，主要应用于知识与技能领域。结果性目标细分为知识和技能两个子领域。知识分为了解、理解和运用三个水平，技能分为模仿、独立操作和迁移三个水平。

（2）体验性目标，主要是描述学生自己的心理感受、情绪体验。所采用的行为动词是体验性的、过程性的，这种方式指向无须结果化的或难以结果化的课程目标，主要应用于过程与方法、情感态度与价值观领域。体验性目标分为三个层次水平，即经历、反应和领悟。

（3）表现性目标，旨在培养学生的创造性，强调学习及其结果的个性化。表现性目标的陈述不是规定学生在教学过程结束后应该展示的行为结果，而是强调学生在此情境中获得的个人意义。表现性目标主要应用于对实践类和艺术类课程的陈述。表现性目标划分为复制和创作两个水平。

当我们把A、B、C、D四个要素综合在一起的时候，就可以写出一个完整的学习目标了。如通过参观中国茶博物馆，学生知道茶器的发展历史，领会茶器的发展是社会发展的缩影的说法，渗透透过现象看本质的思维方式。或者通过体验茶道表演，提升学生观察模仿的能力，激发学生对中国优秀传统文化的兴趣。注意采用ABCD法并不意味着四个要素必须一应俱全，其中只有行为要素不能省略，其他要素都可以根据具体情况适当省略。

子任务二：根据研学主题设计框架问题

在明确研学主题后，如何将旅途中所接触到的知识有效组织起来，使之成为能够吸引学生、促进学生理解的学习内容，就成了接下来工作的重点。

著名哲学家伽达默尔在论及提出问题的重要性时说："我们可以将每一个陈述都当作是对某一个问题的反应或回答，而要理解这个陈述，唯一的办法就是抓住这个陈述要回答的那个问题。"为了让学生能在旅行体验中学有所成，最佳的策略就是将研学主题转换为一连串有意义的、能激发学生学习兴趣、驱动学生深入思考的问题，并指导学生在研学活动中得以思考和解决。

步骤一：根据研学主题提出基本问题

研学课程的框架问题既不是越多越好，也不是越少越好，关键是要有层次和梯度。其中，处于中心和关键地位的是基本问题。好的基本问题，其价值不仅仅在于"答案"的学习，更在于学习如何学习。好的基本问题应具备这些特征：

- 问题本身应当与研学情景有关。
- 没有"标准答案"，使学生聚焦于得出结论的过程。
- 能激发已学知识与旅行体验、研究性学习内容之间的意义关联。
- 能在研学旅行中反复出现、反复思考，每次出现都能有所收获。
- 应当指向学生的核心素养，为学生的终身发展服务。

2021年7月25日，在第44届世界遗产大会上，"泉州：宋元的世界海洋商贸中心"被联合国教科文组织世界遗产委员会批准作为文化遗产列入《世界遗产名录》。早在1992年，联合国教科文组织"海上丝绸之路"考察队就曾到访泉州，并认定泉州是海上丝绸之路的东方起点城市。于是，就可以将泉州研学课程的基本问题设置为"为什么泉州是海上丝绸之路的东方起点"。接下来，泉州研学课程的框架问题都围绕着这个问题展开。

步骤二：根据基本问题拆解驱动性问题

对于学生而言，直接思考讨论基本问题难度太高了。因此，在基本问题之下，我们需要从不同角度入手，设计一系列驱动性问题。

这些问题通常是开放的、没有现成答案的，因此，需要他们运用聪明才智才能回答。以有意义且重要的问题为线索来组织研学旅行产品，产品会更具系统性。仍以泉州为例，围绕着"为什么泉州是海上丝绸之路的东方起点"这一基本问题，设计如下驱动性问题：

如果你是宋代的船员，自己怎样做才能安全出海，安全回来？

到外地做生意，你想具体从事哪一行？你又将怎么推销你的产品呢？

海上丝绸之路带来了文化之间的广泛交流，这将如何改变泉州？

……

这里需注意的是，设计时段越长的研学旅行产品，越需注意从多种不同维度进行问题设计。上述所陈述的三个驱动问题，其实是从航海技术、商品贸易、文化交流三个不同角度设计的。

步骤三：层层递进研学受众需掌握的知识和技能

研学受众知识素养和综合能力的锻炼，都离不开必要的基本知识和基本技能的积累。因此，在驱动问题之下，我们需要罗列思考问题所需掌握的知识。

于是，我们就有了这样一个顶层设计。首先，一套课程一个基本问题，所有内容都围绕着基本问题展开。其次，用各种不同的驱动性问题，从不同角度引导研学受众开展各课程模块的学习。最后，将具体的基本知识和基本内容的掌握，落实到每一个具体景点，或者说每一堂具体的研学课中。

在泉州研学中，研学受众每天都可以对基本问题进行思考："为什么泉州是海上丝绸之路的东方起点？"随着研学旅行不断深入，研学受众每天都可以从不同角度得出不同的答案。而研学受众的认知深度和认识能力，正是在每天不断的追问中不断进步的。

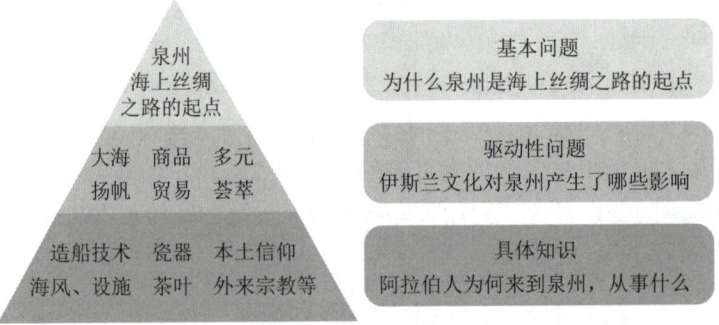

图2-1 研学旅行设计框架示例

项目二　研学旅行产品设计的基本策略

子任务三：选择不同类型的研学资源

接下来，才是选定具体的课程资源，对凡是有可能帮助学生解决和思考框架问题的研学课程的各种资源进行搜集和整理。狭义上的研学资源主要是各类景点、博物馆、研学基（营）地等。泛义上的研学资源指编制、研发研学旅行产品所利用的各种条件和材料。

步骤一：从框架问题出发，初步选择不同类型的研学资源

研学旅行最大的优势就在于学习场景的真实性。因此，需要为设计好的框架问题寻找适合开展学习的学习场景。这是最重要的研学资源。初选研学资源时，固然要注意适量，同时也需要有必要的备份资源（见表2-6）。

表2-6　从框架问题初选研学资源示例

驱动性问题	研学资源
如果你是宋代的船员，自己怎样做才能安全出海，安全回来？	海外交通史博物馆、九日山祈风石刻
到外地做生意，你想具体从事哪一行？你又将怎么推销你的产品呢？	顺美陶瓷文化生活馆、三和茶文化博物馆
海上丝绸之路带来了文化之间的广泛交流，这将如何改变泉州？	清源山、开元寺、天后宫

从泛义上的研学资源看，还应该包括适合研学受众在研学前后阅读观看的文章和纪录片，能够指导研学受众开展专项研学活动的专家，如非遗传承人、技术人员、当地文化学者等。在泉州研学中，课程设计者给学员配发了《泉州：古刺桐港的故事》，既可以作为研学出发前的学习读本，也可以作为研学手册的补充材料，还可以作为研学受众开展思考讨论时的资料来源，真正做到"读万卷书，行万里路"。

步骤二：详细了解研学资源的具体信息

初步选定研学资源后，就需要依靠互联网、参考书、向专家咨询等多种方式，详细了解研学资源的具体情况。此时，需要重点关注研学资源是否符合本次研学课程的要求。

一方面，需要了解最基本的信息，包括内容特色、接待时间、接待团队规模、结算价格等。另一方面，还需要了解研学资源的具体内容和相关资料。当

然，还有一种可能，就是那里没有研学课程或没有合适的产品需要的研学课程。这就意味着，需要自己准备具体的课程方案。虽然这会增大产品开发的难度，但也会使产品独具魅力。

步骤三：注重研学资源的综合性和实践性

在研学旅行路上，老师变换了教的情景：以大地为书桌，以苍穹为教室，以岁月年轮为教材，以旅行足迹为铅笔。孩子们也将因此改变学的方式：用眼睛去观察，用耳朵去倾听，用指尖去触碰，用笔端去记录，用大脑去思考，用心灵去感悟。而要真正实现这个目标，需要在整理课程资源阶段，就能关注内容形式是否丰富多样，注重研学资源的综合性和实践性。

因此，课程设计者可以思考，目前正在整理研学资源涉及多学科的知识和技能吗？在研学旅行，学生每一天都将在真实的生活和学习场景中，思考真实的问题。解决这类问题往往需要运用跨学科的知识和技能。例如，在泉州，学生会思考："如果你是宋代的船员，自己怎样做才能安全出海，安全回来？"这就需要充分调动语文、数学、地理、物理等多学科知识。

课程设计者还可以思考，目前的研学资源，是否充分调动了学生的感官体验？要有调动多感参与的活动，要开展听、看、做、玩、演、写、赛等探究式活动，核心是希望内容丰富形式多样，要调动更多的感觉系统参与活动。在研学旅行中，学生能调动的感官体验越多，则越能激发学生兴趣，引导学生沉浸式地投入学习，增加研学主题的立体感知和多维理解，学习效果自然也更好。

子任务四：设计研学课程内容

步骤一：研学课程单元内容设计

研学课程内容是指以研学课程目标为根据，对研学受众所要学习的内容选编而成的经过精心设计的，通过参观、体验、研究性学习等多元方式呈现的研学课程的核心。它包含了研学受众研学过程中参观、考察和体验的研学点、旅游景区载体、活动场馆、基地（营地）的资源及其承载的文化、技术概念、原理、方法和传递的思想与价值观。而研学课程内容设计主要体现在对选定的上述内容做进一步的细化设计。

研学课程内容是由一个个课程模块组成的，我们把这些课程模块叫作课程单元。课程单元之间的关系既独立又可以相互关联，共同构成研学课程。课程单元独立的意义是指每一个课程单元都有独立的教学目标、内容设计、课程实施等环节，都可以单独成为一个研学课程单元。课程单元之间的联系是指它们存在一定的逻辑关系，比如学习的难度由浅入深，学习的方式由抽象到具象，学习的角度由广泛到专一等。将课程单元有机组合，就可以形成丰富多彩、变化万千的研学课程。

以课程单元《大海扬帆》为例进行跨学科学习。古代航海是一份危险系数极高的事业，不但需要过人的智慧和勇气，还需要各种各样的技术条件和基础设施。宋元时期的泉州正是具备了航海贸易所需的技术条件，并修建了航海所需基础设施，才得以具备成为海上丝绸之路起点城市的基本条件。

由于课程的核心问题"为什么泉州是海上丝绸之路的东方起点"源自联合国教科文组织"海上丝绸之路"考察队，所以，考察队所到之处都是课程开发关注的重点。

在九日山，考察团专门留下了一大方石刻，来记述九日山史迹的意义和价值。而此处最重要的遗迹就是祈风石刻。九日山祈风石刻记录了泉州地方政府为往来商贾举行的祈风典礼，是古泉州海外贸易繁盛、海外贸易管理制度成熟的体现。它蕴含了古代季风的利用、航海技术的驾驭等丰富信息，不仅是古泉州的珍贵文物，也是中华海洋文明史上罕见的文化遗产。

在那里，需要带领研学受众思考以下一系列问题：为什么要举行盛大的祈风典礼？由哪个国家机构主持祈风典礼，主要有哪些仪式流程？仪式主要在什么季节举行，为什么？

在没有蒸汽动力的年代，出海远航最重要的动力就是风。因此，对风的运用不但关系到航海的成败，还关系到船员的人身安全。因此，这是一个必须要研究的问题。祈风石刻为探究提供了极好的实物和文献史料。

这些问题似乎是历史问题，这应该是一节历史课。但是，如果我们要读懂石刻上的文献，这是文言文阅读，这在学科上属于语文；如果我们要通过思考仪式举行的季节，研究我们季风的规律，这在学科上属于地理。季风还是初中阶段中国地理学习中的重难点。

那么，这节课还是一节历史课吗？

在学校教学中，我们采取分科教学。语文、数学、外语、物理、生物、化学、地理、历史、政治，分科教学与分科学习似乎已经是一件天经地义的事情。当回到真实世界中，解决真实问题的时候，我们发现世界其实是由一个个真实的问题和挑战组成的，而学习的过程就是应对挑战、解决问题的过程。在这个过程中，学习显然不可能是以学科为中心展开的，而是以问题为中心展开的。在研学课程内容设计过程中，以问题为中心展开的学习——分析情况、提出问题、解决问题、交流结果，这样的学习一定是跨学科的。在这种学习方式下孕育出来的跨学科观念、思维模式和探究技能才是真正的核心素养。

上述研学旅行课程单元开发与设计必须不间断地进行，通过对不同区域进行划分，可以将课程单元分成两层结构，一是以省、直辖市为单位的大层级的数据储存结构，其中包含不同研学基地（营地）的名称及分类；二是以小学、初中、高中及其他年龄群体进行划分的小层级课程单元设计结构，对不同的研学基地（营地）进行深入的考察，结合不同地域的文化特质，进行有规划的构建。

最终可以形成课程单元数据库，其构建是一项长期持续的工作。只有对不同的研学基地（营地）进行深入的课程研发，才能保证课程模块对不同学校、不同年龄群体的适用性，才能真正让研学课程内容贴近需求，完成不同的学习目标。

步骤二：有机运用多种方式组合研学课程内容形成基本构思

研学旅行可以采用多种形式和方式组织课程内容，形成参与性强、互动性强、吸引力强的研学课程，常见的方式有参观式学习、体验式学习、研究性学习。很多学校在组织中小学生的研学旅行活动过程中，还可以利用集体生活的机会，安排服务性学习课程和社会学习类课程。

参观式学习课程，指组织研学受众到实地进行观察、分析、学习从而获得新知识或巩固已学知识的研学课程。体验式学习课程是通过精心设计的活动、游戏和情境，让参加者在参与过程中观察、反思和分享，从而对自己、对他人和环境，获得新的感受和认识，并把它们运用到现实生活中，从而实现自我知识、能力以及态度的提升与重构的一种研学课程。研究性学习课程是研学受众在研学旅行指导师和其他人的指导下，从自然、社会和生活中选择和确定专题进行研究，并在研究过程中主动地获取知识、运用知识、解决问题的学习活动，是一门开放性很强的课程，最能体现出研学旅行的课程特点。以上三种方式是研学旅行课程中最常见的学习方式。

社会学习类课程是指利用研学旅行这一真实的社会生活场景，设计系列课程培养研学受众掌握社会知识、经验或规范、社会行为技能的学习过程，如职业体验等。服务性学习课程是指在研学旅行过程中研学受众有明确的学习目标，运用所学知识为同行人员制订服务方案、开展服务活动，培养社会责任感与公民意识的学习方法。服务性学习课程在学校组织的大规模集体出行的研学旅行活动中较为常见。

在研学课程单元基础上，根据拟定的研学目标、研学受众特征及课程标准等课程设计依据，进行课程内容编撰，通过"活动+体验"或研究性学习的形

项目二 研学旅行产品设计的基本策略

式加入课程知识进行设计,通过不同的执行表现形式,加强研学受众在研学过程中的参与性,令研学受众在研学中增长知识、提升能力、丰富研学收获以及增强研学体验感。

任务小结与思考

本次任务围绕"研学旅行产品的策划与构思"来进行,主要分为四步。第一步,确定研学旅行产品的主题。一个好主题,是一个好产品的开始。第二步,根据研学主题设计框架问题。框架问题是研学旅行产品的骨架,也是教育属性的重要表现。第三步,选择不同类型的研学资源。这里需要注意,好资源未必是合适的资源,所有研学资源都是服务于研学旅行产品的主题和框架问题的。第四步,设计研学课程内容,所有良好的初始构想都必须通过良好的内容设计呈现出来。

这里需要再次强调的是,研学旅行产品兼具旅游属性和教育属性,这就意味着产品的核心要件在"课程"。产品策划者更需关注研学旅行活动的教育性,重视参与学员的学习效果。无论是产品主题设想、路线规划、资源获取、问题设计都要紧紧围绕着"教育"这一核心主题展开。

结合实际思考

1. 请构思一个你心目中理想的兼具旅游属性和教育属性的研学旅行产品,并概述之。
2. 请简述课程目标A、B、C、D四要素。

思考答案

研学旅行产品设计

任务四 研学旅行产品的可行性分析及实地考察

 学习目标

知识目标	理解研学旅行产品的可行性分析和实地考察的意义，了解考察的关键节点，知道在考察前、考察中、考察后的注意事项。
技能目标	了解研学旅行产品的可行性分析和实地考察的一般方法和基本流程，能够具体负责研学旅行产品的考察安排，根据考察结果，调整产品方案。
思政目标	培养时时留心、处处观察的素养和能力，将丰富多元的思想政治教育元素进行采集整理，融入研学旅行产品中。

 任务导入

小丁的产品方案为什么会反复返工？

研学旅行产品的可行性分析及实地考察

小丁在某研学服务机构从事负责产品设计的工作。年初，公司领导安排他设计一个以陆上丝绸之路为主题的包价夏令营产品，打算在今年寒假销售。领导对这款产品很重视，还专门为此拨了一笔产品开发和考察预算。

小丁在工作中也很认真，既借鉴了其他公司的产品案例，也结合了本地需求。完成案头工作后，随即开始了考察。在考察中，小丁拍了很多照片，他和同事说："一定要多拍美照，以后做宣传文案的时候需要配图的。"在考察回来后，他第一时间完成了初步的课程方案，上交领导。过了几天，领导给了两条意见，希望小丁斟酌考虑。第一，建议在个别研学目的地，由本公司自行策划课程方案，提升产品的特色。第二，建议他调整其中几个研学目的地，对比相似目的地的优劣势以后，再上报产品方案。

面对领导的修改意见，小丁有些茫然。领导要求他撰写细节方案的目的地，他留存的资料不够，而且好几个领导建议他斟酌考虑的研学目的地，在之

项目二 研学旅行产品设计的基本策略

前的考察中,他也并未去过。如果要再次考察,无论是时间还是预算,都不允许了。他该怎么办呢?

案例观察

本案例中,小丁的工作看似很认真,但是从结果上看,并没有取得良好的工作业绩。当发现问题,试图事后补救的时候,他发现需要投入更多的时间和预算,使得产品开发周期和成本都大幅上升。因为,研学旅行产品考察的目的,不是通过考察发现问题,而是应该在考察前提出一些系列问题,希望能在考察中得到妥善的解决。那么,我们应该如何开展具体的工作呢?

问题思考

1. 在考察出发前预先做哪些工作,就可以避免这次失误?
2. 如果你是小丁,还会预先做哪些准备工作?
3. 研学旅行产品考察对课程开发有什么意义?

子任务一:考察前分析研学旅行产品的可行性

在研学旅行产品设计的全流程中,研学考察需要投入的各方面成本最多。因此,必须在考察前对产品进行充分的论证,争取一次考察就能就能解决产品开发中的全部必要问题。

步骤一:站在客户角度进行需求分析

在日常工作中,研学旅行产品设计者要面对来自方方面面的需求,但是距离真实的用户往往较远,容易陷于依靠臆想来判断用户需求。只有设身处地站在用户的角度思考问题,才能挖掘用户最真实的需求。由于研学旅行产品的特殊性,产品采购方、付费方和学习方各有需求,我们需要同时分析三者的真正需求在哪里。

· 采购方:往往是学校、教育机构等,更为在意的是产品能给自己带来多大的价值。中小学校更重视产品的社会价值和教育价值。商业机构还会在乎产品是否与自身已有的产品和商业逻辑契合，是否能实现自己的商业利益。

· 付费方：往往是家长。虽然家长和学校都会在意产品的产品质量，但是家长会更在乎自己家孩子的学习效果和旅行体验，两者对于产品教学质量的判断有微妙差异。

· 学习方：往往是学生，当然亲子产品也包括家长。不同的年龄段、性格特点的孩子对产品的需求较大。产品上不但需要区别小学、初中、高中不同年龄段，而且还要区别不同性别、不同兴趣点、不同学习能力的孩子。学习方对产品质量和效果的评价，虽然未必是首次购买的决定方，但是会很大程度上决定产品的复购率。

这中间，有时候会出现采购方、付费方、学习方三方对于同一产品的需求有分歧和差异。学校认可的，未必是学生喜欢的；学生喜欢的，未必是家长愿意购买的。这就需要产品开发者能站在孩子的终身发展角度考虑，引领市场需求。

步骤二：搜集整理资料、进行安全性分析

安全性是研学旅行的第一原则。如果把研学旅行对学生、老师、学校、社会、国家的意义比作 10，那么安全就是 1，没有 1，后面的 0 就失去了意义。没有安全保障，一切的意义自然也就化为虚有。研学旅行的安全性问题主要体现在交通安全、食品安全、住宿安全及人身安全等方面。

在对各产品要素选择分析时，尽量选择曾经落地过旅游团队的餐厅，选择各级政府选拔的研学旅行基（营）地或星级酒店、品牌民宿等。

步骤三：结合核心素养、进行教育可行性分析

研学旅行倡导时时、处处皆为课程，事事、物物都有教育，因此每一个细节都应该体现教育的魅力。在国家政策的支持之下，我国研学旅行事业正由点及面稳步发展，逐渐成为落实"立德树人"根本教育任务、培养学生核心素养的重要途径。

2016年9月13日上午，《中国学生发展核心素养》研究成果发布（见图2-2）。中国学生发展核心素养以培养"全面发展的人"为核心，分为文化基础、自主发展、社会参与三个方面，综合表现为人文底蕴、科学精神、学会学习、健康生活、责任担当、实践创新六大素养，具体细化为国家认同、理性思维等十八个基本要点。在研学旅行过程中，应树立以发展学生核心素养为导向的课程意识，将核心素养的培养贯穿于研学旅行活动的全过程。

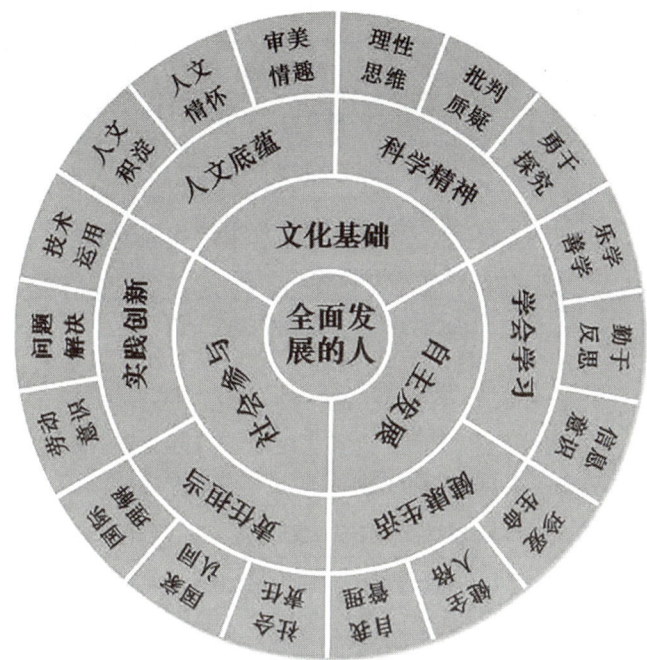

图 2-2 《中国学生发展核心素养》研究成果图

在考察前，产品设计者可以主动对标《中国学生发展核心素养》，分析产品的教育意义和可行性。此外，还可以将研学课程与学校课程进行比对分析。杭州某机构开发了以杭州城市文化为核心的微型研学课程（见表 2-7）。在课程开发中，教师将研学场景与课堂教学内容的关系进行了梳理。

表 2-7 以杭州城市文化为核心的微型研学课程

序号	杭城景点（人物）	教材内容	学科	年级
1	一地一课·寻找杭州	综合性学习《背起行囊走四方》	语文	八下
		综合性学习《话说千古风流人物》	语文	九上
2	白堤（白居易）	白居易《钱塘湖春行》	语文	七上
		白居易《观刈麦》	语文	九上
		白居易《望月有感》	语文	九下
3	孙权故里	《资治通鉴》：《孙权劝学》	语文	七下
4	拱宸桥	茅以昇《中国石拱桥》	语文	八上
		吴冠中《桥之美》	语文	八上

续表

序号	杭城景点（人物）	教材内容	学科	年级
5	胡雪岩故居	叶圣陶《苏州园林》	语文	八上
6	苏堤（苏东坡纪念馆）	苏轼《记承天寺夜游》	语文	八上
		苏轼《浣溪沙·游蕲水清泉寺》	语文	八上
		苏轼《水调歌头》	语文	八下
		苏轼《江城子·密州出猎》	语文	九上
		苏轼《浣溪沙》	语文	九上
		《社会生活与文化》	历史与社会	八上
7	六和塔	周密《观潮》	语文	八上
8	玛瑙寺与西湖（张岱）	张岱《湖心亭看雪》	语文	八上
9	陆游纪念馆	陆游《十一月四日风雨大作》	语文	八上
		陆游《卜算子·咏梅》	语文	九上
10	大佛寺·始皇解缆石	司马迁《陈涉世家》	语文	九上
		《秦始皇开创大一统基业》	历史与社会	八上
11	良渚遗址	《中华文明的曙光》	历史与社会	七下
12	越王山城遗址	《诸侯争霸与社会变革》	历史与社会	八上
13	杭州文庙	《论语》十二章	语文	七上
		《礼记》：《虽有佳肴》	语文	七上
		《礼记》：《大道之行也》	语文	八上
		《孟子》两章	语文	九下
		《孟子》：《鱼我所欲也》	语文	九下
		《百家争鸣》	历史与社会	八上
14	凤凰寺	《阿拉伯帝国与伊斯兰文明》	历史与社会	八上
15	京杭大运河	《隋的兴亡》	历史与社会	八上
16	南宋遗迹（皇城、岳庙、御街等）	《南宋与金的和战》	历史与社会	八上
		《经济重心南移》	历史与社会	八上

项目二 研学旅行产品设计的基本策略

步骤四：基于现有产品、评估产出预期

一个成熟的产品体系，各类产品之间都应该有相对完整的产品逻辑。任何新产品，尤其是设计全新品类的产品，一定要思考与现有产品之间的关系，避免在底层逻辑上相互冲突。例如家庭教育机构开发研学旅行产品，就应更侧重于开发亲子类研学旅行产品，而非独立营产品，帮助家长在旅途中优化与孩子的亲子关系。

产品的最终使命是帮助企业实现商业目的。拉动新客户数量、带来的老客户活跃与留存、带来的直接利润收益或其他长期战略价值，这些都是产品的产出，也是产品的价值所在。产出最好可衡量，可用于计算投入产出比。

子任务二：考察中需同时关注教育性与安全性

研学考察是研学旅行产品开发的关键一步。在产品开发阶段，将初定和备选的研学资源走一遍，细致排查安全隐患，直观体验行程时间，搜集整理研学课程资源，了解汇总生活保障情况、线路往返的合理性，事无巨细，都是研学考察需要关心的问题。

步骤一：仔细考察研学场所的安全情况

研学旅行是校外基地（营地）活动，对安全的要求明显高于其内容活动。一旦出现安全事故，那我们在其他领域的努力都将归零。在考察中，要对认真排查每个环节的安全风险，避开危险地段，做好安全预案，将一切安全隐患控制在可控范围之内。在任何时候、任何地点、任何情况下，都应把确保学生的身心健康和生命财产安全放在首要考虑的位置。

除了避免安全隐患，还需直观体验行程时间，了解交通通勤状况，尽量避免选择交通不便、路途较远的研学地点，免得把大量时间浪费在路途中，保证更充分的休息和活动时间。

步骤二：对食宿等生活保障条件进行考察

根据《研学旅行服务规范》，宾馆选择应以安全、卫生和舒适为基本要求，须提前对住宿点进行实地考察。建议选择三星级及以上宾馆，房型最好为2人标间，有独立卫生间、有线电视，有不受约束的洗热水澡条件，周边环境需安静且无安全隐患。如果不是选择宾馆，而是选择营地，最好选择规模较大、社会效益好的单位。如需露营应在实地考察的基础上，对露营地进行

安全评估，并充分评价露营接待条件、周边环境和可能发生的自然灾害对学生造成的影响。

有几种情况需要避免：周边人烟稀少、基础设施不完善、太过于偏僻的郊区宾馆，应谨慎选择；客房较少，学生需分散居住，管理上不方便的宾馆力求避免（一般一次出行学生住宿分流不超过 2 个宾馆）；住宿条件差且居住人员情况复杂、安全隐患多的宾馆一定要避免。

步骤三：对研学活动场所进行细致考察

这部分涉及产品核心内容，是研学考察的另一个重点。在某一具体备选研学地点考察中，建议关注以下细节：

- 停车与出入口位置
- 集合地点与集体照拍摄地点
- 研学场馆的各类管理规定或注意事项
- 卫生间的位置、分布与数量
- 各层楼梯、扶梯、电梯数量
- 行进或参观的路线
- 讲解内容与展陈内容
- 场馆已有研学课程的情况

同时，搜集研学课程所需的课程资源。如果在课程规划中，某个研学地点的具体活动方案由本机构完成设计落地，那就需要特别重视搜集课程资源，以避免由于资源搜集不全面，而导致需要反复考察，造成时间和资金上的浪费。从广义上说，只要是有利于实现课程目标的要素，都可以认为是课程资源。最直接的课程资源自然是展板资料。同时，景区里的实物和景区导览图也是课程资源，甚至景区风景和设施，只要有利于实现课程目标，都可以认为是课程资源。

最后，精选适合开展研学课程的场所。在产品策划阶段，建议多选择一些备用研学地点，列入考察清单。在研学考察中，优选研学目的地。在泉州，可以同时考察泉州博物馆和泉州海外交通史博物馆。二者在内容上有重复，泉州博物馆内容更为丰富，但是最终选择了泉州海外交通史博物馆。因为泉州博物馆展陈是以泉州的历史为线索，更适合地方文化类的研学主题；而泉州海外交通史博物馆是站在海上丝路的世界史格局下探讨泉州的地位，更适合海上丝路方向的研学主题。

在实际考察中，还可以邀请主办单位、承办单位、家委会家长代表等成员参与实地考察，或者向客户披露实地考察等基本情况。这样做，一方面能

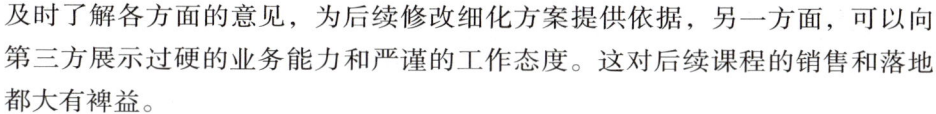

及时了解各方面的意见,为后续修改细化方案提供依据,另一方面,可以向第三方展示过硬的业务能力和严谨的工作态度。这对后续课程的销售和落地都大有裨益。

子任务三:考察后对初步方案进行调整和细化

步骤一:安全预案的优化

考察后,应对研学线路进行风险评估,细化安全规范,建立应急预案。在遇到突发的安全事故时,应在与师生充分沟通和对线路十分了解的前提下,做出线路调整。

由于研学旅行的主要对象是中小学生,这一群体总体的安全意识还不强,生活知识较为缺乏,遇到困难或危险不能冷静处理,往往紧张而不知所措,甚至处于叛逆期的学生还会故意表现出与安全要求相悖的行为。因此还需要细化安全教育方案,以防患于未然的姿态加强安全教育的力度与强度,既从纪律层面做好安全的管理,也从知识层面提供应对安全问题的意识和策略,加强培养学生的安全防范意识、应急处理能力、防范能力,重视学生心理健康教育,提高心理承受能力。

步骤二:研学线路的优化

研学旅行线路什么走向、怎样停顿,关系到研学旅行的效果。在线路布局上,应注意选择适量的研学点,行程过满会使人疲劳且学习过程不充分;各研学点相隔距离不宜过长,不然时间和费用都浪费在交通上,如果实在难以避免长期坐车的情况,则要预设好停车休息点。尤其要注意的是,研学旅行在每个活动上不仅要旅行,还需要研学,因此,和普通的旅游相比较,所花费的时间更多,线路设计上应充分考虑这一点。

步骤三:注重课程方案的差异化

经过多年发展,市场上各种研学旅行产品丰富多样,同类产品非常常见。因此,在考察后,细化方案阶段就应预想好如何做出有特色的差异化产品。

从点的角度考虑产品差异性,即同样的景点,是否能设计独具特色的研学活动。随着研学产业链的逐渐成熟,我们确实可以通过采购的方式,将具体的研学课程交与第三方操作。但是,简单的产品组合,更容易被模仿,或出现产品同质化的问题。有时,采购的课程也未必贴合既定的研学主题。因此,在具体的研学旅行产品中，围绕着研学主题，选择适当的几个研学目的地，设计具体的研学活动方案。举个例子，去北京开展研学活动，故宫是绕不开的一站，但是简单地走一走中轴线就很容易同质化。当我们能结合不同的研学主题，例如古建筑主题、书画主题、明清历史主题，那么同样在故宫，我们就可以有完全不同的具体的研学内容和活动方案，做出差异性产品。

从线的角度考虑产品差异性，即通过选择有差异化的景点，组合出不同的研学线路。立足于既定的研学主题，要选择最能体现目的地区域研学资源特色的研学地点，设计与众不同的线路。例如，在北京开展高校研学，一般会选择参访北大、清华等知名高校。此外，从理解大学精神、了解我国高等教育发展历史的角度上看，还可以选择北京新文化运动纪念馆。从五四时期的老北大，到新时代的新北大，学生将对"大学"有深刻的理解。当然，线路规划同时也应该尊重典型性原则，不能一味求"特"，要确保产品的完整性。例如，在设计北京研学中，无论是什么研学主题，故宫、长城都应该是必选点，毕竟孩子学生时代可能就来北京这一回，不能为了追求产品差异性而使得学生留有遗憾。

从人的角度考虑产品差异性，即在研学指导老师上寻找产品突破口。教育是人与人之间的一种精神交流活动，因此，师资永远是教育产品的核心要件。研学指导老师可以分为两类。一是指导学生开展专项研学活动的老师，例如非遗传承人、老红军、某个特定领域的专家等。能够邀请他们与学生互动，往往是产品的亮点和差异点。二是全程陪同孩子的研学指导师，他们与学生互动最多，感情最深，也最为关键。在市场充分竞争的背景下，实力相当的研学服务机构在研学产业链上的资源整合能力逐渐趋紧，"老师好"才是产品最好的底色。

任务小结与思考

本次任务围绕"研学旅行产品的可行性分析及实地考察"来进行。第一步，考察前，需分析产品可行性。考察前的准备工作决定了考察成效，要尽可能地对每一个细节都能进行可行性分析。第二步，考察中，需同时关注教育性与安全性。对研学课程资源的收集要细致入微，对安全的要求要近乎苛刻，对研学目的地和入住酒店要有备份方案。第三步，考察后，对初步方案进行调整和细化。到这一步，其实已经进入课程内容开发的最后环节，要注意课程内容的差异性。

"教育是一种慢的艺术"，研学旅行产品开发离不开工匠精神。因此，优质的研学旅行产品离不开扎实的可行性分析及实地考察。全面、细致的产品可行性分析，可以最大限度避免产品后期经不住市场考验，避免投入过多人力、物力、财力，同时也避免落地执行时遇到不可控的意外情况，尤其是避免出现安全事故。

> **结合实际思考**
>
> 1. 出发前的准备工作是考察的关键，你还会做哪些准备？
> 2. 如何让研学旅行考察成为一次成功的事件营销？

思考答案

任务五 研学旅行产品的成本核算与价格确定

学习目标

知识目标	明确成本核算的目的要求，弄清楚成本要素的构成及特征，把握核价时的注意事项。明确B端客户的报价和C端市场的定价两个维度的目的要求，厘清注意事项。
技能目标	掌握成本核算的基本方法，掌握针对不同性质客户群体报价的方式方法，学会使用有关成本核算和价格确定的工具表格。
思政目标	学生通过深入了解研学旅行产品的成本核算和价格确定的全过程和要素，掌握成本核算的方法和技巧，为企业的经营决策提供准确的数据支持，提高学生的责任感和使命感。

任务导入

小李的第一次报价为什么失利？

研学旅行产品的成本核算与价格确定

某研学服务机构负责产品设计的小李，最近接到客户的产品需求。当地的一所初中学校要组织招标，招标文件显示，学校希望能够组织学生前往安徽的黄山研学旅行，内容围绕黄山的徽州文化和地理科学展开。对方要求小李设计一个5天4晚的初一、初二年级学生研学旅行产品，要求在3个工作日内抓紧设计产品并完成报价。于是，小李便赶紧搜集素材，落实资源点，根据对方的要求，设计研学旅行产品。在完成设计后，小李向对方进行了一次报价，对方反馈产品线路内容很好，就是报价看不太懂，价格有些虚高，没有竞争优势，请小李重新报价。在多次和资源方供应商沟通和协调之后，小李又进行了第二次报价，他对报价表进行了重新梳理，价格比之前也略低，顺利参与了其后的工作。我们通过剖析小李前后设计的报价表，来看看他的问题在哪里、提升在哪里？

小李设计的黄山5日研学旅行产品第一次报价表如下表所示。

《读行徽州　解密黄山》5日研学旅行报价表

项目	分列价格	小计（元）
研学点及课程费用	黄山城市展示馆、唐模村、徽州府衙、黄山（含上下索道、景区内交通）、宏村、谢裕大茶叶博物馆（含茶叶课程）、徽派雕刻博物馆（含竹雕课程）、胡开文墨厂（含徽墨课程）、屯溪老街、杨文笔庄（含徽笔课程）	825
住宿	酒店标间每晚180元，合计4晚720元，2人均摊	360
用餐	餐标40元，合计9餐（最后一天晚餐不含）	360
用车	大巴车每车每天6500元，按照每车40人均摊	163
大交通	高铁往返461元	461
研学指导师	每车安排2位指导师，每位每天补助500元，合计5000元	125
组团社及学校带队人员	住宿、就餐、景点、交通费用2006元每人，按照一车2人核算	100
研学课程场地	按照每次2000元核算，需要6次，计12 000元，学生数200人计算	60
课程老师	每位老师1500元，需要4位老师，计6000元	30
队医、摄影人员	各安排1人，每人每天600元，计6000元	30
杂费	水费、保险、研学读本、横幅、医疗包、开营闭营仪式等	125
其他不可预见费用	处理突发事件等	50
服务费	每人每天30元	150
单人报价	总数按照200学生核算，每车按照40人核价，如果不足200人，会适当增加报价	2839

案例观察

本案例中，小李的第一次报价被驳回，你知道是什么原因吗？要厘清小李本次报价失利的原因，我们就必须弄清楚研学旅行产品报价的背后逻辑，区分不同的渠道客户和产品性质，做到报价及时、精准、合理，能够快速地锁定客户，达成合作。小李在分析失败原因的基础上，及时做了有效的调整，很快得到了合作方的认可，其中又发生了什么有意思的改变？值得我们去深入思考。

问题思考

1. 小李制作的第一次报价表为什么组团社说看不太懂？
2. 一份好的研学旅行产品报价表应该具备哪些特点？
3. 研学旅行产品设计过程中，成本核算至少包括哪些要素？在成本核算与产品报价之间需要注意哪些因素？

子任务一：掌握研学旅行产品的成本核算

经济学中非常重要的一个基本概念就是"成本"，在设计、销售研学旅行产品过程中，"成本"也是一个很重要的概念，但是，这里的"成本"并非与经济学中"成本"的内涵与外延一致。一般意义上的所谓产品成本，是指企业为生产一定种类、一定数量的产品所发生的各项生产费用的总和，包括直接成本和间接成本。研学旅行产品的成本指的就是产品各项直接生产费用的总和，也就是直接成本，而不考虑包括企业管理、运行、人员工资等在内的间接成本。

步骤一：了解产品成本核算的目的与要求

产品成本核算是研学旅行产品设计过程中非常关键的一环，它直接关系到产品的销售行为和销售结果，是企业在激烈的市场竞争中不可或缺的重要支点，是企业产品力的重要体现。产品成本核算是为了更好地挖掘潜力，控制成本，提高产品的性价比和竞争力；是为了强化资源方、供应商的管理，提高资源整合与优化能力；是为了更精准地布局产品，开展市场定位和客户分析，增强企业的产品经营能力，提高企业利润率。产品的成本核算如此重要，要求产品设计者必须掌握相关成本数据，力求准确，能够结合产品本身的要求和客户的实际需求，根据综合研判和分析，测算出产品的实际成本。如果成本测算偏低，会造成企业亏损，反之，成本测算偏高，会影响报价，失去价格优势，导致客户不满意，最终可能会流失客户和市场。因此，产品的成本核算必须做到严谨、准确、合理。

步骤二：掌握产品成本核算的方法

准确核算研学旅行产品成本是一项重要的业务能力，它直接关系到产品的定价策略和企业的经营水平。为了提高成本核算的科学性、准确性，我们需要掌握基本的核算方法。

研学服务机构最常用的是成本要素叠加法。我们先要梳理出产品成本包含的具体分列项目，了解清楚各个项目的类型以及特点，厘清人均、组均和场均项目的差异，对于基本固定不受人数影响的项目，作为固定成本纳入核算，对于受到人数影响的项目，作为非固定成本纳入核算。根据不同产品，成本的组成要素不尽相同，大体上包括课程部分和行程部分两大类项，课程部分一般包括课程活动、课程物料、课程老师、课程场地等子项目，行程部分一般包括交通、住宿、餐饮、景区景点（基地、营地）门票、研学旅行指导师、研学装备以及相关杂费等子项目。在进行产品成本核算时，围绕上述分列项目，再参照人数，就可以进行成本核定。

为了提高产品设计的有效性，还会采取预算动态平衡法。任何的产品设计，都有一个大致的预算价格，不管是针对 B 端客户，还是直接推向 C 端市场，都有一个产品预算的基本定位。针对预算的价格，可以反向倒推各个分列项目的大致成本，并结合产品的内容，进行动态调整，达成最合理的成本控制。

步骤三：弄懂成本核算的要素分析

我们将研学旅行产品的成本分列项目，拆解为课程部分和行程部分两大类。所谓课程部分指的就是研学旅行产品中涉及的教育活动及其配套项目，如课程活动、教具学具、授课老师以及活动场地等；行程部分对应"旅行"所涉及的保障服务项目，如交通、住宿、餐饮、研学旅行指导师等内容。无论是哪一类项目，在成本核算过程中，都要充分考虑到其自身特性，下面对其中相对重要的板块进行分析。

1. 课程活动及物料

课程活动及物料一般指的是基地（营地）或景区提供的具有教育主题的研学课程及其相关配套物资，也指课程设计人员设计的研学实践课程，如某基地提供的算盘制作、团扇绘制活动。在核算成本时要了解清楚活动单价及物资配套情况，活动单价是否包含授课老师、场地及所有物资费用。

2. 授课老师

授课老师一般指的是主办方邀请的研学课程授课的专家、学者、行业优秀代表、非遗代表性传承人等专业人士，要根据不同的职称级别和行业知名度、影响力支付相应的课酬，许多产品的价值要依托授课老师来塑造。

3. 活动场地

在组织研学旅行过程中，需要租用会议室、教室、报告厅、剧场等场地，用于开营、闭营、专家授课、教育活动组织等研学活动，场地租用费一般要均摊到所有参加的学生。

4. 交通

研学旅行产品涉及的交通一般包括大交通、小交通和内部交通。大交通指的是从出发地到目的地的交通，形式主要为飞机、高铁、卧铺等，小交通指的是从大交通目的地到研学旅行的具体所在地的交通，形式主要为旅游大巴，如从北京到华东五市研学旅行，大交通指的是从北京到上海落地往返，小交通指的是从上海到苏州、无锡、杭州、南京的旅游大巴包车，内部交通则是指景区、基地（营地）内部的交通，如黄山风景区内的景区公交。在具体核算交通成本时，要注意大交通的选择，根据票价、人数和距离来综合分析，确定最合理的方案。小交通是成本核算的重点，根据不同的旅游大巴车型、核载人数、运输距离来核算成本，一般的车费计算公式为：总车价＝净车价＋油费、路桥费、放空费、停车费等费用＋跨海、夜景、行李等其他特殊费用，净车价＝固定费用×实际使用天数，油费＝油费单价×千米数。

5. 餐饮

按照预算的餐标来核算餐饮费用，餐饮总费用＝餐标×实际就餐次数。需要注意的是，一般以 10 人为一桌，当人数与分桌有冲突时，要按照实际人数与餐厅结算，以保证成本核算的一致性。此外，要了解是否有加餐、提标、特色餐、民族饮食禁忌等影响成本核算的因素。

6. 住宿

住宿的成本要根据入住的酒店、营地等级和标准来核算，基本上按照单人单床的基准来核定成本。需要特别注意的是，酒店的住宿条件、评定等级、房间型号、地理位置、周边环境、服务品质、是否含早餐等都是考量成本的具体因素，一般参考《中国旅游饭店星级划分及评定标准》，从一星级到五星级，星级越高，表示旅游饭店的档次越高，价格相应也会越高。但是，市场上许多酒店并未评星，俗称"未挂星酒店"，在成本核算时，可以参照携程酒店的用户评级标准，从一钻到六钻，大致将酒店划分为经济型、舒适型、高档型和豪华型，钻级越高，说明酒店的设施设备、配套情况、服务水平、社会美誉度、品牌知名度等越好。

7. 景点［基地（营地）］

为推进研学旅行发展，国家和地方主管部门近年来陆续批准了研学旅行基地和营地，包括传统旅游景区景点、博物馆、科技馆、企业、乡村等多种资源类型，在产品成本核算时，要明确研学线路中涉及的资源点属于哪种类型，清晰具体收费标准，包括首道门票价格、内设景点和服务项目收费等细项，以免成本核算不准确。

8. 研学旅行指导师

研学旅行指导师是全程跟随研学团队开展组织、指导、协调、服务的工作人员，如果是针对 B 端的客户，还有 B 端全程跟队的人员，这些人员的带队工资、补贴以及在研学过程中产生的交通、餐饮、住宿等费用，也要一并纳入成本体系当中。

9. 研学装备

所谓的研学装备指的是提供给学生的服装、书包、行李箱、读本以及其他需要装备的物资费用，根据具体的产品服务标准来核算成本。

10. 其他项目

除了上述几个大项之外，在成本要素项目中，还有一些特别的费用需要酌情考虑，如代为购买保险、矿泉水、医疗包、医护人员、安全员、团队总控人员及前导车、摄影文宣等。此外，对于 B 端客户的产品，还可以增加"综合服务费"项目，一般按照"每人每天 ×× 元"来核价。

步骤四：了解成本核算的注意事项

无论是 B 端产品还是直接推向市场的 C 端产品，成本核算都非常重要，为了保证成本核算的准确性、合理性，我们需要注意一些细节。一是成本的分列项目要清晰，不能有重合或遗漏，案例中小李第一次报价的项目就有部分重合，组团社经过分析认为不合理。二是核算成本时相关服务和接待标准要明确，如酒店的等级标准、餐标、大巴车的标准等，案例中小李就没有将酒店标准写清楚，造成客户的误读。三是核算成本时要按照一定的预控人数和约定的时间进行，如案例中小李按照预控 200 人，每车 40 人来核算，而时间一般指的是具体出行月份以及是否节假日、周末，许多资源方的价格受到淡旺季和周末因素影响。

步骤五：掌握成本核算工具箱

研学旅行产品成本核算表如表 2-8 所示。

表 2-8　研学旅行产品成本核算表

预控人数：　　　　　　　　出行时间：　　　　　　　　单位：元

一级项目	二级项目	成本说明	小计
研学课程	课程活动		
	授课老师		
	活动场地		
旅行行程	用餐		
	住宿		
	交通		
	景点、基地（营地）		
	研学旅行指导师		
其他保障	B端带队人员		
	队医、摄影人员		
	杂费		
	综合服务费		
	不可预见费用		
单人成本			

子任务二：研学旅行产品的价格确定

任何产品都有一定的价格，价格是产品价值的货币化体现，是商品的交换价值在流通过程中所取得的转化形式。在经济学及营商的过程中，价格是一项以货币为表现形式，为商品、服务及资产所订立的价值数字。研学旅行产品也有自身的价格，通过对B端客户的报价和对C端市场的定价，来实施价格策略，开展企业的经营活动。

步骤一：了解产品价格的重要性

1. 产品价格是产品竞争力的基础

产品力是企业竞争力的核心，而产品力的关键是性价比，顾客通过价格来

项目二 研学旅行产品设计的基本策略

判定产品的价值，企业通过价格策略来开拓市场。因此，产品价格的确定对于企业发展来说至关重要。

2. 企业利润的保证

企业靠赚取利润实现生存和发展，而产品是获取利润的根本保证，在确定产品价格的时候，要充分考虑成本和利润的关系，确保合理的利润率，为企业持续发展提供利润流。

3. 赢得市场的利器

研学市场竞争激烈，而产品是赢得市场竞争的法宝，通过高效错位的价格策略来抢占客户心智空间，提升产品的价格优势，满足客户的心理期待和心理账户需求，提高产品的市场占有率。

步骤二：了解产品价格确定的目的与要求

1. 要充分体现产品价值

价格是价值的外化和体现，产品的价格要充分体现出产品自身的内在价值，让客户认知到高性价比。客户只会为自己认为"物有所值""物超所值"的产品买单，所谓"贵"和"便宜"只是一个相对概念，因此，价格的确定要充分考虑到成本、市场、价值、客户心理等多方面因素，让客户感到"物有所值"，甚至"物超所值"。

2. 要充分确保竞争优势

价格是产品竞争的关键，"货比三家""不怕不识货，就怕货比货"，顾客总是喜欢比较类似产品的价格，寻找到自己满意的产品，因此，在产品价格确定过程中，一定要考量与同行的竞争态势，综合各方元素，合理定价。

3. 要充分留有伸缩空间

针对B端客户的报价，要留有余地，因为按照一般消费者心理，对方总会进行讨价还价，很少在报价过程中做到"一步到位"，因此在针对B端客户报价时，要适当预留谈判空间，合理"让利"，在妥协中确定最终价格。针对C端市场的定价，则要预留营销促销的价格空间。

步骤三：掌握产品价格确定的主要方法

心理账户（mental accounting）是芝加哥大学行为科学教授理查德·塞勒（Richard Thaler）提出的概念。心理账户是行为经济学中的一个重要概念。由于消费者心理账户的存在，个体在做决策时往往会违背一些简单的经济运算法则，从而做出许多非理性的消费行为。我们都有两个账户，一个是经济学账户，一个是心理账户，经济学账户里，每一块钱是可以替代的，而在心理账户里，对每一块钱并不是一视同仁，而是视不同来处、去往何处采取不同的态度。我们在进行价格确定时，既要分析消费者的经济学账户，也要分析其心理账户，让客户能够更快更好地购买产品。

1. 针对 B 端客户的报价方法

所谓 B 端客户主要是指组团社、中小学校、其他机构和组织，对于这些客户，我们采取报价的方式，并且需要进行价格磋商，才能确定产品的最终成交价，报价的方式主要有成本加成报价法，呈现方式有分项报价法、整体报价法等。成本加成报价，指的是在产品成本的基础上，加上企业的利润，即产品报价 = 产品实际成本 ×（100%+ 企业利润率），确定产品价格之后，可以采用分项报价和整体报价两种呈现方式，分项报价指的是按照产品成本构成的具体分列项目进行细化报价，让客户对价格明细一目了然；整体报价是指按照最后统计的单价给出价格，但要列出包含的费用项目，不出示费用项目明细数字。两种呈现方式各有利弊，需要在具体情景中灵活应用。

2. 针对 C 端市场的定价方法

许多研学服务机构直接面向家长和学生收客，需要对产品进行定价，在定价之前要做好市场调研和客户需求分析，采取相对科学合理的定价策略，主要有分等级定价策略、高价格定价策略、温和定价策略、低价格定价策略。分等级定价策略，是指产品定价要划分等级区间，按照一定标准确定高中低价格，彰显出产品的差异化和价值感。高价格定价策略，是指部分价值属性较高的产品，可以适当提高利润率，抬高价格，适应客户"一分钱一分货"的心理，打造高价产品，但是其高价需要产品内在的价值来支撑，比如有好的老师、好的课程等。温和定价策略，通常指的是采取一般的利润加成方式确定价格，比较积极稳妥。而低价格定价策略是指利用低价来吸引客户，抢占市场，产品利润率较低，更多是一种营销手段。

在具体定价过程中，可以采取需求导向定价法和竞争导向定价法才核定价格。需求导向定价，主要关注的是客户的认知价值、需求差异，强化塑造产品的价值，只要产品能够满足客户的需求，就可以敲定相对利润高的产品价格，例如一些 C 端定制产品就可以采取这种方式。竞争导向定价，主要关注市场竞争，在了解同行业同类型产品的价格基础上，确定自身合理价格，以利于占领更大市场。

步骤四：了解产品价格确定的注意事项

产品定价是一项很重要的工作，需要一定的专业能力和市场意识，在具体实施过程中要注意几点。

一是了解客户。如果是给 B 端客户报价，必须充分了解客户的需求和经营风格、市场策略；如果是直客定价，要分析市场和客户的实际需求。

二是科学合理。在给 B 端客户报价时，要把加成的利润合理巧妙地均摊到相关分列项目中，有些项目价格相对透明公开，如景点门票，加成就要少，有些项目相对不透明，如课程费用，加成可以适度增加。

三是动态平衡。报价或定价时，要充分考虑淡旺季、周末或非周末、地域、预控人数、客户关系等综合因素，实现利润率的整体动态平衡。

步骤五：掌握产品报价工具箱

研学旅行产品计价通常采用分项报价，各个企业使用的报价表有一定差别，以下报价表囊括了基本报价要素，供参考。

1. 针对 B 端客户分项报价表

针对 B 端客户分项报价表示例如表 2-9 所示。

表 2-9　研学旅行产品报价表

预控人数：　　　　　　出行时间：　　　　　　　　　单位：元

一级项目	二级项目	项目明细	小计
研学课程	课程活动		
	授课老师		
	活动场地		
旅行行程	用餐		
	住宿		
	交通		
	景点、基地（营地）		
	研学旅行指导师		
其他保障	B 端带队人员		
	队医、摄影人员		
	杂费		
	综合服务费		
	不可预见费用		
单人报价			

2. 针对 B 端客户整体报价表

针对 B 端客户整体报价表示例如表 2–10 所示。

表 2–10　研学旅行产品报价表

预控人数：　　　　　　出行时间：　　　　　　　　单位：元

单人报价	包含项目	服务标准	备注
×××元	课程活动		
	授课老师		
	活动场地		
	用餐		
	住宿		
	交通		
	景点、基地（营地）		
	研学旅行指导师		
	B 端带队人员		
	队医、摄影人员		
	杂费		
	综合服务费		
	不可预见费用		

任务小结与思考

本次任务围绕"研学旅行产品的成本核算和价格确定"来进行，主要包括两大核心任务点。一是成本核算，成本核算要明确目的和要求，掌握基本的核算方法，弄清楚成本要素的构成及特征，把握核价时的注意事项。二是价格确定，分为 B 端客户的报价和 C 端市场的定价两个维度，要明确价格确定的目的和要求，学会基本的方式方法，厘清注意事项，会使用一些报价的工具表格，掌握基本的技能。

作为产品设计的重要环节，成本预算往往决定了产品的定位，成本核算决定了产品的实际效益，价格确定则决定了产品的市场策略和企业的盈利水平，

项目二 研学旅行产品设计的基本策略

环环相扣，缺一不可，因此，我们不能孤立地理解产品成本核算与价格确定，要系统、全面地将价格导向贯穿到整个产品设计当中。

> **结合实际思考**
>
> 1. 如何更精准地测算出产品的实际成本？
> 2. 如何通过价格手段提高报价的成功率和产品的市场占有率？
>
>
> 思考答案

· 113 ·

任务六 研学旅行产品的质量管理与风险管控

知识目标	了解研学旅行产品质量管理的目的与要求，提高产品质量意识，明确产品质量管理的内容与方法，理解研学旅行产品风险管控的意义，增强产品风险控制的意识，了解风险管控的具体内容与注意事项。
技能目标	掌握研学旅行产品质量管理的基本方法，学会正确分析质量要素，掌握使用产品质量管理工具，学会产品风险管控的方法，会科学分析产品风险项目，正确使用风险管控分析工具。
思政目标	提高产品质量意识，正确分析质量要素，提高学生的责任感和使命感。

小王在产品设计中有什么缺失？

研学旅行产品的质量管理与风险管控

某研学服务机构课程设计者小王，为直客定制一个研学旅行产品。该客户是一群宝妈的代表，她们周末要带着孩子去爬山，希望小王能够在当地城区附近找到一座适合亲子徒步的山地，帮她们策划一个有意思的户外游学产品。小王于是搜索当地的户外徒步资源，他发现一个地方虽然不是景区或景点，但风景秀美，经常有驴友光顾，而且评价很好。小王便选择这座在当地并不知名的山峰，设计了2天一晚的户外体验产品，为彰显产品特色，当晚住宿安排自助帐篷露营。在产品设计好之后，小王还亲自去踩线，觉得没有问题，于是向客户交付产品。周末，一群宝妈带着孩子兴冲冲地按照产品策划的步骤，开启了户外徒步之旅。结果，在晚上露营的时候，夜风太大，帐篷被吹倒，游客惊恐万状，孩子们更是受到惊吓。事后，客户投诉公司，要求赔偿。

项目二 研学旅行产品设计的基本策略

案例观察

本案例中，小王根据客户的实际需求进行产品设计，同时也去实地开展了考察，应该说在工作流程上是符合要求和规范的，设计的产品也满足客户的需求，所以客户买单，并按照产品设计内容参加了户外游学。但是，我们观察整个过程，发现其中还是有部分没有做好。客户投诉的直接原因是晚上帐篷露营出现安全问题，说明小王在产品质量管理和风险管控环节没有严格把关。野外露营是一项风险系数较高的活动，必须要有完善的风险评估和安全防控措施，晚上风大也许是偶发条件，但在前期评估时要充分考虑到类似危险因素，在场地选择、帐篷安扎、安全告知和安全处置方面落实周全。

问题思考

1. 如果是你来设计这个产品，你会怎么避免类似问题？
2. 你认为小王在产品设计过程中还有其他问题吗？
3. 在研学旅行产品设计过程中，产品质量管理应该从哪些方面着手？
4. 安全性是研学旅行产品设计的重要基础，你认为究竟该如何做好安全风险管控？

任务实施

子任务一：学会研学旅行产品的质量管理

任何产品都需要质量管理。研学旅行产品因其自身的独特属性，决定了它的质量管理与普通产品不同，研学旅行产品具有即时性和双向互动性，它有一般产品拥有的硬性标准，但更多的是在客户体验过程中产生的对服务的感知，来源于客户对课程设计、线路安排、接待质量、服务意识等方面的满意度，如果客户的心理预期达到或超过产品中设定的质量标准，客户的满意度就相对高，反之就低。因此，研学旅行产品设计过程中，要始终树立质量意识，将质量管理贯穿到产品的全过程。

步骤一：了解产品质量管理的目的和意义

质量是产品的生命线，也是企业的经营底线，产品质量的高低直接影响到产品的竞争力和客户的满意度。严格管理产品质量，对于研学服务机构、客户、市场都有非常重要的积极意义。首先，对于研学服务机构来说，坚持高质量发展是必然的选择。国家层面正大力引导研学行业从数量型转向质量型发展模式，因而，研学服务机构要把产品质量置于核心地位，让产品本身彰显专业性和教育力量。其次，对于客户来说，传统的低价竞争已经成为过去式，他们往往更重视产品的质量，关注研学旅行是否能够给学生带来真正的成长和启迪。最后，对于市场竞争而言，内容输出是研学旅行产品的重心，一个研学旅行产品能否在市场竞争中脱颖而出，依靠的就是产品质量，谁占领产品质量的制高点，谁就能够赢得市场。

步骤二：理解产品质量管理的要求

产品是企业发展的关键，在产品质量管理上要有明确的要求，针对研学旅行产品的特殊性，在设计产品时要遵守以下几点。

1. 质量为先

研学旅行产品既有外化的显形方式与载体，也有即时的服务体验，它的质量管理体现在产品设计与服务等全过程维度，在设计环节就要强调质量意识，坚持相关标准精心设计，既要在产品文案、研学读本、教具学具等显形载体上做优做精，也要在后续的交付上按照产品标准提高服务质量。

2. 内容至上

研学旅行产品的重要使命是输出内容，优质的内容设计是产品质量的保证，包括课程内容的构思和优化、线路行程的编排与调整、服务标准的细化与落实等，只有好的内容才能确保好的品质。

3. 客户中心

研学旅行产品的客户包括 B 端机构、学校以及 C 端直客，不同的客户关注的焦点各异，产品设计者一定要充分了解客户的实际需求，以客户为中心，采取换位思考、角色代入的方式，了解学校、机构、家长、学生等不同群体的诉求和心理预期，在产品设计时要满足客户诉求，达到甚至超出其心理预期。

步骤三：掌握产品质量管理的方法

1. 标准对照法

为了提高研学旅行产品的质量，国家、行业协会、部分企业都出台了各自的标准，这些标准是我们开展产品质量管理的依据，通过逐一对照要求，检查产品是否符合标准规定，对于不符合的部分进行调整。在具体设计过程中，遵照相关标准只是最基本的要求，能够保证产品质量的稳定性。

原国家旅游局 2016 年出台《研学旅行服务规范》〔国家旅游局公告（2016 年 37 号）〕，该标准中对研学旅行产品设计提出明确要求：承办方应根据主办方需求，针对不同学段特点和教育目标，设计研学旅行产品。旅行社应制作并提供研学旅行产品说明书，产品说明书除应符合《中华人民共和国旅游法》和 LB/T 008 中有关规定外，还应包括以下内容：

（1）研学旅行安全防控措施。

（2）研学旅行教育服务项目及评价方法。

（3）未成年人监护办法。

在"研学旅行服务项目"部分规定，承办方和主办方应围绕学校相关教育目标，共同制订研学旅行教育服务计划，明确教育活动目标和内容，针对不同学龄段学生提出相应学时要求，其中每天体验教育课程项目或活动时间应不少于 45 分钟。教育服务流程宜包括：

（1）在出行前，指导学生做好准备工作，如阅读相关书籍、查阅相关资料、制订学习计划等；

（2）在旅行过程中，组织学生参与教育活动项目，指导学生撰写研学日记或调查报告。

（3）在旅行结束后，组织学生分享心得体会，如组织征文展示、分享交流会等。此外，该服务规范还提出教育服务设施与教材要求以及交通、住宿、餐饮、医疗健康、安全等方面的标准。

2. 检查反馈法

检查反馈是实施产品质量管理的重要手段。在产品设计交付前阶段，检查的内容项目主要包括：研学课程设计、研学线路安排、接待服务标准、产品显形质量等方面；在产品设计交付后阶段，检查的项目包括：研学旅行指导师服务水平、落地接待的服务质量。客户满意度调查是检查反馈产品质量的关键一环，通过问卷调查、电话问询等方式，了解客户对产品的满意程度，从而为后续改进质量提供必要的参考。在具体工作中，要注意形成检查与反馈的闭环通路，通过自我检查、互相监督、总结复盘、反馈改进，不断提高产品质量。

步骤四：学会产品质量管理项目分析

1. 课程设计质量管理

研学旅行产品包括研学课程和线路行程两大部分，在课程板块，要聚焦思政性、教育性、体验性，塑造产品的教育属性和价值。具体包括活动课程、授课老师和课程场地三个方面，下面进行逐一介绍。活动课程的质量管理，主要指设计的教育活动是否符合相关标准、是否达成教育目标、是否满足客户的内容需求，包含的细化指标有：教育主题、教育目标、研学内容、学习方式、评价方法、教具学具、研学读本、研学成果等。授课老师是完成研学课程组织的关键人物，要衡量老师是否具备相应资质和专业水平，是否能够胜任研学课程教学，是否具有组织研学课程的经验和能力。课程场地是指开展研学活动的场所，包括室内和室外场地，要评估场地的设施设备、安全保障、容纳量等要素是否能够满足课程需要。

2. 线路行程质量管理

产品中安排的线路行程和服务标准是否符合产品主题和教育目标，是否满足客户的实际需求，是否科学合理，包含的细化指标有：研学线路、交通、餐饮、住宿、景点、研学旅行指导师、研学装备等方面。研学线路的安排要遵循产品主题和教育目标，符合旅游产品的基本原理，城市、景点和基地（营地）的选择尽量体现科学性；交通的设计要充分考量大交通、小交通和内部交通的合理配置；餐饮安排要符合客户的需求，尽量彰显地域特色和饮食文化；住宿选择要根据客户需求和产品定位来确定，综合考虑城市、酒店品牌、地理区位、规模大小、周边环境、酒店价格和服务水平等元素，让客户有优质的住宿体验。

步骤五：厘清产品质量管理的注意事项

研学旅行产品的质量管理重要性不言而喻，因此，在产品设计和落地执行环节，要全过程落实质量管理意识，坚持质量标准、及时查漏补缺。

1. 要有强烈的质量观

产品设计的质量直接关系到客户的满意度，设计者必须要具备正确的质量观。产品质量风险管控有一个著名的公式：$100-1=0$，该公式告诉我们，许多风险的发生，包括安全、经营等风险的爆发，可能就归因于某一个质量管理的细节。只要有一处质量存疑点，这个产品就会有瑕疵，有风险，会导致难以控制的负面结果，因此，我们必须坚持质量第一的原则设计产品。

2. 注重细节的优化

细节决定成败，在产品设计中，要关注细节，因为质量的高低往往取决于对细节的重视。如活动课程设计时，考虑到部分学生的实际接受水平，在安排餐饮时，照顾到个别饮食过敏的学生，都是对细节的处理和优化。

3. 关注客户的期待与反馈

如果客户的实际体验感超过原先的预期，满意度就高，反之则低，因而我

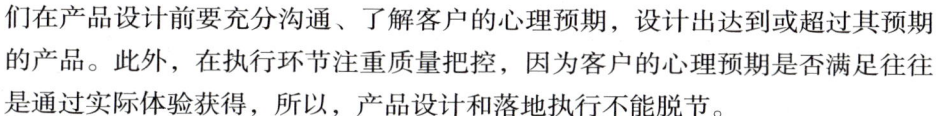

们在产品设计前要充分沟通、了解客户的心理预期,设计出达到或超过其预期的产品。此外,在执行环节注重质量把控,因为客户的心理预期是否满足往往是通过实际体验获得,所以,产品设计和落地执行不能脱节。

步骤六:会用产品质量管理工具箱

研学旅行产品质量管理监测表如表 2-11 所示。

表 2-11 研学旅行产品质量管理监测表

产品名称: 　　　　　　　　　　　　　　　　　　　　设计者:

一级项目	二级项目	具体说明	分值	得分	备注
研学课程 (40分)	活动课程	产品主题合乎客户需求,符合国家教育改革方向和育人导向	4		
		课程目标清晰、可执行、可评价	4		
		活动内容设计符合主题、目标,结合中小学学习内容、具有针对性和融合性	6		
		学生学习方式注重创新、体验和互动,趣味性和实践性强	5		
		有完善的评价标准和方式,有研学成果输出和展示	4		
		活动物资符合要求,教具学具、手册读本质量有保证	4		
	授课老师	具备相应的资质和专业背景条件	3		
		拥有一定的实操上课经验和能力	3		
		研学实践课堂组织有方法、能和学生形成较好的互动	3		
	活动场地	场地符合相关资质标准,安全和应急通道完善	2		
		场地设施设备齐全,能够满足活动课程需要,容纳量足够	2		
线路行程 (20分)	日期时间	选择的出行日期和事件符合客户需求	5		
	景点[基地(营地)]	景点[基地(营地)]选择满足课程设计要求和产品主题、教育目标	10		
		景点[基地(营地)]距离远近及线路安排科学合理	5		

续表

一级项目	二级项目	具体说明	分值	得分	备注
服务标准（30分）	用餐	餐厅符合国家有关资质标准，就餐环境良好，注重健康饮食、合理膳食	3		
		就餐标准满足客户要求，餐单体现当地特色，并照顾到特殊群体	2		
	住宿	入住酒店符合国家相关资质标准和产品设计要求	3		
		酒店设施设备齐全，容纳量和安全有保障，服务水平好	3		
		住宿环境良好，周边环境符合研学活动和学生出行要求	2		
	交通	交通工具选择符合产品实际和客户需求，具备相应资质和安全性能条件	3		
		大交通、小交通和内部交通安排合理	3		
		乘车过程中的移动课堂设计有序、有趣	3		
	研学旅行指导师	具备相应的带队资质和专业素养，熟悉研学课程和线路计划，能够胜任带队工作	2		
		师生配比满足客户需求和产品质量要求	2		
	队医、摄影人员	按照客户需求和产品质量要求配置相应的随队医生和摄影人员	2		
	研学装备	研学装备符合客户要求，满足研学实际需要	2		
安全保障（10分）	安全教育	安全教育符合规定，在产品设计中有教育内容的明确展示	2		
	安全告知	产品设计中有明确安全告知的事项说明，特别是针对一些危险区域和旅行中的注意事项	2		
	安全保护	有安全保护的具体要求和方法说明	2		
	医疗救助	注明研学线路过程中的医疗资源点，明确相关救助事项和要求	2		
	应急处置	有安全应急预案，符合相关要求	2		
合计			100		

项目二 研学旅行产品设计的基本策略

子任务二：掌握研学旅行产品的风险防控

美国学者威廉姆斯和赛因斯认为："风险是在一定条件下、一定时间内可能产生结果的变动"，这种变动就是预期结果和实际的差异，显示的是预期结果与实际结果的不一致或偏差，这种偏差越大，风险就越高。企业经营会面临各种风险，包括战略风险、政策风险、财务风险、管理风险、日常经营风险等，企业要强化风险管理与控制，采取必要的措施，对风险进行检测评估与管控，使风险控制在可以接受的程度，确保企业能够健康发展。

步骤一：了解产品风险管控的目的和意义

研学企业包括旅行社、旅游公司、基地（营地）、教育机构等类型，此外各种泛研学业态层出不穷，"研学+""+研学"的新型商业模式越来越受到青睐，因此，这类企业的风险管控就离不开研学旅行产品的依托，通过研学旅行产品设计和组织，来降低产品经营风险、产品质量风险和产品安全风险，从而让企业实现可持续发展。研学旅行产品是企业的核心竞争力之一，也是防范企业风险的重要基础。研学旅行产品的风险管控，主要任务是降低经营风险，防控安全风险，抵御市场风险，通过高质量的产品设计，让各类风险降到相对可控的范围。

步骤二：明确产品风险管控的要求

研学旅行产品设计人员首先要增强风险意识。在产品设计环节，就要将风险管控预先植入，摸排产品设计过程中的风险点，从课程活动设计、场地选择、资源点选取以及餐厅、交通工具、住宿等要素选定各方面去把控风险。其次要强化风险责任。产品设计人员要有风险管控的主体意识和责任担当，要清晰界定产品中相关项目的风险责任归属，与资源方、供应商落实风险防控责任制。三要增强抵御风险能力。产品设计中要有完善的抵御风险的机制和保障，在经营风险、财务风险、安全风险、质量风险等多个维度消除风险点，提高风险抵抗能力。

步骤三：掌握产品风险管控的方法

1. 责任分解法

将产品设计与组织过程中的风险管控责任进行划分，责任到人，层层分解，确保所有的风险管控都有人去落实。如产品设计者是该产品风险管控的主要责任人，餐厅负责人是餐饮安全风险管控的主要责任人，酒店负责人是住宿安全风险管控的主要责任人，带队的研学旅行指导师是执行研学旅行、进行质量和学生安全防控的直接责任人等，要与相关各方签订风险管控责任书，明确职责和义务，将风险管控覆盖到产品设计与组织的全要素、全过程。

2. 标准对照法

产品设计要依照相关标准去开展，在确定资源方时，也要依照标准选定，利用《研学旅行产品设计风险管控分析表》逐项评估风险等级，针对检查评估结果进行调整和优化，将产品的风险系数降到最低。产品设计人员对照企业标准来设计产品和选择研学资源，能够将产品风险控制在一定范围。

步骤四：弄懂产品风险管控的要素分析

1. 产品的经营风险

企业靠产品赢得市场，获取利润，客户通过产品购买、体验来认知企业的服务力、产品力和竞争力，因此，产品设计首先要考量经营风险，确保客户从产品中获得良好的体验度，企业从产品经营中获得合理的利润。产品的经营风险主要包括产品的组织保障、资源保障和效益保障。所谓组织保障，是指产品设计的意图能否得到落实，产品设计与客户体验之间是否有差异度，即预期结果与实际结果之间有无出现偏差，这种偏差是否在可控范围内。资源保障指的是产品设计中涉及的第三方资源，如车队、餐厅、酒店、基地（营地）等是否与产品中描述的一致，其给客户制造的预期效果与实际体验之间是否有偏差。效益保障是指产品的成本控制是否合理，产品实际经营利润与预期利润是否有差异。此外，客户的满意度、美誉度是否与预期一致，产品的社会效益是否得到彰显。

2. 产品的质量风险

质量管理是产品设计的重要工作，研学旅行产品质量，关系到产品的售卖结果，关系到客户的实际体验，关系到企业的市场竞争，因此，产品质量风险把控显得尤为重要。采取《研学旅行产品质量监测表》这一质量分析评估工具，可以很清楚地评估产品的质量风险，并且通过分析评估结果，寻找出产品质量的风险点，有针对性地进行调整和改进，可以及时将风险控制在相对合理的水平。

3. 产品的安全风险

研学旅行产品设计要高度重视安全风险管理，安全性也是研学旅行的根本属性之一，这是由研学旅行自身的特点所决定的。研学旅行参加者是中小学生，即未成年人，他们是需要保护的重点人群，而研学旅行是通过旅行的方式开展研究性学习，外出旅行往往隐含许多不确定因素，安全风险自然就高。

研学旅行产品设计关注的安全风险防控，主要包括以下几大方面：

（1）课程安全。课程安全包括课程活动设计、内容选择、活动场地确定等是否符合安全规范，教具学具的使用、活动过程的组织、活动场地的设施设备、容纳量、资质等是否具备安全性。

（2）行程安全。行程安全包括线路行程中涉及的交通、餐饮、住宿、景点［基地（营地）］等相关资源方的安全保障及安全风险防控，如交通方面有：交通工具的选择，大交通与小交通、内部交通的合理配置，文明驾驶行为的规定，学生出行交通安全的提示与引导等；餐饮方面有：合法合规资质餐厅的选择、食材安全健康的把控、学生自行购买食品的防范、安全有序文明就餐的组织等；住宿安全有：符合资质标准的住宿场所的选择、住宿设施设备的安全检查、消防逃生通道及演练、地理区位及周边环境、住宿纪律管理等；景区［基地（营地）］方面有：安全设施的检查维护、安全管理制度的落实、危险区域的规避等。

（3）环境安全。环境安全包括学生出行的自然环境，符合相关安全规范，不存在涉高涉水等高危险区域；研学考察的人文环境，没有违背国家法律法规和公序良俗、社会主流价值观的内容，能够引导学生形成积极向上的价值观；还有研学过程中的生活环境，确保学生在安全的环境中度过旅行生活。

（4）人身安全。人身安全包括研学旅行的主体中小学生，以及其他参加泛研学的客户，还有研学旅行指导师、研学过程中的授课老师、资源方的相关参与者等，都要确保人身安全。人身安全包含身体健康、心理健康、财产安全等方面，如学生出行前，主办方要与学生监护人签署《身体健康告知书》，明确相关疾病和注意事项，做好预防管理。

（5）安全管理。安全管理包括安全教育、安全提示与告知、医疗救助、保险购买以及应急处置等方面，产品设计时要将安全教育、重要且必需的安全告知等信息体现在学生的手册中，要在产品设计时附录《研学旅行安全应急预案》，可以从"安全风险评估分析（风险源与风险识别）、安全应急组织机构与职责分工、安全教育与提示预防、应急响应与事故处理"等方面来编写，规范研学旅行组织管理，制定研学旅行工作规程，做到"活动有方案，行前有备案，应急有预案"。

步骤五：了解产品风险管控的注意事项

风险无处不在，防范和化解风险是企业的重要责任，也是研学旅行产品设计的题中应有之义。研学旅行产品设计要强调风险意识，不能将设计与组织脱钩，在产品设计环节就要突出风险责任，落实风险管控，在具体的设计优化和落地组织过程中善于进行风险化解。安全无小事，责任大于山。不管是经营风险、质量风险，还是最为重要的安全风险，都要求我们细致细心，不能马虎大意和松懈倦怠，更不能有麻痹思想和侥幸心理。

步骤六：学会产品风险管控工具箱

研学旅行产品风险管控分析表如表 2-12 所示。

表 2-12 研学旅行产品风险管控分析表

产品名称：　　　　　　　　　　　　　　　　设计者：

一级项目	二级项目	具体说明	分值	得分	备注
经营风险（30分）	组织保障	组建专门团队负责产品设计与执行，职责明确	5		
		发扬部门合作，落实课程设计与执行相关工作	5		
	资源保障	产品设计中涉及的资源方、供应商具备相应资质，签订合作协议，管理有序	5		
		能够确保研学旅行产品中有关的资源按照相关标准提前确定，保证资源接待能力	5		
	效益保障	合理核算产品的实际成本，通过报价及定价策略，确保企业的基本利润率	5		
		能够通过产品的设计与执行，赢得客户信赖，让客户满意，提高产品的社会效益	5		
质量风险（20分）	质量管理监测	产品的质量管理监测达到一定标准	10		
	质量改进优化	针对质量监测的结果能够及时进行改进优化	10		
安全风险（50分）	餐饮安全	餐厅符合国家有关资质标准，就餐环境良好，注重健康饮食、合理膳食，能够留样管理	4		
		组织就餐过程有序，践行文明礼貌、节约粮食、光盘行动等食育工作	3		

项目二 研学旅行产品设计的基本策略

续表

一级项目	二级项目	具体说明	分值	得分	备注
安全风险（50分）	住宿安全	入住酒店符合国家相关资质标准和产品设计要求，酒店设施设备齐全，容纳量和安全有保障，消防和逃生通道合格	4		
		住宿环境良好，周边环境符合研学活动和学生出行要求，无安全风险点	2		
		男女生分层或分区，住宿纪律和宿舍管理严格	2		
	交通安全	交通工具选择符合产品实际和客户需求，具备相应资质和安全性能条件	4		
		大交通、小交通和内部交通安排合理	3		
		司机驾驶技术好，文明驾驶	2		
	活动安全	活动设计符合安全规范，活动场地安全	3		
		活动组织有序，流程合理，无安全隐患	3		
	环境安全	研学过程中的自然环境安全，避开危险区域	2		
		研学产品依托的人文环境有利于学生的思政教育和正确世界观、人生观、价值观的培养	2		
		线路行程中涉及的生活环境安全、整洁	2		
	人员安全	研学旅行产品涉及的中小学生、授课老师、研学旅行指导师身心安全健康，无特殊疾病	2		
	财产安全	产品设计中相关资源方、人员的财产管理安全	2		
	安全教育	安全教育符合规定，在产品设计中有教育内容的明确展示，能够及时进行安全告知和提醒	2		
	安全保护	有专门的安全员、安全保护的具体要求和方法说明，能够开展安全保护举措和行为	2		
	医疗救助	注明研学线路过程中的医疗资源点，明确相关救助事项和要求，由相关人员保障	2		

续表

一级项目	二级项目	具体说明	分值	得分	备注
安全风险（50分）	保险购买	购买旅游人身意外险等法定保险	2		
	应急处置	有安全应急预案，内容符合相关要求	2		
合计			100		

任务小结与思考

本次任务围绕"研学旅行产品的质量管理与风险管控"来进行，主要包括两大核心任务点，一是产品质量管理，明确产品质量管理的目的和要求，掌握质量管理的方法，特别是弄懂研学课程和线路行程的质量管理，学会使用产品质量监测表。二是产品风险管控，无论是B端客户产品，还是C端直客产品，都需要进行风险评估和管控，包括经营风险、质量风险和安全风险，特别是安全风险，要尤其重视，学会使用相关的工具表格。

产品质量管理是检验我们产品设计的重要管理，而风险管控则是确保我们设计的产品能够安全有序地实施，并且能为企业带来良好的效益，因此，上述工作就相当于给研学旅行产品上了一道"双保险"，否则就像是在"裸泳"。产品的质量和风险无法得到科学的管理，企业的风险系数就会很高。

结合实际思考

1. 研学旅行产品不同于一般的工业品、农产品，它具备旅游产品的属性，也具备教育产品的特点，在进行产品质量管理时，你觉得可有哪些创新思路和做法？

2. 研学旅行产品设计时就要融入风险意识，特别是安全风险的防控，在安全风险防控体系中，包括哪些具体的方面？

思考答案

项目 三

研学旅行产品设计与交付

上海历史博物馆

虽然研学旅行产品设计的基本策略和流程都是一样的，但不同渠道客户对研学旅行产品的具体采购过程和要求是有非常明显的区别的。项目三针对研学旅行市场中存在的常见渠道客户服务关系，如研学旅行服务机构对中小学校、地接社对组团社、研学基地（营地）对C端客户、旅行社（研学服务机构）对C端客户，以及异业在采用"研学+"理念设计产品过程中的设计要点与交付要求。

思维导图

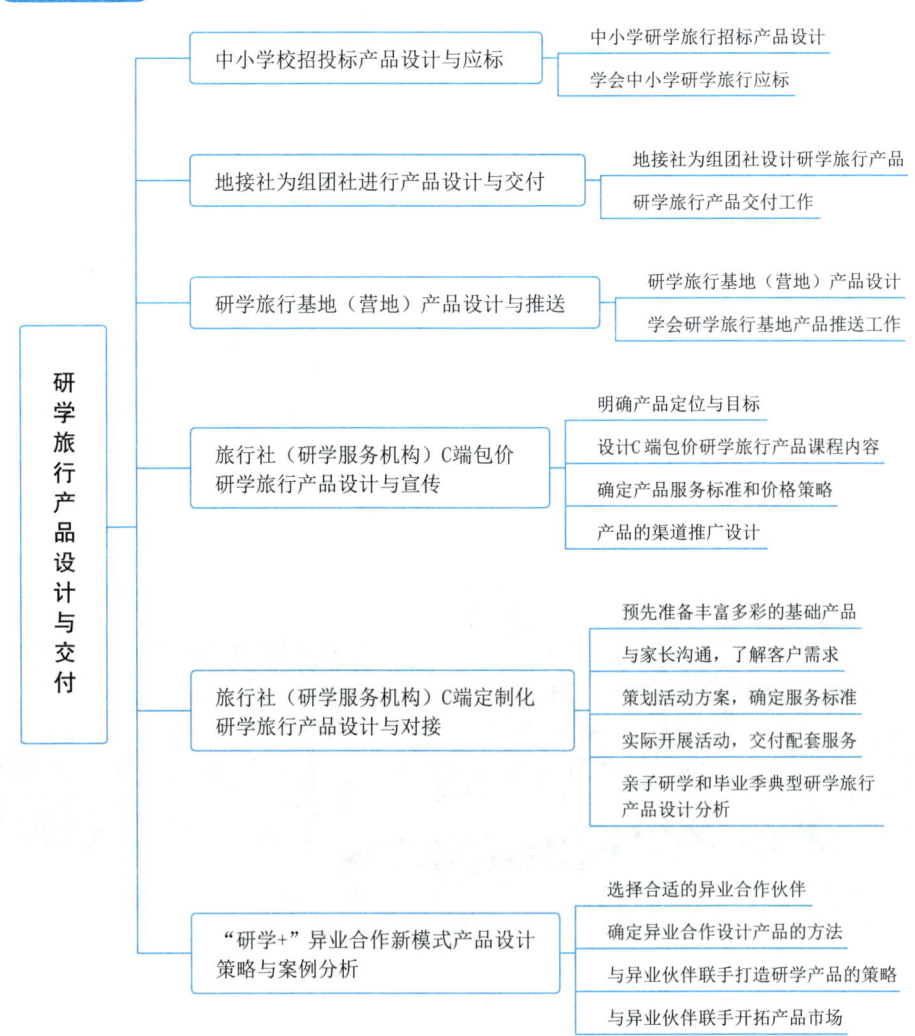

项目三 研学旅行产品设计与交付

任务一 中小学校招投标产品设计与应标

知识目标	熟悉中小学研学旅行产品招标的主要形式，了解招标文件的内容架构，明确投标产品设计的要求，了解应标的目的与意义，明确应标工作要求，知道应标工作的注意事项。
技能目标	懂得分析解读中小学招标文件，掌握中小学研学旅行投标产品的设计方法，学会使用产品设计工具，掌握应标文件编写技巧，学会使用应标相关工具。
思政目标	懂得分析解读中小学招标文件，能够站在学校角度更好地理解立德树人的根本要求，并将多元思政要求和元素融入应标文件。

合肥市阳光小学 2021 年研学旅行招标公告

为贯彻落实教育部等 11 部门《关于推进中小学生研学旅行的意见》，让学生能在旅行的过程中陶冶情操、亲近自然、强健体魄，全面提升学生综合素质，本着公开、公平、公正的市场竞争原则，现对我校研学旅行活动进行公开招标，邀请符合下列条件的研学旅行公司或旅行社参加投标。

一、主办单位

合肥市阳光小学

二、研学时间

2021 年 3 月 25 日到 3 月 26 日（具体时间以合同书为准）

三、研学人数：

学生 769 名，教师 47 名（以最终出行人数为准）

中小学校招投标产品设计与应标

四、研学线路

合肥市阳光小学至滨湖湿地公园

五、投标资格要求

有旅行社营业执照、经营许可证、旅行社责任保险、注册资金200万元以上，有固定的经营场所。近三年内未因侵害旅游者合法权益受到行政机关罚款以上处罚，无重大旅游服务质量投诉，无安全责任事故（需提供旅游局证明）。有专门服务于研学旅行的部门以及专职的研学旅行导游。

六、接待范围和标准

交通：全程空调大巴、车辆营运手续完备，车龄、车况和安全性能良好，司机需5年以上驾驶大型客车经验，身体健康，心理素质好，行车速度不高于80千米/小时。导游：要求导游具有导游资质，责任心强，服务热情，每隔2小时录制学生现场视频或照片发研学旅行招标网进行滚动播放，每车必须配导游1名。

安全员：严格按照《研学旅行安全预案》履行职责。每车配安全员1名。医护人员：配备1名有医生证书的医护人员随团出行。安全应急车辆，配备安全应急车辆1台随团出行。

保险：提供学生、教师不低于60万元/人的保险。全程不额外安排任何购物点及自费项目。

七、投标文件编制（包含但不限于以下内容）

第五条注明的各类文件复印件。（需加盖公章）企业法人身份证复印件。投标人身份证复印件，授权书（若企业法人代表直接投标则不需要）。《研学旅行安全预案》《研学旅行实施方案》《研学旅行项目报价清单》（学校提供，该清单申请投标时须盖章密封）。

八、投标文件接收

应标单位派员，于公告截止时间前的工作日，至合肥市世纪阳光花园小区合肥市阳光小学德育处李主任处审核资质。审核通过，学校提供《研学旅行项目报价清单》。

九、招标公告时间

即日起至2021年3月22日10：00止。

十、其他事项

1.投标方投标即视为认可，招标公告、投标文件、《研学旅行安全预案》《研学旅行实施方案》中的行程表为未来签订合同中的合同内容。

2.付款方式：另行通知。

3.议标时间：另行通知。

项目三 研学旅行产品设计与交付

怎样做好合肥市阳光小学研学旅行应标产品设计？

某旅行社在当地政府采购网上看到《合肥市阳光小学2021年研学旅行招标公告》，便组织讨论如何参与应标，应标文件的编制是重点，而技术标的编写设计更是重中之重，技术标中最核心的就是研学旅行产品设计，如果你是该旅行社的产品设计人员，你会怎么做呢？

案例观察

本案例中，合肥市光明小学的研学旅行招标公告显示，产品设计围绕"合肥市阳光小学至滨湖湿地公园"这一命题展开，任何的招投标产品设计都属于类似"命题作文"，该旅行社经过讨论，决定参加本次投标。为提高中标率，他们组建团队着手设计滨湖湿地公园的研学旅行产品。在正式设计之前，团队人员前往滨湖湿地公园现场考察，了解资源属性和特点，结合招标公告和文件中的提示，聚焦"生态研学"主题设计1日的研学旅行产品，计划分两批出行。

问题思考

1. 如何真正读懂招标公告和相关文件说明，了解采购方的真实需求？
2. 怎样在尽可能短的时间内，完成优质的应标产品设计，提高中标的可能性？
3. 中小学校的研学旅行产品特点是什么，它与直接面向市场收客的产品有哪些异同点？

子任务一：中小学研学旅行招标产品设计

2016年11月30日，教育部、国家发展改革委等11部门印发《关于推进中小学生研学旅行的意见》（以下简称《意见》），该《意见》开启了全国研学旅行的新篇章，共分为重要意义、工作目标、基本原则、主要任务、组织保障5部分。《意见》明确中小学生研学旅行是由教育部门和学校有计划地组织安排，通过集体旅行、集中食宿方式开展的研究性学习和旅行体验相结合的校外教育活动，是学校教育和校外教育衔接的创新形式，是教育教学的重要内容，是综合实践育人的有效途径。

2016年12月19日国家旅游局发布《研学旅行服务规范》（LB/T 054—2016），提出了研学旅行的另一种解释：研学旅行是以中小学生为主体对象，以集体旅行生活为载体，以提升学生素质为教学目的，依托旅游吸引物等社会资源，进行体验式教育和研究性学习的一种教育旅游活动。上述《意见》和《研学旅行服务规范》虽然对"研学旅行"的解释不一致，但都清晰地表明研学旅行是"教育+旅游"的跨界融合业态，兼具二者的属性，且都对研学旅行课程产品提出了明确的要求。

《意见》指出，研学旅行要体现教育性、实践性、安全性、公益性四大原则。研学旅行要结合学生身心特点、接受能力和实际需要，注重系统性、知识性、科学性和趣味性，为学生全面发展提供良好成长空间。引导学生走出校园，在与日常生活不同的环境中拓宽视野、丰富知识、了解社会、亲近自然、参与体验。研学旅行要坚持安全第一，建立安全保障机制，明确安全保障责任，落实安全保障措施，确保学生安全。研学旅行不得开展以营利为目的的经营性创收，对贫困家庭学生要减免费用。

此外，《意见》非常鲜明地提出，各中小学要结合当地实际，把研学旅行纳入学校教育教学计划，与综合实践活动课程统筹考虑，促进研学旅行和学校课程有机融合，要精心设计研学旅行活动课程，做到立意高远、目的明确、活动生动、学习有效，避免"只旅不学"或"只学不旅"现象。学校根据学段特点和地域特色，逐步建立小学阶段以乡土乡情为主、初中阶段以县情市情为主、高中阶段以省情国情为主的研学旅行活动课程体系。

上述论述，为我们设计好中小学校的研学旅行产品提供了总的遵循和指导，在充分解读招投标文件、认真分析采购方的实际需求和真实要求基础上，充分考虑中小学研学旅行的特点及学校的特色，设计出采购方满意的产品。

步骤一：了解中小学研学旅行招标形式

中小学校作为研学旅行的实施主体，同时也是国家事业单位，按照政府公共服务采购的有关规定，必须实行招投标。根据各学校的实际情况，招投标的形式可能会有差异，但基本上分为以下几种：公开招标、邀请招标、竞争性谈判、单一来源采购、公开询价。

1. 公开招标

公开招标是指招标人在公开媒介上以招标公告的方式邀请不特定的法人或

其他组织参与投标，并从符合条件的投标人中择优选择中标人的一种招标方式，这种方式最常见。

2. 邀请招标

邀请招标是指招标人以投标邀请书的方式邀请特定的法人或者其他组织投标，一般至少邀请3家作为正式的投标人。

3. 竞争性谈判

竞争性谈判是指采购人直接邀请3家以上供应商就采购事宜进行谈判的方式通过竞争性谈判确定最优供应商。

4. 单一来源采购

单一来源采购也称直接采购，是指采购人向唯一供应商进行采购的方式，适用于达到了限购标准和公开招标数额标准，但所购商品的来源渠道单一，或属专利、首次制造、合同追加、原有采购项目的后续扩充和发生了不可预见的紧急情况不能从其他供应商处采购等情况。

5. 公开询价

公开询价是指采购人向有关供应商发出询价单让其报价，在报价基础上进行比较并确定最优供应商的一种采购方式。

步骤二：学会正确解读招标文件

中小学研学旅行招投标一般采取公开招标方式。采购方或招标代理机构通常会发布招标公告。根据公告信息了解基本情况，待正式投标之后，会获得采购方的招标文件，招标文件内容较多，大部分规定属于通用条款。

在招投标过程中，第一步就是要正确解读招标文件。现以《合肥市蜀山区中小学研学旅行服务单位库》（项目编号：2020ASSFZ00001）公开招标为例，解析招标文件。该招标文件总共有九章、81页，分别为招标公告、投标供应商须知前附表、投标供应商须知、评标办法、采购合同、采购需求、投标文件格式、网上投标操作规程、质疑函范本。重点是投标供应商须知、评标办法、采购需求三个板块，其中供应商须知中明确告知投标文件的编制，介绍了投标文件的构成与要求、报价、投标内容填写与说明、投标保证金和有效期等内容，这是应标方编制投标文件的指南。评标办法的理解，对于正确编制投标文件非常重要，要按照评分标准来针对性地编制文件，提高中标率。

采购需求板块很清晰地展示了采购方的诉求，这是编制投标文件的核心，要认真研究采购需求，按照文件中的投标文件格式要求完成投标文件编制。如该招标的需求为：为加强管理，对"蜀山区中小学研学旅行工作服务单位库（2020年1月1日—2022年12月31日）"进行招标。坚持好中选优的原则，从旅行社中选择实力强、服务优的旅行社，确定6~8家旅行社组成定点库参与中小学研学旅行工作，建立蜀山区中小学研学旅行工作服务单位库。同时，对供应商的资质、产品、服务提出了具体的需求。

步骤三：了解投标产品设计要求

根据采购方的实际需求，并按照《关于推进中小学生研学旅行的意见》中的要求，进行投标研学旅行产品设计，彰显教育性、突出特色性、优化服务性、保障安全性。

1. 彰显教育性

要围绕某个课题、问题展开研究性学习，结合学校学科知识和学生的认知特点，设计具有实践性、跨学科性、体验性的研学旅行产品。教育性可以通过产品主题、教育目标、教学组织和学习方式、学习评价以及配套的学习资料、研学手册等多方面展现。教育性要做到有高度、有情怀、有内涵，能够融合党和国家的教育方针政策，结合学校的校本文化建设，重视研学教育内容的开发。

2. 突出特色性

学校往往比较看重研学旅行产品教育性，但是要想中标，需要在特色性上下足功夫。特色性一般体现在研学活动的组织形式创新、学习方式变革、研学成果输出载体出新等方面，强化"学生为中心"的研学课堂。如某机构设计的《舟山海洋生物多样性》研学旅行产品，就围绕研学成果输出方式进行大胆创新，设计了"沙滩分享会"，每个小组利用展板现场制作、展示课题研究报告，图文并茂，生动有趣。

3. 优化服务性

研学旅行的实质是以旅行的方式完成教育的内容，学生的体验感直接来自旅行服务的质量，因此，投标方案中关于产品服务的标准及内容，要尽可能细化，并且要提供餐厅、酒店、大巴等资源方的资质、照片，线路行程安排合理，让学生充分感到舒适。

4. 保障安全性

安全是学校组织研学旅行最关注的事项，也属于"一票否决"的内容，因此，在产品设计时一定要将安全切实落到实处。安全性可以从人、事、物、场四个维度来考虑，通过全过程、全节点的安全管理，采取分类施策、分工协作的制度安排，开展安全教育、安全制度、安全告知、安全应急等工作，消除学校对安全性的担忧与顾虑。

步骤四：学会投标产品设计实操

中小学投标产品设计是一项系统工程，为了呈现出完整的产品结构，我们将这类产品分为四个部分，分别是课程设计、行程安排、服务标准和安全保障。课程设计一般以资源点为单元展开，按照课程模块来组合，课程设计内容包括课程主题确定、研学目标设定、课程内容安排、课程资源选择、学习方式创新、课程评价设计等方面。行程安排以研学日期时间轴为纵坐标，以产品涉及的资源点为横坐标，充分考虑景点［基地（营地）］资源的属性和距离的远近，合理确定研学线路。确定服务标准，指的是根据产品质量管理系统及招标文件要求，科学安排好交通、餐饮、住宿、研学旅行指导师等服务项目，明确服务标准。安全保障，指的是安全教育、安全告知、安全制度和安全应急预案等一系列关于安全方面的资料。

1. 创新课程设计

（1）课程设计思维模式。在研学课程设计时，有两种思维路径选择，一种是正向设计，即确定主题—确立目标—选择研学资源—安排教学内容—设计学习活动—课程评价。另一种是逆向设计，可以借鉴OBE教育理念，也就是成果导向教育，先确定学习的评价再来安排学习内容，即主题—目标—评价—内容—实施。例如，某家研学服务机构设计的研学课程《我当文物推荐官》，就是按照逆向思维方式进行设计。在设计产品之前，他们先确定本次博物馆研学的目标和学习评价是什么，最终的研学成果输出形式是什么，经过讨论确定"以讲解员身份现场模拟讲解他们小组自己评选出来的镇馆之宝，并录制3分钟的讲解视频"。有了这样的学习评价，然后再确定学习内容和方式，于是便设计出了"任务式参观博物馆—小组合作寻找镇馆之宝—制作镇馆之宝思维导图—讲解员岗前培训—合作撰写讲解词—推荐本组讲解员讲解—最佳小小讲解员评选"的活动课程。

（2）产品主题确定。余国志在《研学实战方法论》中指出：判定一门研学课程专业与否，主要看其是否做到了"六个一致"，即目标与主题一致、主题与活动一致、活动与资源一致、实施与内容一致、目标与评价一致、课程与学段一致。这就告诉我们在设计研学课程时要先确定主题。主题是研学课程的核心指向，课程主题一般会根据学校的招标文件确定，有了主题，也就有了方向。

（3）课程目标设定。主题确定之后，就要明确研学课程目标，可以分为总体目标和课程单元目标。目标的撰写可以采取三维目标模式，即知识与能力、过程与方法、情感态度价值观；也可以采取核心素养目标模式，即文化基础、自主发展、社会参与三个方面六大维度；也可以采取综合实践课程目标模式，即价值体认、责任担当、问题解决、创意物化四个方面。目标撰写时一定要清晰具体，可观察可测量可评价，一般可采取介宾短语、动宾结构的形式来表述，如通过×××活动，学生能够掌握×××；依托×××活动，学生能够增强×××等等。

（4）研学资源选择。选择资源与安排教学内容、设计学习活动往往是一体化的，资源选择要符合主题和目标要求，教学内容和学习活动设计要依托资源内涵禀赋才能呈现。研学作为一种全新的教育方式，承载着教育形态创新和学习方式变革的历史使命，因此，要着力将资源、教育、学习三者精妙地融合在一起，构建"学习者为中心"的研学课程新形态。研学资源类型多样，按照存在形式分为物质资源和精神资源，也可分为显性资源和隐性资源，按照资源类别来分，可以包括各类展馆、景区、企业、科研院所、乡村等，所谓"万物皆可研学"，说的就是资源的多元化、丰富性。在选择资源的时候，中小学一般要求优先选择入围各级研学旅行基地（营地）的资源，要突出"课程匹配度优先原则"。研学的资源要符合产品主题和学习内容要求，实施资源教育化策略，深挖资源内涵，构建深度的研学场景化设计。

（5）课程内容创设。研学内容创设可采取"四接策略"，即与中小学课程标准对接、与中小学学科知识链接、与学校校本文化建设嫁接、与学生的学习心理特征连接，通过"四接策略"，显示出产品设计的高站位、专业性。

（6）学习方式变革。学习方式的变革是关键，《中小学综合实践活动课程指导纲要》中明确提出四种活动方式，分别是考察探究、社会服务、设计制作和职业体验，这些活动类型是我们课程设计的参考。新型学习方式要充分体现自主、合作、探究，可以采取体验式学习（EL）、项目式学习（PBL）、服务性学习（SL）、跨学科学习（STEAM）、小组合作学习、课题研究性学习等全新的学习方式，让学生能够主动参与，真正成为学习的主人，感受到研学的快乐。

（7）学习评价策略。研学课程评价则要对照目标进行，按照评价标准多维度、评价主体多元化的原则，注重结果评价和过程性评价、表现性评价，在评价时要充分考虑"因材施教、因人施评"，做好个性化评价。

如某机构设计的"舟山海洋生物多样性"研学旅行产品，就采取"课题研究性学习"，围绕"海洋生物多样性"这个主题，从认知、行动、创新三个维度精心设计研究性问题：①尝试着从环境、经济、文化等角度思考分析，用自己的方式表达"依海为生、靠海生存"的舟山人与海洋的关系（绘画、海报等方式展现）；②双碳时代来临，环境问题越发凸显，我能为"蔚蓝海岸、无废海岛"做什么？（以VLOG、公益行动、图片等各种方式展现）；③海岛渔村

项目三　研学旅行产品设计与交付

可持续发展：城市化进程中，舟山海岛村落怎么平衡生态与发展，如何书写新时代"绿水青山就是金山银山"的海岛新篇章？（以小组讨论合作和自己擅长的方式展现调研报告）。整个研学课程就围绕这些问题来展开，研学成果和评价也依照这些问题进行，在这类产品中，"课题或问题"成了提纲挈领的总抓手，这也是学校看重的地方。

2. 优化行程安排

研学课程单元设计好之后，就要进行组合，也就是行程安排。研学线路的先后顺序要合理，可以采取 5W3H 的方法来确认线路行程。When（去哪里）、What（做什么）、Who（谁去做）、Why（为何做）、Where（何时做）、How（怎么做）、How many（做多少）、How much（多少费用），这八个方面基本涵盖了线路行程的确定标准。在确定线路行程时，要充分考虑研学课程内容的进阶式设计，即前段的行程是为后段的研学打基础；要充分考虑各资源点之间的交通距离和空间布局，少走弯路，不走回头路，采取环形设计、射线设计，少数可以采取中心点辐射设计；要充分考虑资源的类型和属性差异，尽可能彰显多样化；要充分考虑研学线路的时间轴管理，以及餐厅、住宿等服务设施的区位，尽量把时间用在资源点的研学上。

如某机构为杭州某初中学校定制的"舟山海洋生物多样性"4日研学旅行产品（见表 3-1），其行程安排较为合理，请你结合自己的观察与思考，分析其合理性体现在哪些方面。

表 3-1　"舟山海洋生物多样性"4日研学旅行产品行程安排

	DAY 1	DAY 2	DAY 3	DAY 4
上午	统一乘坐校车抵达舟山市定海区	探访东沙古镇，完成渔业资源调查，了解渔民生活习俗遗存，学习编制渔网传统技艺	参观国家级非遗古法造船技艺岑氏船业 学习并制作船模	举办《海滩创意分享荟》，各小组展示输出学习成果，举办闭营仪式
下午	举办开营仪式，参观舟山博物馆，完成定海古城定向闯关任务	岱山秀水岛沙滩赶海，潮间带生物采集，欣赏并参与古法渔网捕鱼	开展净滩环保活动，获得公益证书	统一乘坐校车返回学校
晚上	了解舟山概况，完成读本学习任务	聆听专家开展"净滩知识"演讲，感悟环境与海洋的关系，完成读本学习任务	深入港口调查，探索港口与海洋经济贸易的关系，小组研讨学习成果展示方式	—

3. 确定服务标准

按照招标文件相关要求，科学合理确定服务项目和接待标准，主要项目一

· 137 ·

般包括：餐厅及餐标、住宿场地及标准、交通工具、研学旅行指导师配置、其他保障人员安排。服务项目要细化，服务标准要明确，如餐厅，不仅要注明餐厅名称、位置、接待质量、资质文件，还要注明餐标和菜单；如住宿，不仅要标注住宿场所是酒店还是营地，还要配套相关资质材料、住所内外环境照片，特别是大厅环境、入住手续、餐厅环境、标间条件等，一目了然，让人放心。

如上述案例中，某机构在设计产品时注明服务标准如下。住宿：安排四星未挂牌酒店，每间房安排同性别两学员；环境干净、卫生、安全、安静，为保障学员良好休息，研学期间有指导师 24 小时陪同，异性指导师不得单独进入学员房间，全力保障研学的秩序和安全。餐饮：选择资质齐全、卫生环境良好的社会餐厅，餐标 50 元每人，坚持最高的卫生标准，安排本地特色餐食，荤素搭配，营养均衡，能满足孩子们各类营养需求，结合当地特色菜肴基础上，针对孩子年龄，以多素菜、多蛋类、细软易消化、无辣、少油、少盐食物为主。

4. 细化安全保障

学校非常重视研学旅行的安全工作，因此在安全保障方面要周密细致，具体操作可以参照"安全风险管控"篇章内容。在招标文件中一般会规定，供应商提供研学旅行安全工作方案、研学旅行安全预案等资料，安全工作要做到"全过程、全时空、全人员"，通过细化的举措织密安全保护网。

所谓全过程，就是指安全工作涵盖研学前、研学中和研学后整个过程，在研学前，要实地考察，排查风险点，开展安全教育和必要的安全警示、告知；在研学中，要将安全检查和反馈贯彻到每一个细节，包括食品安全、住宿安全、交通安全、游览安全、活动安全、身心健康等方面；在研学后，要及时开展总结，形成安全工作小结。

所谓全时空，就是指研学线路涉及的所有时间和空间，都要有安全预防和安全管理，比如学生入住酒店之后，就要安排查寝和大厅值守。

所谓全人员，就是指安全关乎所有人，其中学生是安全保护的重点，研学旅行指导师和相关保障人员要职责明确，齐抓共管，要增强所有人的安全意识，形成无缝覆盖的安全工作网络。

如某研学旅行社在设计产品时，形成了服务标准的自有模式，将服务标准分为三大板块"安全保障服务、研学教育服务、旅行生活服务"，非常清晰，值得借鉴，正式文案还需配置图片，更加直观。

服务标准

·安全保障服务

本产品中各项保障服务均纳入受控监管并有安全防控专项管理，有完善的安全防控队伍，制定有严格的安全管理规范和执行标准。

构建有线控安全员、研学旅行指导师等安全管理队伍体系；有安全教育（提示）、安全检查（巡查）、安全预案、应急处置等工作措施。

所有学员均享受总额不低于100万的旅行社责任险和旅游意外伤害险全覆盖。

·研学教育服务

全程提供双导服务，每车配备1名经严格培训上岗的研学指导师和1名生活辅导员。

所有学员均获赠1本《研学手册》，引导完成旅行学习任务，开展"益智争章"评价活动。

为每位合格的学员颁发结营证书，优秀营员和优秀队干部将获得表彰。

为每位学员配备1件营服、1顶营帽、营员证、胸卡等研学所需的物料。

·旅行保障服务

1. 交通

出发地大交通到达目的地后，全程大巴接送，由当地品牌旅游车队提供优质服务，所有车辆证照齐全且事前均有检验，足额保险，全程卫星定位跟踪。

2. 住宿

全程安排 × 晚经济型酒店（相当于如家、汉庭同水准）、双人或三人标准间，房间24小时空调、洗浴、独立卫生间，每晚安排三次查房。

3. 餐饮

所有餐厅均为达到卫生标准的、经过严格检验的社会餐厅或旅行团队餐厅。正餐均安排8~10人桌围餐，荤素搭配、营养均衡、8菜1汤；早餐均安排酒店内自助或围桌早餐，全程安排 × 正 × 早。每天每人安排2瓶矿泉水。

4. 景点、基地（营地）

研学行程中包含景点、基地（营地）的大门票以及所涉及的相关活动课程费用，所选取的景点、基地（营地）符合相关资质要求和安全规范。

步骤五：明确投标产品设计注意事项

投标产品的设计不同于其他产品，它必须完全符合采购方的实际需求，而且一定要有亮点和特色，要有高性价比，否则难以在激烈的竞标中胜出。

一要认真分析采购方需求，招标文件中规定的产品主题、内容、时间、出行年级、学生数等信息要仔细研读。

二要了解采购方的实际情况，通过网络、实地走访、调查了解等多种途径，深入了解学校的办学理念、校本文化建设、学生构成等信息，做到深度融合、有的放矢。

三要实地踩线考察，切忌闭门造车，产品设计中的资源点、活动以及餐厅、酒店等资源要先实地查看，做到心中有数、下笔不慌。

四要格式规范，要素明晰，有些招标文件中会展示产品格式，有些需要自创，对于自创格式一定要规范专业、图文并茂、形象具体，有时还需要制作产品 PPT 现场竞标答辩。

步骤六：学会使用投标产品设计工具箱

中小学招标研学旅行产品文档模板如表 3-2 所示。

表 3-2 中小学招标研学旅行产品文档模板

产品主题【题目新颖干练、形象生动】
　　—— 产品副标题【××学校×年级×地×日研学旅行方案】

　　课程背景：【介绍本次研学旅行符合国家的教育政策以及与主题有关的行业背景、新闻背景，体现思维高度】

　　目的意义：【介绍本次研学旅行对于学生成长的目的、意义与帮助，结合办学理念、校本文化】

　　产品亮点：【提炼本产品特色亮点，可以从内容设计、活动方式、成果输出、资源选择等方面提炼】

　　学情分析：【分析参加本次研学旅行的学生年级、学科知识、学习能力、课程中可能会涉及的重难点】

　　教育目标：【按照目标模式厘清本次研学旅行的总体目标】

　　课程安排【按照行前、行中、行后三个方面来安排】
　　行前课程【介绍行前课设计的目标、内容以及预期达成的效果】

项目三 研学旅行产品设计与交付

课程主题	课程目标	课程内容	组织形式	预期效果
【此处可插入照片】				
安全教育				
知识导入				
阅读导航				

线路行程【介绍本次研学旅行符合国家的教育政策以及与主题有关的行业背景、新闻背景，体现思维高度】

时间	研学主题	课程内容与实施	研学任务	成果输出形式	生活服务
第一天【此处可插入照片】					
上午	课程主题	课程地点、课程目标、课程内容与实施计划	具体研学任务布置	研学成果的展现外化形式	吃住行安排
下午					
晚上					
第二天【此处可插入照片】					
上午					
下午					
晚上					

行后评价：【提供研学课程评价标准、评价方式和评价实施】

服务标准【介绍本次研学旅行提供的接待服务细化标准与项目】

研学教育服务：【注明与教育本身有关的服务标准，如读本、研学物料、研学旅行指导师安排等】

旅行生活服务：【注明与旅行生活有关的接待标准，如交通工具、餐食、住宿】

实施保障【介绍实施本次研学旅行需要提供的各项保障措施】

> 安全保障：【包括安全教育、安全制度、安全工作方案、安全预案等】
> 交通车辆：【包括车辆选择、乘车安全教育与管理等】
> 住宿场所：【包括住宿场地资质、环境、住宿管理等】
> 餐饮安排：【包括餐厅资质、菜单、餐厅位置、环境、就餐组织管理等】
> 其他保障：【介绍安排的其他服务保障，如摄影人员安排、宣发工作等】

子任务二：学会中小学研学旅行应标

所谓应标，指的是针对中小学研学旅行招标公告，结合招标文件要求，组织编制投标文件，实施投标响应的过程。应标是一项系统性工程，研学旅行产品设计只是其中重要的一环，竞标的结果不仅取决于产品的质量，也取决于企业的实力和应标文件的编制水平。

步骤一：明确招标响应的目的和意义

为什么作为研学企业，一定要参与投标工作？除了业务本身需求之外，更重要的是，通过应标行为，可以获得三个方面的进步，即产品验证、客户验证、市场验证。

产品验证，就是指通过优质的研学旅行产品设计，成功竞标，说明产品设计得到采购方认可，产品设计策略和方法得到充分的检验。

客户验证，是指通过招投标行为，增加客户数量，依托产品的落地实施品质，获得客户的认可，通过客户传递口碑。

市场验证，是指通过严格、激烈的竞标行为，遵照"公开、公平、公正"的原则，成功获得中标机会，得到市场检验，进一步提高企业的市场竞争力。此外，通过参加投标，能够锻炼团队，提高业务能力，增强产品设计的专业性。

步骤二：了解应标的要求

应标是一项专业性很强的工作，要高度重视，认真对待。一要文件编制符合规范，这是最基本的要求。竞标过程中，评委一般通过评分表进行赋分，因此要按照评分项目和标准来严格编制文件，不缺项、不遗漏。二要产品设计有竞争力。研学旅行产品是竞标过程中最重要的部分，产品设计要按照采购方需求和标准进行，做到有特色、有情怀、有高度。三要现场答辩理性应对。如果需要进行现场答辩,要沉着应对,抓住重点,将应标文件的亮点传达给评委,围绕评委或家委会代表关注的问题,实事求是地论述清楚。

步骤三:学会应标文件编制

1. 资信文件编制

资信文件也叫资信标,指企业资质、业绩证明、获奖成果、财务证明等相关资料。在编制资信文件时,一定要对照招标文件中的评分细则、具体要求,分门别类,规范整理,确保无缺项、无遗漏,如需要签字盖章,则按照规定执行。资信文件编制首先要罗列资料清单、制作文件目录、整理相关资料、检查复核,最后签字盖章,装订成册。资信文件一般包括:企业的营业执照、经营许可证、法人代表证、企业财务报告、获奖文件、信用报告、经营场所面积及设备证明、从业人员配备及证书、业绩证明、保险额度证明等资料,有些需要原件。

2. 技术文件编制

技术文件也叫技术标,指研学企业根据招标文件设计的研学旅行产品及服务,包括课程设计、线路行程安排、服务接待标准、安全保障等方面。技术文件是应标文件中最重要的核心内容,如果技术标编得好,能够弥补资信标和商务标的不足,这也是采购方最关注的板块,因此,在编制技术文件时,务必全心对待,了解采购方的实际需求,熟悉学校的办学理念和办学特色,提前赴资源点考察,分析竞争对手,讨论出产品的"峰值高点""活动爆点""特色亮点""学习趣点",设计出"教育性强、特色性好、服务性优、安全性高"的研学旅行产品,得到采购方的认可。

3. 商务文件编制

商务文件也叫商务标,指研学企业根据招标文件制作的报价单。商务标的最大作用就是报价。研学旅行的招投标,采购方购买的是服务,因此,报价的方式有多种。一种是总价包干式,即采购方已经列出采购预算,给出了固定价格,应标时只需要将总价分列到各子项目中。这种报价方式,比拼的不是谁的价格低,而是在相同的价格下谁的产品设计更好,因此,需要更加重视技术标的编制。另一种是清单报价式,即将费用项目列出清单,然后汇总,形成应标的总报价。需要注意的是,如果采购方提供了报价格式,就要严格按照格式报价,如果没有固定格式,需要自创报价表,尽量将费用项目清单精细化、清晰化、具体化,并配上报价说明,能够让评标人更深入了解报价理由,提高中标概率。

步骤四：了解应标工作注意事项

投标响应既专业又严谨，为了能够在激烈的招投标中胜出，在应标过程中需要注意几点。

1. 摸清采购方需求和投标要求

要仔细地阅读、分析招标文件，厘清采购方的真实需求是什么，了解投标文件的编制要求是什么，提高针对性。如在编制资信文件时，需要注意企业的资质、财务信息是否真实一致，需要签字盖章的地方有没有按照要求签字盖章，资信文件提供的资料是否齐全，有无缺漏等。

2. 注意规避可能废标因素

在投标时，千万要注意招标文件和评标细则中注明的关乎可能废标的事项，如投标保证金、企业资信原件、签字盖章要求、日期等规定，不能因为疏忽而导致废标，让整个应标工作前功尽弃。

3. 特别重视产品设计

技术文件是应标的重点，而产品就是技术文件的基本内容，所以必须高度重视产品本身的设计，"工夫在诗外"，不能闭门造车，要结合实际，特别是结合采购方的办学情况，设计出有硬核实力的产品。

步骤五：掌握针对其他主体采购商的应标策略

随着学习型国家和学习型组织建设不断推进，终身学习观念日益深入人心，研学旅行的边界不断被打破，不再成为中小学生的"专有名词"，很多成年人纷纷投身到研学旅行当中，通过一场有意义的旅行体验，来学习新知识，提高新能力，扩展新境界，于是，便诞生了"泛研学"概念，各行各业、各种群体和组织都可以开展研学旅行，由此产生了许多新型业态。例如，企业组织员工开展主题性研学活动，企业为员工子女安排研学旅行服务，某些团体、协会组织会员开展研学旅行，等等，这些实施主体有时也会采取招投标方式来确定供应商，如2022年中国联通长沙市分公司"沃宝贝"亲子夏令营活动项目，就是以公开比选方式来确定最终的成交供应商。

中小学不再是唯一的研学旅行招标主体，针对其他类型的采购商，应该采取什么策略来应标呢？

1. 底层逻辑一致性策略

但凡招投标，就是好中选优，无论采购商是谁，规则是一样的，应标的逻辑也是一样，就是认真准备，以质取胜。

2. 主体需求差异化策略

中小学校开展研学旅行的基本需求是相对趋同的，而其他采购方的实际需求则千差万别，是将本次研学旅行当作一次队伍团建、一次外出培训，还是一次员工福利游学，采购方的真实需求是什么，需要应标团队结合实际思考、判断，并针对客户需求设计好产品。

3. 创新理念积极应对策略

打开对研学旅行的新认知，打破固有思维模式，通过跨行业的组合创新、线上线下的融合创新，善于站在客户角度换位思考，切忌盲目投标，真正帮助采购方解决实际问题，才能提高中标的可能性。

 任务小结与思考

本次任务围绕"中小学校招标产品设计与应标"来进行，主要包括两大核心任务点，一是中小学研学旅行招标产品的设计，了解招投标的基本知识和规则步骤，学会解析招标文件，掌握投标产品设计的方法，开展产品设计实操，深入剖析课程设计、线路安排、服务标准、安全保障等产品构成要素。二是开展应标工作，了解应标的目的和意义，掌握正确应标的方式方法与注意事项，学会应标文件的编制，同时，还要明白随着泛研学的兴起，针对不同的采购主体的应标策略该怎么选择，从而让个人和企业在招投标这个市场竞争的前沿披荆斩棘，乘风破浪。

结合实际思考

1. 招投标是中小学开展研学旅行研学、确定产品供应商的主要方式，为了提高中标的可能，我们的产品设计究竟需要具备哪些特点？

2. 编制投标文件是一项非常专业细致的工作，你现在明白投标文件的构成了吗？你能否在班上发起一场研学旅行的模拟招标大会，提出你的招标需求，请同学们组建投标团队，在规定时间内完成应标，看哪个小组最终胜出。

思考答案

研学旅行产品设计

任务二　地接社为组团社进行产品设计与交付

学习目标

知识目标	了解地接社与组团社之间的业务关系，明确组团社的产品特点，知道为组团社产品交付的形式类型，明白产品交付的注意事项。
技能目标	学会组团社研学旅行产品的需求分析，掌握产品设计的基本方法，能够开展实操演示，懂得使用产品设计工具箱，掌握产品解读与沟通技巧，学会其他B端客户产品设计与交付策略。
思政目标	能够站在客户的角度，深入理解组团社对研学旅行产品的需求，践行"客户至上"理念，不断优化和提升研学旅行产品设计能力。

任务导入

为什么组团社会让小张重新设计产品？

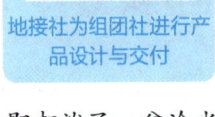

地接社为组团社进行产品设计与交付

厦门某地接旅行社员工小张，接到来自广州的一家组团社的业务，要求小张能够帮忙尽快设计一条产品，基本要求是以厦门为中心，以闽南文化为主题的 5 天研学旅行，该组团社要在近期推出暑期研学旅行产品，面向市场收客。该组团社之前的收客能力很好，与厦门这家地接社保持着良好的合作关系，虽然这次要求的时间比较紧，小张手头上还有其他工作，但还抽空整理好产品，第二天就交付给对方了。组团社收到产品后，夸赞小张效率高，但随即却泼了一盆冷水，说小张这个产品没有设计好，没有用心，好像是拿现成的产品敷衍，产品的特色不足，性价比不高，更可气的是，广州的孩子会经常看到海，到厦门还是以看海为主，而且价格这么高，去市场收客，谁会报名呢？听到组团社的反馈和抱怨，小张立即意识到了问题的严重性，如果本次产品没有设计好，可能会丢失这个大客户，他马上向对方致歉，并表示会重新设计，

· 146 ·

项目三　研学旅行产品设计与交付

以最快速度交付新产品。电话沟通结束后，小张整理好思绪，很快便确定了新产品的定位，和组团社合作伙伴进行了关于产品具体内容的沟通。得到认可之后，他立即着手设计，很快拿出第二稿。组团社看后觉得不错，便采用了。事后，小张很是自责，怪自己没有上心，差一点给公司造成重大损失。

案例观察

本案例中，小张作为地接社的员工，在接到组团社的产品设计需求的时候，没有深入思考、认真对待，而是本着例行公事的态度，将既有的产品稍做修改，就直接当作新产品交付对方，造成对方的不满。令人宽慰的是，小张敢于承认不足和缺点，并且能够及时改正错误，总算交出了一份较好的答卷，挽回了前一次的不利影响，为公司留住了客户。其实，在实际工作中，地接社会经常遇到此类情况，有时候因为事情忙、时间紧，或者是产品设计能力不足，造成组团社的埋怨。在上述案例中，你有什么启发？如果你是小张，你会怎么做呢？你能够在第一次交付产品时就让组团社满意吗？

问题思考

1. 地接社和组团社究竟属于什么关系？作为地接社的产品设计人员，该怎样设计出令组团社满意的产品？
2. 组团社的产品设计需求是什么，在为他们设计产品时需要注意哪些方面？
3. 产品设计是基础，最终是要交付给客户，面对组团社等这类B端客户，我们该如何更好交付一个好的产品？

子任务一：地接社为组团社设计研学旅行产品

《旅游法》和《旅行社管理条例》都对旅行社的性质、设立条件、经营业务等做了规定，如《旅行社管理条例》中所称旅行社，是指有营利目的，从事旅游业务的企业。本条例所称旅游业务，是指为旅游者代办出境、入境和签证手续，招徕、接待旅游者，为旅游者安排食宿等有偿服务的经营活动。研学旅行是以集体旅行、集体食宿的方式开展研究性学习，所以其形式和载体是旅游，在产业上也归属于旅游业，也是旅行社的重要业务类型。基于旅行社行业的特点和旅游的属性，旅行社一般可分为地接社和组团社。所谓地接社是指以接待为主营业务的旅行社，而组团社顾名思义是以收客发团为主的旅行社。有时候，一家旅行社既做组团业务，也做地接业务，如北京某旅行社，经常向京外各地发团，但也承接外地入北京的地接业务，所以，地接社和组团社只是一个相对概念。

步骤一：学会组团社研学旅行产品的需求分析

正确认知地接社和组团社的多种内在逻辑关系，有利于双方摆正各自的位置，有利于研学旅行产品设计更快见成效，有利于彼此合作更长远，也有利于整个行业的健康发展。但是，要想设计好组团社的产品，首先必须深入了解研学旅行产品需求。虽然对于地接社来说，组团社相当于 B 端机构客户，但是这个产品并不是组团社自己使用，而是给到 C 端，所以，本质上为组团社设计研学旅行产品其实就是给 C 端客户提供研学旅行产品，只不过，从地接社角度来看，要首先保证 B 端采购研学旅行产品。故地接社的研学旅行产品设计者要同时具备 B 端客户思维和 C 端市场思维，这明显区别于为中小学校设计研学旅行产品。

1. 组团社产品的客户群体

作为一家研学旅行业务的组团社，其客户群体一般可以分为 B 端机构和直客。B 端机构包括中小学校、幼儿园、高等院校、协会、企业等，它们构成组团社的收客渠道；直客就是直接面向市场招收的客人，包含参加亲子研学的家庭、参加独立游学的青少年个体等。组团社产品面向的客户群体不同，其设计需求自然有差异。

2. 不同客户群体产品需求指向

针对组团社产品的实际使用场景，分析客户群体，解构设计需求，能够提高产品设计的有效性，也就能够避免案例中小张的情况。一类群体是组团社的 B 端客户，如中小学校、幼儿园、部分有青少年研学需求的企业，甚至是一些成人研学团体，如果是组团社要请地接社设计产品参加当地中小学校的竞标，可借鉴关于中小学招标产品设计的有关内容。这里着重强调 B 端思维，即 B 端为什么要选择这个产品？为什么要选择业务合作？他们是企业、组织、机构，考虑的是这个产品能否为企业创造更大价值（公益组织看中社会价值），在选择产品时比较理性，往往要进行竞品分析，注重供应商的资质、品牌实力、商誉、行业地位、影响力等综合因素。

还有一类是组团社的 C 端客户，他们选择产品之后，会根据自身的要求再行完善，直接投向市场宣传、收客，这里的关键是地接社虽然不直接面向 C 端，但必须具备 C 端思维才能做好产品。C 端客户是个体，个体的消费需求往往差异化较大，但有消费冲动，只要产品满足了其特定需求，性价比高，就有可能会购买，相比于 B 端客户，他们更喜欢"读图"、看短视频介绍，传播形式要求生动有趣、信息短平快。

步骤二：掌握组团社研学旅行产品的特点

组团社研学旅行产品承载的功能，以及其不同的客群渠道，预示着为组团社设计的产品具有自身的特点，大致有以下几个方面。

1. 特色鲜明

除了满足设计的基本需求之外，为组团社设计的产品一定要在特色上下足功夫。一条有特色的产品胜过一百条平庸的产品，放大特色，要在资源选择、活动设计、创意物化、服务标准等方面创新，挖足潜力。如同样是去西安市开展研学旅行，某地接社为组团社设计产品就不落俗套，以《汉唐小特工，探秘古丝路》为主题，将学生化身为穿越汉唐的小特工，去解密古代丝绸之路的东方起点长安，设计了手绘丝路古地图、丝路美食攻略、通关文牒制作、丝路贸易赛等一系列特工任务，将西安著名的历史文化完美地融入一次次的闯关任务中，学生们在强烈的角色代入和情境创设下，自主地完成研学探索任务。

2. 错位差异

针对组团社产品实际消费的不同客户群体，设计产品时提供差异化的产品服务，形成错位优势。组团社为了提高产品竞争力，一般会同时比选数家地接社的产品，此时，地接社就如同参与一次竞标活动，要想在无形的竞争中胜出，就必须设计出差异化的产品，围绕既定的研学主题框架，在创意、资源、学习方式等方面求新求变。如世界文化遗产西湖是杭州的城市名片，凡外地前往杭州研学旅行基本上都会涉及西湖，围绕西湖就有很多的创意设计让产品与众不同。西湖不仅是一座自然湖，还是一座人工湖，更是一座人文湖，可以举办一场别开生面的诗词飞花令，展开趣味十足的西湖十景任务闯关赛，可以模拟杭州新市民身份对话苏轼"老市长"，可以上演"我是世遗推荐官"现场评选，还可以从绘画、建筑、故事、水利等角度来切入，以全新视角设计西湖研学课程，让这个免费的著名资源更具产品价值。

3. 性价比高

因为渠道的关系，地接社将产品交付给组团社之后，组团社会将其自身的成本和利润重新核算，再确定最终产品售价。通常情况下，为了市场竞争优势和自身利润，组团社非常看重成本控制，地接社在这个方面处于相对"弱势"地位，因为组团社会进行比选。基于公平的市场竞争原则，产品内容和服务标准大致相同的情况下，价低者胜出，这就倒逼地接社在设计产品时，一定要突出性价比，利用大体一致的成本设计出更好的内容。如上述案例中西湖是免费景点，但是由于不是安排参观游览之类最常见的活动，而是设计出有新意且费用不大的学习新方式，给人感觉更有性价比，就能胜人一筹。如果地接社拥有较强的资源谈判能力，在资源选择和服务标准上拥有成本优势，就为产品胜出增添了助力。当然，有些组团社对于价格不太敏感，更关注产品质量，那就为产品设计腾挪出了更大空间。

4. 易于收客

虽然地接社的产品不直接面向 C 端，而是通过组团社来销售，并不意味着只要组团社看中就可以，最终还是要经过市场检验的。如果前几次合作，组团社自认为产品不错，但是收客效果不好，还是会影响地接社业务的，毕竟地接社赚取的也是组团社收客的落地接待产生的部分利润。到底什么样的研学旅行产品更易于收客呢？如果组团社卖的是 B 端客户，那就要具体分析这个机构的实际需求，重点考虑如何为机构创造更大的经济价值和社会价值。如果是面向市场 C 端收客产品，就一定要有吸引个体消费者的爆点或者趣点，考虑家长需要什么？学生需要什么？为什么要购买？如某广州地接社为组团社设计一套 4 日科技主题产品，其中半天就安排了当地一家科研院所的 stem 创意实践课，还能获得证书，这个证书官方认可学分，就是这个设计让组团社收客效果很好。

步骤三：掌握地接社为组团社设计产品的方法

1. 分步骤循序渐进法

地接社产品设计人员在与组团社充分沟通，了解具体的要求和产品功能之后，为了提高效率，避免出现方向性和其他重大的反复，可以采取分段循序渐进的方式，逐步推进产品设计。第一步，产品主题和资源选择方向沟通一致；第二步，制订线路行程安排简表并协商趋同；第三步，按照模板着手撰写产品文档；第四步，成本核算并拟定报价；第五步，产品交付并核实报价。这些步骤需要设计者灵活掌握，最关键的一步是制订线路行程安排简表，这是产品的关键，只要对方认可了此表内容，产品交付的成功率就很高。

某旅行社产品设计人员制作的《云南红河州历史文化主题 4 日研学线路行程安排简表》（见表 3-3）可供参考。

表 3-3　云南红河州历史文化主题 4 日研学线路行程安排简表

日期		地点	课程名称	核心素养	食宿安排
DAY 1 古城穿越 科举状元	上午	去程	《我们，开营啦！》	自主学习	含：中晚餐 住：建水古城
	下午	建水古城	《任务闯关：古城穿越计》 《模拟仿古演出：我是科举小状元》	人文底蕴	
	晚上		《寻味建水美食》	劳动能力	
DAY 2 非遗传承 古建探秘	上午		《非遗传承：国家级非遗紫陶制作》	乐学善学	含：早中晚餐 住：可邑小镇
	下午		《参观考察：探访建水古城院落》	历史人文	
	晚上		《特色住宿：军事帐篷露营》	自我管理	
DAY 3 彝风古韵 房车露营	上午	可邑小镇	《民俗体验：玩转彝风古韵》	审美情趣	含：早中晚餐 住：可邑小镇
	下午		《民族工艺课堂：彝族刺绣》 《非遗传承：国家级非遗阿细跳月》	历史人文 实践探究	
	晚上		《民族风情篝火晚会》	人际沟通 自我管理	
DAY 4 彝族探源 梦追未来	上午	弥勒博物馆	《合作探究：彝族文化探源》	审美情趣	含：早中餐 住：返程
	下午	返程	《移动课堂：温馨返程》	自主学习	

2. 一步到位法

与分步骤循序渐进法不同，如果设计者能够吃透组团社的产品需求，在前期已经对资源、目的地方向等把握比较到位，为了减少与组团社之间的沟通成本，可以采取一步到位法，即按照对方提供的模板或自有模板一次性设计出完整产品，并成功交付。在与比较熟悉的组团社之间可以采用这种方式，因为彼此有信任基础，也建立起了合作默契，一步到位法能够提高效率。

内部比选法。所谓内部比选法，就是根据组团社的实力和产品要求，为了提高产品力，吸引组团社达成合作，在团队内部先进行一轮比选，择优选出最佳方案。团队的内部比选形式灵活，可以采取头脑风暴、六顶思考帽法等创新思维的讨论方式，激发团队的创造性，商讨出理想方案。假如无法在团队内部进行比选，也可以自己尝试从不同角度来构思若干个简要方案，然后请同事或部门领导站在组团社角度来一次模拟比选，优化产品设计。

步骤四：明确研学旅行产品设计流程

地接社为组团社设计产品，是研学行业最为常见的业务形态，这是由研学旅行市场的特点和行业组织特性所决定的。因此，懂得如何与组团社沟通交流，高质量地完成并交付产品，是研学旅行产品设计人员非常重要的业务能力。为更有效地推动产品设计，可以遵照"十步法"固定流程进行。

第一步：沟通了解组团社研学旅行产品设计需求。要求：清晰知道研学旅行产品的实际用户对象、研学旅行产品的主题方向、大概价格区间、大致资源选择方向。可以填写组团社产品设计需求表（见表3-4）。

表3-4 某旅行社的研学旅行产品设计需求表

客户单位			
主题方向		实际用户、人数	
出行日期		出行天数	
资源点意向		价格区间	
车辆要求		住宿要求	
餐厅要求		研学旅行指导师要求	
其他特别要求			
备注			

第二步：确定研学旅行产品主题和教育目标。要求：根据需求表确定产品主题名称，制订本次研学的目标任务，主题的确定与目标制订方式参考本书其他章节。

第三步：选取资源点，编排研学线路行程。要求：按照组团社的意向，结合地接社的优势，选取研学资源，并按照一定原则进行组合并联。

第四步：设计每个资源点课程。要求：对资源点进行考察，结合资源点特点和资源禀赋，围绕主题和研学课堂，设计新颖有趣的研学实践活动课程，具体方法参照其他章节。

第五步：构思研学创意成果输出形式，形成评价体系。要求：研学成果呈现要体现创意物化，如一段视频、一篇文章、一份报告、一件手工、一次表演等，形式不拘一格，提供评价标准和评价方式。

第六步：提炼研学旅行产品特色亮点。要求：从资源配置、活动设计、接待服务、人员安排等方面提炼产品的卖点、亮点。

第七步：制定服务标准。要求：明确交通工具、餐厅选择与餐标、住宿酒店选择与标准、研学旅行指导师配置等项目。

第八步：细化安全措施。要求：编写关于安全教育、安全告知、安全保护及安全预案等相关内容。

第九步：成本核算与报价。要求：根据产品内容和服务标准，结合组团社的产品定位，做好成本核算和报价。

第十步：产品交付。要求：将产品的完整形式交付给组团社，并进行及时的沟通对接。

步骤五：学会研学旅行产品设计实操

案例中的小张为广州某组团社设计厦门5日的研学旅行产品，初次交付结果被退回，在分析了原因之后，产品目标群体锁定以广州市区小学生为主体的暑期直客，小张进行了第二次设计和交付，这一次终于得到组团社的认可。我们来实操一下小张的第二次设计过程。

1. 确定产品主题《闽南勇先锋 爱拼才会赢——闽南文化5日研学旅行》

主题确定理由：一首经典歌曲《爱拼才会赢》，激荡拼搏精神，一支少年先锋队歌，唱响红色旋律，一群爱国励志、矢志奋斗的榜样人物，闽南文化的多姿多彩，厦门历史与风光无限，引领学生积极向上、为梦想而奋勇前行。

2. 研定教育目标（见表3-5）

表3-5 研学旅行教育目标一览表

知识与能力目标	1. 了解少先队队歌的创作背景，知道闽南文化的精华如戏曲、木偶、民俗，了解陈嘉庚、林巧稚等著名人物的生平事迹，学会欣赏土楼、鼓浪屿建筑风格，熟悉闽南渔村渔民的生产生活特点。 2. 通过开展参观考察、实践体验、学习探究等方式，增强学生文化探究能力、动手实践能力和艺术审美力，通过对闽南精神的感悟与内化，提升思维能力。
过程与方法目标	1. 采取主题探索和体验式学习、角色扮演的方式，突出过程性探究和发现问题、解决问题的意识，深度研学厦门闽南自然文化的重要节点和重要历史文化载体，洞悉闽南精神的内在价值。 2. 注重小组合作、沉浸体验等方式，构建自主学习情境，让学生在课本之外融入真实的学习情境，达到身临其境、学有所悟、学有所得的目的。
情感态度价值观	通过对福建土楼的探索和闽南榜样人物的感知，深刻理解"爱拼才会赢"的精神要义，树立爱国之情，坚定奋斗之志，增强民族自豪感和自信心，汲取敢为先锋、爱拼敢闯的闽南精神，确立远大学习目标，形成积极向上的人生观和价值观。

采用三维目标法来研究教育目标，也可以采用实践课程四维度法、核心素养表述法等来论述目标。

3. 研学线路安排（见表3-6）

表3-6 研学线路安排表

日期时间		研学地点	课程名称及研学任务	核心素养目标	食宿
第一天	上午	广州乘坐高铁赴厦门	预习《研学手册》，安全教育	乐学善学 人文底蕴 责任担当	含：中、晚餐 住：厦门
	下午	少年队队歌广场	《齐唱队歌开营课》：齐唱队歌，营规宣讲、团队组建、营队干部竞选活动，让营员快速融入团队。 《沙画创作忆英雄》：打开创意的思维，展示动态沙画的瞬间美和故事性，学习专业沙画技法，作画步骤、沙画手法的运用，独立完成自己的沙画作品。		
第二天	上午	集美学村 陈嘉庚纪念馆	《故事会：爱国华侨陈嘉庚》参观集美学村，了解其建筑特色，参观陈嘉庚纪念馆，举办一场故事会，每个小组合作讲述一个与陈嘉庚有关的故事，学习励志奋斗报效祖国的伟大精神。	实践探索 人文底蕴 爱国励志	含：早中晚餐 住：厦门
	下午	老院子民俗文化风情园	《爱拼才会赢》：学唱歌曲《爱拼才会赢》，思考：注定的是什么？打拼的是什么？写下你的理解并小组展开论辩。 《闽南文化手账》了解下南洋几代人的生活、创业经历，探索当地渔村文化、民俗文化、妈祖文化、南洋文化以及寻根溯源的始祖文化。欣赏世界著名演艺秀【闽南传奇秀】，感受闽南文化魅力。根据自己的理解绘制一份闽南文化的手账。		
第三天	上午	鼓浪屿 黄家花园	《万国建筑大闯关》：鼓浪屿因建筑闻名于世，各国建筑大舞台，通过闯关图、线索照片、关键词等信息，各小组完成万国建筑寻宝大闯关活动。 《对话南洋先锋》：欣赏黄家花园，了解南洋先锋黄奕住的创业历史，感悟闯南洋的拼搏精神，将心中的话告诉先锋英雄。	审美情趣 人文底蕴 爱国励志	含：早中晚餐 住：厦门
	下午	毓园	《林巧稚和钟南山的爱国故事》：聆听林巧稚和钟南山的奋斗故事，写一段致敬词，形成健康观念，感悟报国精神。		

项目三 研学旅行产品设计与交付

续表

日期时间		研学地点	课程名称及研学任务	核心素养目标	食宿
第四天	全天	永定高北土楼	《百米画卷·探非遗》：参观考察世界文化遗产"圆楼之王"【永定高北土楼】，打开脑洞，当一回小小设计师，挥洒墨水，成就美丽土楼风景。	审美情趣 实践意识 人文底蕴	含：早中晚餐 住：厦门
第五天	上午	厦门大学	《学长报告》：参观中国最美大学厦门大学校园，聆听优秀学长的励志成长报告，激励奋斗梦想。《我的梦想大汇报》：研学接近尾声，闽南文化如此丰富，拼搏与奋斗精神让人难忘，请结合本次研学，各小组进行一次汇报，每个小组完成汇报展板设计并展示。	自我管理 乐学善学	含：早中餐
	下午	乘坐高铁返回广州	返程，撰写《研学日志》，安全教育		

线路安排是产品设计中非常关键的部分，要条理清晰，科学合理，一目了然。

4. 每日课程介绍（见表3-7）

表3-7 每日课程介绍一览表

第一天 会聚鹭岛 队歌嘹亮
课程地点：中国少年先锋队队歌广场
资源特色：全国首个"中国少年先锋队队歌博物馆""英雄小八路"故事浮雕、中国少年先锋队队歌歌谱浮雕、"中国少年先锋队队歌之源"音乐喷泉等，这里是少年先锋队队歌的诞生地。
课程目标：了解《少年先锋队队歌》由来，学会沙画创作，通过参观、故事、沙画等增强学生的爱国情感，树立强大的责任感与使命感。
课程内容：
1.《齐唱队歌开营课》：齐唱《少年先锋队队歌》，营规宣讲、团队组建、营队干部竞选活动，让营员快速融入团队。
2.《沙画创作忆英雄》：参观队歌博物馆，了解队歌诞生背后"英雄小八路"的故事，欣赏沙画表演小英雄的经历，打开创意的思维，展示动态沙画的瞬间美和故事性，学习专业沙画技法，熟悉作画步骤、沙画手法的运用，现场独立完成自己的沙画作品。

用图文结合的形式表现资源特色和课程活动的特点，在此只展示第一天内容，其余类推设计。

5. 产品亮点提炼（见表3-8）

表3-8　产品亮点提炼表

> 4.大爱国励志榜样引领
> 　　爱国华侨领袖陈嘉庚、中国医界圣母林巧稚、印尼首富糖王黄奕住、共和国勋章获得者钟南山，从这四个与厦门有关的榜样人物身上，汲取爱国励志的精神，化作从小奋斗、爱拼敢赢的优秀品格。
> 5.3大特色建筑匠心探索
> 　　鼓浪屿万国建筑快乐大闯关、世界遗产土楼之王尽展百米非遗大画卷、被誉为"中国最美大学"厦门大学嘉庚楼，见证学长成长报告。
> 6.大趣味活动才艺践行
> 　　专业沙画创作、世界名秀欣赏、闽南歌曲演唱、百米非遗画卷、故事大赛、闽南文化手账制作，不同的内容不同的形式，在兴味盎然当中，在动手实践之间，让自己的艺术才华绽放精彩。

亮点提炼要有客户思维，文字简洁有力，有吸引力，用数字＋短语组合更能抓住眼球。

6. 开展研学争章

根据学生的表现，通过评价量表，在研学课程总结时颁发各类奖章（见表3-9）。

表3-9　研学课程颁发奖章示例

奖章名称	表彰对象	备注
博学章	知识广泛、在研学过程中掌握很多新知识的学生	
乐学章	喜欢学习、在研学中喜欢主动去学习探索新知识的学生	
善学章	在研学时有自己独特的方式方法去发现、学习的学生	
才艺章	表现出优秀的美术、音乐等艺术才华和能力的学生	
思辨章	特别喜欢思考、善于发表不同意见的学生	
思政章	思想先进、道德高尚、拥有团队精神和领导力的学生	
纪律章	遵守纪律、带头执行旅行制度的学生	
文明章	语言行为文明、有礼貌的学生	
自强章	不怕困难、生活自立、能够勇敢战胜自己的学生	
环保章	注重生态环保的学生	
安全章	注重安全、能够帮助维护团队安全的学生	
健康章	注重健康生活、讲究卫生、参加身体锻炼的学生	
实践章	实践动手能力强的学生	
创新章	拥有科学精神、能够产生创新想法并付之行动的学生	

项目三 研学旅行产品设计与交付

7. 服务标准说明

服务标准说明可以借鉴前一任务中罗列的模式，从研学教育服务、旅行生活服务和安全保障服务三个方面，按照清单式列举说明，做到数据化、标准化。

步骤六：了解产品设计注意事项

为组团社设计产品不仅考验专业能力，也考验心理抗挫能力，不能指望"一蹴而就"，也不能"望而却步"。当被组团社多次驳回，需要不断修改、多次完善的时候，千万不能产生心理负担和负面情绪，甚至是抱怨、逃避、放弃的举动，这些都不是明智之举，要相信"好事多磨""文章不厌百回改"，没有一件好产品不是千锤百炼的结果。如果组团社经常让你修改，说明他们重视产品。而且收客能力越强的组团社，对产品本身越重视。在产品的修改互动中，双方的目标趋向一致，配合的默契度、合作的友好度会进一步增强，最终才能收获双赢发展。

子任务二：研学旅行产品交付工作

研学旅行产品设计好之后，就要交付给组团社。交付动作本身不难，让组团社能够认可产品，尽快达成合作才是我们交付的最终目的。因此，我们要学会如何更好地交付研学旅行产品，让交付研学旅行产品的过程变成合作成交的过程。

步骤一：了解研学旅行产品交付形式

产品的表现形式很重要，它是一种物质外显的呈现。产品表现形式有多种，可以根据不同情况灵活使用。表3-10列举出常见的三种研学旅行产品表现形式。在实际工作中，文档式是最常用的格式，表格式是一种很好的呈现方式，通过PPT方式来表达更能展示产品的丰富度。不管选择哪种方式，产品的基本内容是一样的，通过图片、表格、文字多种元素融合使用，以达成最佳表现效果。

表 3-10　研发旅行产品表现形式

产品形式	展示内容	优点	缺点	备注
文档式	1. 产品主题名称 2. 研学背景与目的、意义 3. 研学总体目标 4. 产品特色亮点 5. 研学线路安排 6. 研学每日课程 7. 服务标准与安全保障 8. 产品报价	1. 可以插入图片、表格，让文档更丰富 2. 文字表述不受限制，排版、修改方便 3. 市面上最常用，普遍能够接受	1. 文字信息量大，不利于展现、突出重点，应控制文字和页面 2. 如果字间距、字体大小和栏目层级标识不清，容易造成阅读障碍	
表格式	同上，可根据需要做灵活变动	1. 有整体感，给人严谨规整的直觉 2. 可插入图片，让表格内容更生动	1. 过于严谨，显得生动不足，容易造成阅读疲劳 2. 表格有时不利于排版	
PPT 格式	同上，可根据需要做灵活变动	形象直观，文字、图片、表格应用自如	占用版面较多，造成阅读困难	

步骤二：学会研学旅行产品解读与报价沟通

研学旅行产品设计好之后，最关键的交付动作就是和组团社进行沟通，而沟通的重点是对产品的解读以及报价的传递，让对方能够认同并快速达成产品合作。

设计理念解读。产品理念体现了设计者的思维与格局，要将对产品的深刻理解、教育理念的创意表达、国家和行业政策的灵活应用传达给组团社，让产品有高度、有情怀。

特色亮点梳理。特色亮点就是卖点，要善于整理、提炼产品特色，并将特色要点、与其他产品的差异点说清楚、讲明白，塑造产品自身价值。

行程安排说明。围绕每日的行程安排介绍清楚资源点的特色、活动课程的创意设计、行程路线的科学性、学与旅的时间分配比例，让人感觉资源丰富，有干货，线路体验不辛苦、有意思。

服务标准答疑。关于具体的交通、住宿、餐饮等板块的服务标准一定要确认清楚，不能造成误解，要以地接社的资源优势拉高性价比，这也是组团社比较看重的地方。

报价沟通协商。这是最后一关，如果前期的沟通基本无碍，组团社对于产品比较满意，报价就水到渠成。报价拉锯就是一个互相谈判和博弈的过程，要

项目三 研学旅行产品设计与交付

坚守底线,但也要适度灵活处理,要善于引导组团社认知到产品的价值,从而为成功报价开绿灯。

步骤三:掌握其他B端客户研学旅行产品设计与交付策略

为组团社设计产品是地接社的核心业务。随着研学旅行业态的不断丰富,除了组团社,还有越来越多的市场主体需要研学旅行产品,对于这类客户,地接社产品设计人员要高度重视,认真对待。

1. 需求策略

不同客户,会有不同的需求。需求策略,就是指在设计产品时,务必了解清楚客户的实际需求是什么,以需求为导向,通过产品设计来满足客户需求,达成合作目的。如企业要定制研学旅行产品,可能是要为员工子女提供一次福利型户外体验,可能是要组织一场员工亲子旅行,增进企业凝聚力。产品设计就要针对这些需求,寻找到融合点,在产品中去满足需求,客户创造产品价值。

2. 差异策略

研学旅行属于跨界行业,强调融合创新。差异策略,就是指在设计产品时,要善于通过整合行业资源、创新跨界思维,为来自各行各业的客户带来有新意、差异化的产品和服务。如某广播电视台设计一个研学旅行产品,想利用电视媒体的品牌效应和媒体优势,来吸引青少年观众。作为地接社产品设计人员就要考虑广电媒体的优势,善于借助跨行业的资源整合,打造出让青少年喜爱的爆款产品。

3. 渠道策略

所谓渠道策略,就是指把所有的B端客户都当成产品渠道,不再是一个个的业务单点,而是一个通道,建立渠道思维,让产品和服务通过这些渠道直达实际体验者。有了渠道思维,在产品设计时就有主动意识和主体责任,产品变成了贯通企业与市场的动脉血管、情感纽带,变成真正有情怀、有温度的作品。

4. 合作策略

在与不同的B端客户合作时,会发生N种合作场景和模式,要分类施策,合理应对。产品设计与交付时,有的客户提出资源点上的活动自己组织,有的提出餐饮自己安排,有的提出资源点自己已经联系好等情形,都需要结合实际情况灵活处理,在合规合法经营的前提下,最大限度保障客户权益。

步骤四:了解研学旅行产品交付注意事项

产品交付是业务合作的契机,一定要确保交付成功,为后续的产品落地接待服务签约创造有利条件。因此要特别注意诚信对待每一个客户,坚持信誉至上，不能为了满足需求，而随意承诺难以实现的事项，给客户和公司造成损失；要坚持原则，以平等、合作、共赢的思维和客户建立业务关系；在坚守公司底线和做人做事原则的前提下，善于灵活处理问题，学会在资源方、产品采购方、地接社之间达成动态平衡。例如分列报价中，产品利润如何巧妙地均摊到每一个项目，资源方能接受，采购方能认可，地接社有利润，这就是平衡思维的体现。

步骤五：学会使用研学旅行产品交付工具（见表3-11）

表3-11 研学旅行产品交付记录表

客户名称			
联系人		联系电话及微信名	
产品名称		交付时间	
沟通情况			
处理结果			
成交报价			
后续跟进			
备注			

任务小结与思考

　　本次任务围绕"地接社为组团社进行产品设计与交付"来进行，主要包括两大核心任务点。一是地接社为组团社设计产品，了解地接社与组团社的内在关系，摸清组团社的产品需求，辨析组团社产品的特点，掌握产品设计方法并进行设计实操。二是产品交付工作，产品设计出来，要交付出去并得到认可才算成功，正确认知交付工作的重要性，选择适合的交付方式，学会如何与组团社沟通，并达成合作。地接社和组团社是相对概念，角色也会互相转化，而且随着新业态持续演进，更多的B端客户会涌现，究竟该如何及时、准确、有效地为市场主体设计满意的产品，是研学旅行产品设计人员永恒的话题。

项目三　研学旅行产品设计与交付

结合实际思考

1. 组团社的产品特点是什么？你认为还有哪些特点需要关注？

2. 研学旅行产品设计是一项复杂的脑力劳动，既需要满足客户需求，又要有创意、新意，同时还要考虑到资源的实际禀赋、研学旅行的客群情况以及企业的原则与底线，你觉得该如何创造性地开展工作，通过产品来实现上述几方面的协调发展？

思考答案

任务三　研学旅行基地（营地）产品设计与推送

学习目标

知识目标	了解研学旅行基地（营地）的概念与类型，知道研学旅行基地（营地）与研学服务机构之间的业务关系，明确研学旅行基地（营地）产品设计的标准与要求，掌握产品特性，了解基地（营地）研学旅行产品推送的目的与意义和注意事项。
技能目标	学会研学旅行基地（营地）产品设计的流程和基本方法，懂得不同类型基地（营地）的产品设计实操，掌握不同渠道客户的产品推送策略与方法，学会使用相关工具。
思政目标	学会因地制宜地挖掘在地研学旅行资源，为各种类型的研学旅行基地（营地）进行研学旅行产品设计，丰富研学旅行产品供给。

任务导入

乡村如何秒变研学旅行课程宝库？

研学旅行基地（营地）产品设计与推送

地处皖南古徽州腹地的某一处乡村，粉墙黛瓦的徽州古民居、古朴沧桑的村巷小道、威严典雅的古祠堂，特别是悠然如画的田园风光，至今仍保留着的淳朴自然生活风俗和传统农耕，以及许多濒临失传的老工匠技艺，让这座大山深处的村庄，近年来火出了圈，成为首家中国摄影小镇核心区，并已经开发为AAA级景区，吸引了许多游客慕名而来。

研学旅行自然也成了村里发展的重点。村里负责旅游产品开发的小高，是一名旅游院校大学生，他发现家乡原来拥有如此深厚的文化底蕴和丰富的资源，便响应乡村振兴战略，回到家乡参与乡村旅游事业。这一天，他接到某组团社产品经理的电话，说要请小高设计一个依托乡村研学基地，开展为期5天的《徽娃乡村变形计》产品。小高非常兴奋，立即展开设计工作。他重新梳理了村里的研学资源，从"自然教育、爱心教育、劳动教育、人文教育"四个维度来布局，精心选取"田园劳动、乡村艺术、传统工匠、特色美食、产业发展"五大元素，谋划了5天的研学课程，每天一个研学课题，聚焦不同内容，通过形式活泼的实践探究活动，让孩子们全维度探索乡村，并实现自我改变和成长，打造出真正的"乡村变形计"。组团社产品经理看到产品，非常满意，很快便投入市场，获得了不错的效益。

附：小高设计的产品《徽娃乡村变形计》课程活动安排简表

日期		课程地点	课程名称	核心素养	食宿
DAY 1 爱聚乡村	上午	村部广场	《我们，开营啦！》	自主学习	含：中晚餐 住：乡村旅舍
	下午	村留守儿童之家、村部大楼	《爱心小驿站》《乡村大事记》	社会参与	
	晚上	村部小学校园	《乡村小夜校》《今天我当家》	生活自立	
DAY 2 快乐农夫	上午	村外农田	《撒欢吧，田野》	劳动观念	含：早中晚 住：乡村旅舍
	下午	村部广场	《乡村趣味运动会》	团队协作	
	晚上	村部小学校园	《乡村小夜校》《今天我当家》	生活自立	
DAY 3 乡味食足	上午	村外菜地、荷塘	《果蔬大王》《荷塘抓泥鳅》	团队协作	含：早中晚 住：乡村旅舍
	下午	农户家庭	《魔法厨房》《徽菜大师》	动手实践	
	晚上	村部小学校园	《乡村小夜校》《今天我当家》	生活自立	
DAY 4 艺显身手	上午	村里工匠铺祠堂、村艺术角	《乡村非遗：徽州小工匠》	探索实践	含：早中晚 住：乡村旅舍
	下午		《徽剧小主角》《徽州墙头画》	审美情趣	
	晚上	村部广场	《篝火晚会：舞动板凳龙》	社会参与	
DAY 5 乡村代言	上午	村农产业基地	《振兴有我：农产品推荐官》	责任担当	含：早中餐 住：返程
	下午	村部广场	《闭营仪式：变形大王大展示》 《移动课堂：温馨返程》	自主学习	

案例观察

本案例中，小高作为一名旅游院校毕业的大学生，毅然投身于家乡的乡村振兴和旅游发展，值得我们学习。更难能可贵的是，小高利用自身的专业特长，梳理出家乡的研学旅行资源，并结合客户的需求，创造性地设计出令人眼前一亮的产品。我们深入分析一下该产品的课程活动安排，每天一个特色课题，围绕课题精选乡村资源，策划差异化明显的内容和有趣的活动形式，虽然在乡村里要连住五天，但是由于内容的丰富性、体验的沉浸式，还有乡村的新奇感，让这个变形计获得了成功。小高所在的乡村是一家AAA级景区，也是一个研学旅行基地，作为基地的研学旅行产品，该怎样设计并推送给客户呢？

问题思考

1. 什么是研学旅行基地（营地）？研学基地（营地）的产品与普通的研学旅行产品相比，具有哪些独特的性质？
2. 研学旅行基地（营地）产品设计的流程和方法有哪些，产品设计好之后又如何成功地推送给客户，通过产品吸引，让各类客户为基地（营地）带来效益？
3. 研学旅行基地（营地）类型很多，有各类自然景区、博物场馆、文化遗产地、工厂企业、科研院所，还有美丽乡村，对于每一类各不相同的基地（营地），究竟有哪些针对性的方法和普遍的规律，来推动研学旅行产品设计？

任务实施

子任务一：研学旅行基地（营地）产品设计

步骤一：明确研学旅行基地（营地）课程设计标准与要求

1. 课程主题内容

《研学旅行基地（营地）设施与服务规范》（以下简称《规范》）对基地（营地）课程提出了明确要求：应设计与学校教育内容相衔接的课程，学习目标明确、主题特色鲜明、富有教育功能。研学课程应融入理想信念教育、爱国主义教育、革命传统教育、国情省情教育、文化传承教育、学科实践教育等内容。应设计不同学龄段学生使用的研学教材，内容编排合理，保证教育性、实践性强。《规范》对课程体系也做了明确要求：课程体系设计应较为科学、完整、丰富，教材、解说词内容规范，符合相关要求。应从学生的真实生活和发展需要出发，从生活情境中发现问题，转化为活动主题，通过探究、服务、制作、体验等方式，培养学生综合素质的跨学科实践性课程。

2. 课程受众群体

研学旅行基地（营地）的课程受众一般为中小学生群体，具体明确为小学、初中和高中学生。随着市场的逐渐升温和研学旅行理念的逐步深化，研学旅行基地（营地）的课程受众越来越广泛，幼儿、青少年、亲子家庭，甚至成人都是基地（营地）的客户对象。近些年，伴随"泛研学""微研学"的不断兴起，研学新业态越发多元，更多的研学旅行基地（营地）课程、产品与服务深受市场欢迎，受众范围越来越大。

3. 课程数量结构

《规范》中明确要求，每个研学旅行团体在本基地（营地）内的体验教育课程项目，小学阶段宜不少于60分钟、初中阶段时间宜不少于90分钟、高中阶段宜不少于120分钟。基地（营地）应结合自身地理位置和周边资源，至少提供2条研学实践教育路线，每条路线均应包括以周边资源和环境相结合的外部路线和以基地（营地）规划与配套设施相结合的内部路线，有较强的针对性、可操作性、安全性，保证路线设置便捷、合理，与基地（营地）研学主题协调一致。

4. 课程服务接待

课程的实施和接待服务，是产品设计过程中要优先考虑的事项，客户通过产品体验获得感知，而产品体验来自现场的组织和服务。《规范》指出，在产品的实施过程中，随着活动的不断展开，基地（营地）研学旅行指导师有能力或可以配合随团教师指导学生，使学生可根据实际需要，对活动的目标与内容、组织与方法、过程与步骤等做出动态调整，使活动不断深化。建立研学课程的教育效果测评制度，真实反映学生知识、技能的掌握情况，持续改进教育服务。应有针对性地对参与研学旅行的师生进行安全教育与培训，帮助其了解有关安全规章制度，掌握自护、自救和互救方面的知识和技能。

步骤二：了解研学旅行基地（营地）产品的独特性

研学旅行基地（营地）的产品和其他类型的产品相比，既有相同点又有其自身的独特性。研学旅行基地（营地）产品同样具备教育性、实践性、安全性，除此以外，还具备以下几个方面的特点。

1. 主题预设性

研学旅行基地（营地）产品的主题是有指向性的，它必须与基地（营地）本身的资源内涵、建设定位和发展方向相匹配。如基地（营地）的资源以自然为主，自身定位是户外拓展和自然探索，其课程设计的主题必然以"自然教育、户外健身"为主题展开；如基地（营地）以农业田园资源为主，设定为"农耕文化"体验中心，其课程设计的主题则应该围绕"农业劳动、农耕文化"进行。主题的设定与基地（营地）的资源禀赋密切相关。

2. 时空局限性

研学旅行基地（营地）产品不同于常规的研学旅行线路产品，其实施时间与地点受到基地（营地）本身的物理空间局限，产品设计要依托基地（营地）的经营时间、开放区域和基础设施展开，是"戴着镣铐的舞蹈"。有些基地（营地）受到经营时间的限制，诸如对话星空、夜观动植物、博物馆奇妙夜等夜间课程就无法进行；有些基地（营地）受到物理空间的限制，部分室内或户外大型活动体验无法实施。所以，在设计产品时要充分考虑基地（营地）的实际时空容纳量，不能天马行空。

3. 内容体系性

基地（营地）的研学旅行课程，往往呈现出体系化的特征。《研学旅行基地（营地）设施与服务规范》对课程体系做出规定，要求课程体系设计应较为科学、完整、丰富。基地（营地）作为研学科学产品的提供方和组织方，它要通过产品满足不同客群的各类需求，这就决定了其产品的丰富性和层次性，仅靠单一产品无法满足市场需求，必须设计体系化的产品内容和服务。如著名的杭州世界文化遗产良渚古城遗址，就围绕"中华五千年文明实证——良渚古城STEM科学探索"设计出完整的课程体系，从八个维度打造实践体验、考察探究系列研学旅行产品（见图3-1）。

"中华五千年文明实证——良渚古城STEM科学探索"课程体系

第1课　秘境追踪——重新发现"考古"
第2课　夏商之前——古代文明的世界
第3课　神王之国——国家的诞生
第4课　蔚为大观——"神王之都"的建成
第5课　文明"食"证——不止"稻"之传承
第6课　以衣识人——服装的智慧
第7课　"器"象万千——器具生活
第8课　琢玉成器——"神"人共享的瑰宝

图3-1　"中华五千年文明实证——良渚古城STEM科学探索"课程体系

4. 受众特定性

基地（营地）设计的产品必须针对特定的用户群体，虽然用户类型日益多元，但是目前主流客群还是以中小学生为主，兼顾亲子游群体。因此，在进行产品设计时要充分考量：这个产品的受众是谁？是针对小学生，还是初中生？

是针对低学段的小学生,还是高学段的小学生?产品的目标客户画像越精准,设计出来的产品就越能引起客户共鸣。如苏州的甪直古镇,根据1917年著名教育家叶圣陶来"甪直五高"执教,期间发表文学作品近百篇,现有多篇入选语文课本,其人物场景大多取自甪直这个历史资源,推出"跟着课本游甪直、神奇小甪童玩节"产品,通过滚铁圈、制作非遗水乡服饰的明信片、万盛米行石磨磨米体验,让学生重走大师路,游古镇景点,品经典课文。活动寓教于乐,深受中小学生欢迎。

步骤三:掌握研学旅行基地(营地)产品设计的流程与方法

1. 产品设计流程

(1)分析资源。基地(营地)的研学旅行产品设计首先要进行资源分析,梳理出基地(营地)本身所具有的资源属性、资源特色和资源容量,结合资源的实际情况,进行教育化的改造。资源教育化,就是将资源与中小学学科核心素养、学科知识相关联,与中国学生发展核心素养、社会主义核心价值观相联系,与素质教育发展目标、课程改革方向相结合,让资源成为课程的重要载体和依托。

(2)确定主题。研学旅行基地(营地)课程主题要围绕资源特色展开,如果是体系化的课程,还要确定课程的体系主题,主题确定之后,就明确了课程设计的方向。如扬州华侨城,在建成之初就确定了研学课程的主题"悠悠古运河,欢乐扬州城",课程设计就围绕古运河文化和扬州文化破题。

(3)设定目标。主题确定以后,就要设定课程体系的教育总目标,以及每一个课程产品的具体目标。目标的设定,依照前述任务中的方法进行。可以采取"知识与能力、过程与方法、情感态度价值观"的三维目标模式,也可以采用核心素养目标模式,目标要清晰具体,可以评价。

> 扬州华侨城大型文化旅游综合项目,地处国家级风景名胜区蜀冈,与瘦西湖景区紧紧相连,项目规模为4.5平方千米。其建于运河之畔,传千年古运河历史,承扬州非遗传统文化记忆,用新的科技力量转化成孩子们所喜闻乐见的"旅游+教育"模式,以研学旅行的形式,将历史、非遗、科技等文化知识融合到游乐、体验、实践项目中去。立足于扬州地方文化,突出华侨城科技游乐城在地资源优势,开发出以"悠悠古运河,欢乐扬州城"为主题的四大模块研学课程体系,希望以此让学生在快乐研学中收获知识、获得成长,同时打造出扬州研学新的 IP 名片。

图 3-2 扬州华侨城大型文化旅游综合项目产品设计

(4)创设内容。课程内容的创设是一项创造性工作,可以分为课程体系化的内容选择与创造、具体课程单元的内容设计与组合,将课程单元进行模块化组合,形成课程的内容体系。课程内容的创设要聚焦主题、围绕目标进行,精选最适合的资源和相关内容，遵照泰勒的现代课程理论、多尔的后现代课程理论、施瓦布的实践课程论等理论指导，安排实践内容任务。

> 某研学服务机构为嘉兴西塘古镇构思的基地课程设计总体框架显示：在本次研学课程设计充分考虑西塘本土的历史文化，彰显古镇的特色，放大西塘自有的文化IP，从衣、食、住、行、艺五大方面，精选最优的资源与内容，设计特色研学课程。【一】西塘之衣《纽扣的诞生》；【二】西塘之食《古镇美食SHOW：八珍糕》；【三】西塘之住《砖木营造师》《你好,古银杏》；【四】西塘之行《廊棚密码》《"桥"夺天工》；【五】西塘之艺《嘉善田歌会》《木刻拓画家》《刀与纸的对话》。

图3-3 嘉兴西塘古镇基地课程设计

（5）创编形式。内容选取完成之后，就要思考采取什么形式来完成这些内容，活动形式的创新和学习方式的变革是课程设计的重点和难点，总体原则是要突出"学习者中心"理念，让学生能够有问题意识、责任意识、身份意识、成果意识，通过小组合作、游戏互动、角色模拟、实践探究、动手体验、情景表演、实验操作、才艺展示等方式，自主参与研学性学习，提高活动的趣味性、实践性。

> 上述案例中，某研学服务机构为嘉兴西塘设计的研学课程内容，每一个具体课程都运用了新颖的活动形式和学习方式。
> 举例：西塘之住系列《砖木营造师》
> 1）互动问题：古镇上的民居建筑有什么特点？
> 2）核心问题：西塘古民居为什么能够百年不倒？它的结构密码在哪里？
> 3）以PBL学习方式开展营造师研学任务
> 4）小组合作搭建一座古民居的框架，重点是馒头式马头墙和榫卯结构
> 5）各组现场制作
> 6）研学指导师进行实时指导和示范
> 7）学习成果展示与评比
> 【PBL学习方式就是项目制学习，小组共同以项目的方式完成一座古镇民居的搭建设计】

图3-4 嘉兴西塘研学课程设计内容

（6）学习评价。制定研学旅行课程的学习评价标准和评价方法，评价标准要多元化、多维度，评价方法有结果性评价、过程性评价、表现性评价、质性评价等，注重学习成果形式的创新，要有物化创意的呈现载体。如上述《砖木营造师》的研学物化成果就是小组合作搭建的"古镇民居"，从建筑格局、材料应用、牢固程度、美观效果、合作分工、完成速度等角度设置多维评价指标，提高评价的信度、效度和辨识度，增加评价的科学性。

（7）构建体系。基地（营地）的研学旅行课程往往要构建体系化产品，其方式主要有两种，一种是正向路径，即从基地（营地）的建设定位出发，结合资源禀赋特点，以顶层思维逻辑来搭建框架体系，构思二级课程内容，形成

项目三 研学旅行产品设计与交付

"树干长出枝丫"的体系网络。另一种是逆向路径,即先结合资源,构思若干个具体课程,然后整理推导出这些课程的内在共性和逻辑,形成"支流汇成干流"的体系格局。

2. 产品设计的方法

(1)望远镜法。望远镜是用来观察远方的物体的,能够帮助我们看得更远。采用望远镜法,就是指在研学旅行基地(营地)产品设计时要有长远的眼光,"风物长宜放眼量",不提倡跟风、不倡导短视,要学会登高望远,及时掌握国家政策前沿,国内和国际营地教育发展方向。基地(营地)研学课程设计需要较大投入,因此,需要考虑投入的风险和回报的周期,不能只看到眼前的现实,要具备长远的规划和未来的预期。

(2)放大镜法。放大镜是用来放大物体细节,帮助我们更清晰地观察世界。在基地(营地)研学旅行产品设计时要有放大镜思维,就是要放大资源特色、放大细节魅力、放大体验效果、放大产品价值,在特色上做足文章,在细节上做好填充,在体验上做出效果,在价值上做到倍增。

(3)显微镜法。显微镜无疑能够帮助我们发现细微的地方,在基地(营地)研学旅行产品设计时就要善于运用显微镜思考法,去发现平常难以捕捉的创新点,去弥补容易被忽视的缺漏和不足,去寻找能够提升产品质量和体验感的细节。

(4)哈哈镜法。哈哈镜充满神奇,让事物变形,能够让人兴奋快乐。我们在产品设计时,就要学习哈哈镜思维法,通过各种组合创新、互动创造、多维变形,来增强活动的趣味性、体验性,让客户在体验产品时产生强烈的获得感和满足感,激发起持续体验的冲动和愿望。

步骤四:学会基地(营地)主要类别研学旅行产品设计实操

1. 传统文化类产品设计要点及案例

涉及基地(营地)类型:包括旅游服务功能完善的文物保护单位、古籍保护单位、博物馆、非遗场所、优秀传统文化教育基地等单位。

产品教育目的:能够引导学生传承中华优秀传统文化核心思想理念、中华传统美德、中华人文精神,坚定学生的文化自觉和文化自信。

案例实操练习:传统文化类产品要深挖优秀传统文化资源优势,摆脱传统文化给人的刻板印象,就像《我在故宫修文物》《故宫里的大怪兽》和故宫创造的各类网红文创一样,给人生机勃勃之感,如同国潮风袭来,以人们喜欢的方式出现在学生面前,传统文化如同获得了新生。

以最常见的博物馆为例,在设计研学旅行产品时,要创新思维,让博物馆好玩起来：一是参观考察，采取任务式、问题式、小组合作式、闯关式等形式，完成参观学习；二是角色扮演，采用小小讲解员、我当一天小馆长、我是文物推荐官等角色代入的方式，让学习变得有意义、有意思；三是实践体验，通过动手制作、器物拼装、实验操作等形式完成探索任务；四是情境模拟，设计有故事情节的挑战任务，来实现对博物馆的沉浸式探究，类似于博物馆奇妙夜。中国南京科举博物馆研学旅行产品见图3-5。

> 国家级研学基地中国南京科举博物馆，将传统文化、励志教育相结合，作为学生的第二课堂，该馆能够让学生体验到古代士子寒窗苦读——鏖战科场的心路历程，理解艰苦奋斗的必要性。通过珍贵的文物和多媒体手段，学生可以"学中玩、玩中学"，体验融智能化、专业性、趣味性为一体的现代化博物馆。
> 课程内容如下：
> 1."瓷器上的科举"瓷器修复课
> 2."3D打印与科举文化"课
> 3."状元书法描摹"书法课
> 4."鱼跃龙门"绘画课
> 5."雕版拓幸运，非遗带回家"雕版拓印课
> 6."国之瑰宝，智慧印记"活字印刷课
> 7."一针一线，一传一承"线装书缝制课
> 8."剪刀上的民俗"剪纸课
> 9."亲供单"文物课
> 10."捷报"文物课
> 11."金榜题名"文物课
> 12."魁星点斗"民俗课

图3-5 中国南京科举博物馆研学旅行产品

2. 革命文化类产品设计要点及案例

涉及基地类型：包括爱国主义教育基地、革命历史类纪念设施遗址等单位。

产品教育目的：引导学生了解革命历史，增长革命斗争知识，学习革命斗争精神，培育新的时代精神。

案例实操练习：革命文化主题研学课程是中小学生研学的重点，是开展爱国主义教育、革命传统教育的重要形式，许多红色研学基地，凭借其深厚的革命文化，开发出丰富的系列研学旅行产品。红色文化是严肃的革命文化，通常以参观、瞻仰、故事会、致敬仪式、缅怀仪式、经典诵读、红色家书、情景表演、历史演绎等方式，让学生深入了解革命历史，感悟革命精神，传承弘扬优秀革命传统，励志奋发。

如湖南汝城县沙洲村拥有非常丰富的红色研学资源，是革命经典故事"半条被子"的发生地，也是湖南起义的策源地，某研学服务机构为该基地设计

项目三　研学旅行产品设计与交付

红色研学旅行产品,通过看展览、听故事、谈感受、读宣言、写体会、悟精神等方式,让红色教育更加深刻有力。全国百家红色旅游经典景区沙家浜开发的红色研学课程《红色总动员》,通过记忆拼图、极限营救、我是歌手、奔跑吧兄弟等形式新颖的活动,将严肃的革命历史形象地转化为学生们喜欢的体验项目,深受学生欢迎(见图3-6)。

全国爱国主义教育示范基地、全国百家红色旅游经典景区沙家浜芦苇荡风景区开发的红色主题研学课程,以其深厚的红色历史、鲜活的互动体验,深受学生喜爱。如适合学生参与的主题课程《红色总动员》便是其中的重点课程,追寻红色踪迹,重温抗战军民鱼水情深。
课程目标:了解沙家浜抗日革命历史;感受军民鱼水情;学唱沙家浜京剧桥段。

课程单元	单元内容	单元时长	备注
记忆拼图	了解中国历史及沙家浜抗战故事	60分钟	
极限营救	体验抗战情境,感受军民鱼水情	60分钟	
我是歌手	学唱京剧《沙家浜》经典桥段,弘扬革命精神	45分钟	
奔跑吧兄弟	重温红色经典,铭记革命历史	15分钟	

图3-6　沙家浜芦苇荡风景区研学旅行产品设计

3. 国情教育类产品设计要点及案例

涉及基地类型:包括体现基本国情和改革开放成就的美丽乡村、传统村落、特色小镇、大型知名企业、大型公共设施、重大工程等单位。

产品教育目的:能够引导学生了解基本国情及中国特色社会主义建设成就,激发学生爱党爱国之情。

案例实操练习:国情省情、县情市情、乡土乡情是中小学生研学旅行的主要内容,遍布各地的美丽乡村、传统村落、特色小镇以及一些企事业单位、重大工程,都是学生真实感知国情的重要载体。如长江三峡大坝承载着中华民族百年梦想,是我国重大工程的典范,组织学生参观宏伟的大坝,动手制作船闸模型,探索船闸运行原理,感受三峡船闸巨大的科技力量,通过看、探、做、思等方式,感悟到国家发展之伟大。例如,浙江建德的新叶古村,就利用其古村的历史文化和乡村生产生活资源,开发出系列主题研学课程,成为当地中小学生研学旅行的重要基地(见图3-7)。

> 浙江建德新叶古村历史悠久、文化丰厚，至今完好地保存着200多幢古民居建筑，被海内外古建筑专家誉为"中国明清建筑露天博物馆"。这里曾经拍摄过网红电视真人秀《爸爸去哪儿》，不仅是知名美丽乡村，也是研学旅行基地。当地围绕"传统文化、乡村振兴"主题开发系列研学旅行产品。
> 传统文化课程：
> 穿汉服、学国学、彩绘风筝、诵读三字经、投壶活动、古建搭建
> 乡村体验课程：
> 学编草鞋、磨豆腐、指压板、拔河、独轮车、抓泥鳅、插秧、体验新叶传统"土灶"烹饪、包饺子、百果园水果采摘、蔬菜采摘、自制树皮画

图 3-7　浙江建德新叶古村研学旅行产品设计

4. 国防科工类产品设计要点及案例

涉及基地类型：包括国家安全教育基地、国防教育基地、海洋意识教育基地、科技馆、科普教育基地、科技创新基地、高等学校、科研院所等单位。

产品教育目的：能够引导学生学习科学知识、培养科学兴趣、掌握科学方法、增强科学精神，树立总体国家安全观，树立国家安全意识和国防意识。

案例实操练习：爱国主义教育基地是研学科学的重要场所，而科普教育是研学旅行的重要内容，特别是一些科创基地、科研院所是培养学生科学精神、创造能力和创新意识的重要场所。在这些类型的基地内，课程设计往往以参观学习、课题研究、专家讲座、科学实验、专家演示、科学制作、互动课堂等方式开展，着力激发学生的兴趣和探索欲，形成高质量的研学物化成果。如长沙远大科技城推出以远大科技为主题的研学旅行课程，通过多种形式创新，得到市场青睐。从全国来看，越来越多的科研院所、科技园区正成为研学旅行的主阵地（见图 3-8）。

> 长沙远大科技城是国家第一个以企业名字命名的科技园区，长江中游城市群优秀研学旅行基地，结合自身的科技元素，开发出环保、空气与生命、材料等科技系列研学课程。
> 主题：探秘未来城市
> 研学内容：洁净空气、科技发明、探秘远大、知识传承、创意设计、低碳生活、节能行动
> 研学形式：知识科普型、体验考察型
> 基地内一日研学线路行程安排示例：
> 1）9：00—11：30 开课仪式；参观远大城品管楼，观看远大企业文化视频，了解企业文化，看成长历程，品环保文化
> 2）10：00—10：20 探访全球联网监控中心，体验远大产品科技力量
> 3）10：20—10：40 走进空气体验中心，解密全球空气质量
> 4）10：40—11：30 走访19天建成J57小天城，体验建筑新革命，参观减少99%建筑垃圾、5倍节材、20倍节能的建筑
> 5）12：00—13：30 用餐，休息
> 6）13：30—14：00 践行远大反渗透水厂，探索反渗透水知识
> 7）14：00—15：00 举办《环保无处不在》讲座，分享远大环保文化
> 8）15：00—15：30 开展《反渗透水实验》，通过实验对比反渗透水与其他水体的区别
> 9）15：30—16：00 结课仪式，总结分享

图 3-8　长沙远大科技城研学旅行产品设计

5. 自然生态类产品设计要点及案例

涉及基地类型：包括自然景区、城镇公园、植物园、动物园、风景名胜区、世界自然遗产地、世界文化遗产地、国家海洋公园、示范性农业基地、生态保护区、野生动物保护基地等单位。

产品教育目的：能够引导学生感受祖国大好河山，树立爱护自然、保护生态的意识。

浙江温州雁荡山和铁定溜溜，依托当地特色的自然地貌和石斛种植资源，开发出《探秘溜溜仙草，解锁雁荡奇观》三天研学线路产品，这是典型的"基地+"研学线路产品设计案例。

《探秘溜溜仙草，解锁雁荡奇观》三天研学线路行程简表

日期		课程地点	课程名称	核心素养	食宿
DAY 1 仙草寻石斛 种植小专家	上午	铁定溜溜	《开营仪式》	科学精神 勇于探究	餐：晚 住：雁荡山国际营地
	下午	石斛文化园	《自然笔记：石斛迷踪，漫步石斛种植园》 《种植小能手：石斛种植，为铁皮石斛寻找合适的家》 《小小科学家：提取石斛原液，了解石斛营养与功效》 《跟着专家绑石斛》（低年级） 《石斛寄生与附生》（中年级） 《石斛立体栽培搭建》（高年级）		
DAY 2 农耕大观园 溜溜趣闯关	上午	农耕文化馆萌宠乐园	《小农夫大脑袋：帮村长解决铁定村十大难题》 《探究一粒米的生成》 《经典重温——怀旧爆米花》 《小猪运动会》（低年级） 《乐当农场主》（中年级） 《耕乐小学堂》（高年级）	审美情趣 探究实践	餐：早中晚 住：雁荡山国际营地
	下午	溜溜乐园	《勇士挑战赛：畅玩溜溜，争夺勇士勋章》	艺术审美 探究实践	
DAY 3 雁荡观奇石 自然叹神工	上午	雁荡山	《地质考察：雁荡奇石，寻找火山地质遗迹》（中低年级） 《生态雁荡，完成雁荡自然笔记》（中低年级） 《雁荡水质检测》（高年级）	地质探究 人文底蕴	餐：早中
	下午		《闭营仪式》	人文积淀 乐学善学	

图 3-9 《探秘溜溜仙草，解锁雁荡奇观》三天研学线路行程简表

案例实操练习：自然教育是研学旅行的重要部分，通过自然生态类基地课程，提高学生的自然认知、自然保护，增强生态意识和环保能力。如某研学服务机构为一家自然景区基地开发的课程中，有"自然宝藏"系列：森林冒险家、树屋部落、丛林猎人、草根艺术咖、昆虫总动员课程；"朴门生活"系列：我是农场主、低碳生活秀。自然生态类课程设计主要依托基地内拥有的自然资源，如动植物、地形地貌、湿地生态等，开发自然考察、地质科考、自然探秘、野外探险、动手制作、生物多样性探究、生态实践、环保行动等具有实践性的活动。

6. 劳动生产类产品设计要点及案例

涉及基地类型：包括农业生产基地、农耕园、乡村、种植养殖园区、职业体验馆、生产性劳动企业、服务性劳动企业等单位。

产品教育目的：培养学生热爱劳动、尊重劳动的意识，形成正确的劳动观念，培塑积极向上的劳动精神，提高劳动能力。

案例实操练习：随着义务教育新课改的实施，劳动教育成为重要一环，劳动也成为一门独立学科，与研学旅行有着密切的关系。劳动生产包括日常生活劳动、生产性劳动和服务性劳动，社会上各种劳动基地如雨后春笋般涌现，这些劳动基地往往以农业生产为主要内容，承担起组织学生开展农业劳动体验的职责。劳动生产类产品设计往往以劳动技能实践为主要形式，贯穿劳动习惯、劳动意识、劳动精神、劳动观念的教育养成。如某研学服务机构为当地的农业劳动基地设计的研学旅行产品，以"田园欢歌"为总主题，分主题一"快乐小农人"：绿色播种者、喜悦丰收人、田园耕耘家；分主题二"田野大撒欢"：草帽飞盘秀、农具大作战、萌萌稻草人；分主题三"大地厨神"：超级面点师、迷你蛋糕房、魔幻厨房。课程形式多样，架构清晰，内容丰富，能够很好地实现新劳动教育目标。

兰里研学大本营，农业研学课程设计成果丰富

杭州兰里研学营地，依托农业田园资源设计6大主题系列课程：劳动教育，以传统农耕文明解读与实践为核心，带领学生亲身体验传统乡村的四季农耕；自然教育，围绕生命感知、自然智慧展开，通过科学有效的方法，促进儿童融入大自然；非遗手作，根植于自然田园和非遗文化，培养学生的艺术创想和人文涵养；科技STEAM，依托现代农业设计和技术，培养学生的科学精神和创造性思维；美食美育，从田园到餐桌，通过亲身制作特色美食，感受中华美食文化，提高审美能力和动手能力；户外素质拓展，开展融身体运动、安全培育为一体的素质拓展课程。兰里先后开发现代无土栽培技术、人工授粉技术、智能调控科技、水晶粽制作、番薯圆芋制作、木匠艺心、草木扎染、西溪小花篮编制、农事运动会、果蔬大王、我的采摘记、自然笔记、插秧割稻等一系列实践课程，成为杭州重要的农业研学基地。

图3-10 杭州兰里农业研学课程设计

项目三　研学旅行产品设计与交付

子任务二：学会研学旅行基地产品推送工作

产品推送就是指产品的宣传、推介工作，包括线上的自媒体、服务号、在线沟通推介，以及线下的面对面沟通、上门推介、举办产品推介会、产品体验活动等。推送就是将产品价值宣导给客户，让客户购买的过程。

步骤一：了解研学旅行基地（营地）产品推送对象

1. B 端客户

产品设计好之后，就要以最适合的方式推送出去，推送的客户对象包括 B 端客户和 C 端客户。B 端客户一般指基地（营地）的渠道商，包括旅行社、研学服务机构、中小学校等单位，这些客户的产品需求、交流沟通、效益预期等都各有差异，因而要高度重视，区别对待，以期达成产品合作。

2. C 端客户

所谓 C 端客户，就是基地（营地）的直客市场，直接向市场收客的意向群体，如亲子家庭、青少年个体，甚至是一些成年人。随着"泛研学""泛基地（营地）"概念的兴起，越来越多的消费者会选择基地（营地）提供的研学旅行产品。因而，如何将产品更好地传达给这些潜在的 C 端客户，是需要重点思考的问题。

步骤二：掌握 B 端机构客户产品推送策略与方法

1. 价格优势策略

针对 B 端的机构市场，研学旅行基地（营地）的产品推送需要建立一套价格合作机制。B 端客户合作的前提，是其通过产品代理、产品销售能够产生利润，具备一定的经济价值，否则将失去产品销售的动力，这也是市场经济的基本法则。因此，在产品设计时要充分考虑 B 端渠道客户的价格机制，激发客户的销售意愿。

2. 独家合作策略

为了达成深度合作，针对 B 端渠道客户，可以采取独家合作制度，强调资源的稀缺性和产品的唯一性。独家合作一般要厘清合作的区域、时间期限、合作权益等内容，独家合作是为了实现"1+1>2"的双赢目标。

3. 产品体验策略

B 端客户是渠道商，其选择产品的视角和思维与 C 端客户不同，更多考量基地（营地）的实力、品牌、产品特色、经济效益、服务品质、安全管控等维度，要检验产品对自身企业、机构产生的价值大小。基地（营地）可以采取产品体验策略，通过前期的直接体验，消除客户的预防心理，塑造产品的价值，实现业务合作。

步骤三：学会C端直客市场产品推送策略与方法

1. 客户验证策略

C端直客购买产品，与B端客户有所差异，每个个体考虑的角度各不相同，选择产品背后的思维逻辑也不尽一致，但性价比是所有个体关心的重要指标，同时消费心理学告诉我们，社会认同原理或者从众心理对于影响个体消费决策具有重要的正相关关系。客户验证就是很好地利用社会认同原理，只要将既有客户的体验过程和结果展示出来，就会影响带动更多的人去购买产品和服务。

2. 产品代言策略

经过产品设计包装之后，基地（营地）通过各种媒介向C端市场推送产品，如何才能获得消费者的关注并购买呢？采取产品代言策略不失为一种优选方式，让每个消费者都成为产品的代言人，通过产品的体验和感受，塑造产品与人的关系。在推送初期，可以通过卡通形象代言、设计者代言等方式，形象地展示产品，达到良好的文宣效果。

3. 评价增值策略

在产品设计过程中，要强化学习成果的创意输出，多元化地展示学习的物化成果，同时可以设立评价激励政策，如积分制、会员制，或者评星制、学习币等评价手段，让评价更有增值感和价值感。根据消费者心理学研究，"峰终理论"告诉我们，对于一次体验的最终形式和结果往往印象深刻，因此学习的评价增值策略就是要塑造这个"终极时刻"。

步骤四：明确研学旅行基地（营地）产品推送注意事项

1. 拳头产品效应

产品推送宣传是一项系统性、复杂性和长期性的工作，面对多样化的产品，究竟该如何推送呢？为了避免产品太多，客户难以全部记住的问题，我们在推送时要重点介绍拳头产品，切忌面面俱到。只要能够成功推送拳头产品，就意味着成功了一半。

2. 选择焦虑效应

在产品推送过程中，要注意避免客户的选择焦虑。所谓选择性焦虑，就是在面临众多相似的选择时，因无法决定而产生的焦虑感。这对于产品推送来说，要尽力避免让客户陷入选择焦虑，推送的产品不要太相似，要有差异化，了解客户需求，明确产品卖点，同时帮助客户去选择最合适的产品。

3. 产品刻板效应

人们普遍存在"喜新厌旧"的心理，为了克服这个问题，对于基地（营地）的产品设计来说，就要持续地创新，从产品外在的包装、显形，内在的内容和活动方式等方面进行优化调整，给人"新面孔"的感觉，为产品推送提高成功率。

步骤五：学会使用研学旅行产品推送工具箱（见表3-12）

表3-12 产品推送客户跟进表

产品名称		推送客户	
产品核心内容			
产品特色提炼			
产品卖点梳理			
客户需求了解			
推送情况整理			
后续结果跟进			
备 注			

任务小结与思考

本次任务围绕"研学旅行基地（营地）产品设计与推送"来进行，主要包括两大核心任务点，一是研学旅行基地（营地）产品设计，了解研学旅行基地（营地）概念及在研学行业的定位，梳理基地（营地）产品的特点，掌握基地（营地）产品设计的主要流程和方法，开展六大类别的基地（营地）产品设计实操。二是研学旅行基地（营地）产品推送工作，基地（营地）产品会面向B端和C端市场进行推送，在推送过程中需要掌握哪些方法和策略？不同的客户该怎样区别对待？要注意避免哪些误区？这些问题都帮助我们更快地宣发推送产品，从而有效占领市场。

结合实际思考

1. 研学旅行基地（营地）的产品具有哪些独特性，产品设计的标准和要求是什么？

2. 在研学旅行基地（营地）产品宣发推送过程中，会面临着许多实际的问题，影响着客户的决策，如何才能让客户认可产品价值，并能够购买呢？你可以组织一场模拟推介会，来发布产品，并对客户的心理进行分析研判。

思考答案

项目三 研学旅行产品设计与交付

任务四　旅行社（研学服务机构）C端包价研学旅行产品设计与宣传

 学习目标

知识目标	了解C端包价独立营和亲子类研学旅行产品的不同定位，理解不同定价和优惠策略的作用，知道C端研学旅行产品的销售渠道。
技能目标	掌握C端包价独立营和亲子类研学旅行产品的不同设计思路，能够针对不同产品的特点制订不同的优惠和宣传策略。
思政目标	能够针对不同客户群体诉求，确定不同C端产品形态，将思政教育融入不同C端产品。

 任务导入

小夏设计的产品为什么口碑一直不佳？

小夏所在的研学服务机构本来主要从事承接中小学校研学业务。今年，机构决定扩大业务范围，开始设计C端包价研学旅行产品。由于小夏原来的工作业绩优异，公司决定让小夏担任C端产品设计的负责人。小夏也深知责任重大。

上任后，他主持设计了第一款亲子研学旅行产品。这款产品，家长可以和孩子一起学习，一起进步，共享亲子时光。可惜，在客户回访中，很多家长表示，自己平时带娃就很辛苦，本想借着亲子研学放松一下，谁曾想，还是需要时时刻刻陪伴着孩子，太辛苦了。

小夏立刻调整了策略，设计了第二款亲子研学旅行产品。这款产品中，家长可以和孩子分开活动。家长悠闲地享受假日时光，孩子们跟着研学指导师开展研学活动。本以为，这款根据家长反馈意见设计的产品，应该能获得好评，没想到，又有很多家长吐槽，自己和孩子分开活动，自己一点都不开心。

小夏很苦恼，明明自己认真听取了客户的建议，调整了产品方案，可是，

· 179 ·

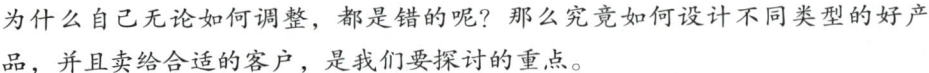

为什么自己无论如何调整，都是错的呢？那么究竟如何设计不同类型的好产品，并且卖给合适的客户，是我们要探讨的重点。

案例观察

本案例中，不管产品结构如何，我们还是要为小夏认真听取客户意见的工作态度点赞。小夏遇到的困境看似无论自己如何调整产品，都有部分客户有负面口碑，但实质上在于将正确的产品卖给了错误的人。看似都是 C 端研学旅行产品，独立营和亲子营是不同的；看似都是亲子类产品，其实不同的家长的需求也是不同的。

问题思考

1. 你认为独立营和亲子类产品的定位有什么区别？
2. 你能不能对亲子类产品的市场需求做细化分解？
3. 你会怎么设计产品的价格和优惠体系？

自从教育部等 11 部门《关于推进中小学生研学旅行的意见》印发后，各地部门均陆续制定了各类相关文件，在概念上均定义"研学旅行是由教育部门和学校有计划地组织安排的"。在政策的推波助澜中，研学旅行产品经历了从萌芽到逐渐课程化的发展过程。

近年来，随着素质教育观念的革新和消费能力的提升，产品质量快速优化，市场需求迅速增长。与此同时，C 端需求不断释放，成为新的行业增长点。中国的学生与家长逐渐把眼光投向学校教育和家庭教育之外的新型教育模式。当下，广义上的研学旅行已不局限于由教育部门和学校组织安排的校外教育活动，更成了越来越多的家长愿意为孩子选择的素质教育产品。

子任务一：明确产品定位与目标

从参与形式上看，C 端包价研学旅行产品主要包括独立营产品和亲子类产品两大类。虽然两种类型的研学旅行产品本质上均为教育产品，但是在产品具体的目标和定位上，还是有明显不同的。

步骤一：明确独立营产品的定位

独立营产品的最重要目的是开阔视野，增长见识，锻炼独立能力，开发兴趣爱好，提升综合素质，主要客源为中小学生群体，拥有较高学历、教育决策较为民主的中产家庭是其中的主力消费群体。在研学过程中，绝大部分家长希望通过研学企业各类有效的教育手段，让孩子能够汲取课堂以外的知识，将孩子培养成全面发展的高素养人才。因此，独立营产品是更为纯粹的教育产品，对于产品课程化的要求更高。

当然，在组织形式上，既有仅接受孩子独立参加的独立营产品，也有同时接受亲子报名参加的半独立营产品。

步骤二：明确亲子类产品的定位

相比独立营产品，亲子类产品的定位更为复杂。亲子类研学旅行产品是兼具家庭旅游和儿童研学旅行属性的一种放松身心、开阔视野、增进亲子感情的出行方式。消费者在选择亲子类产品时不仅会有培养孩子的兴趣，增强孩子的想象能力、运动能力等成长目标，更希望能感受美妙的户外世界，放松身心，增进亲子、家人、朋友之间的情感互动，甚至情感和体验需求会更重于成长目标。因此，祖孙三代或亲友几家一起出行的"合家欢"产品，也是可以考虑的产品开发方向。

当然，由于孩子处于不同的年龄阶段，父母对产品的选择有所不同。低年龄段孩子的家长会更倾向选择休闲类产品。而家长则会倾向于为高年龄段孩子选择"玩"与"学"两不误，更倾向选择学习类产品。研学企业应留意不同年龄段孩子、不同代际家长对亲子游产品的独特需求，设计差异化的亲子类产品。

子任务二：设计 C 端包价研学旅行产品课程内容

独立营产品和亲子类产品同为 C 端包价研学旅行产品，在产品设计的过程中，都应该强调"寓教于乐"的基本原则，但是，如何处理好不同类型的产品中"教"与"乐"的关系和侧重点，是每一个产品开发者必须思考的重要问题。

步骤一：独立营产品需重视体系建设

在课程内容上，独立营产品与中小学校的研学课程总体较为接近。在产品开发上，C 端独立营产品需要更重视设计面向市场的课程体系。

研学旅行产品设计

在行业的传统观念里，C端研学旅行产品主要为冬夏令营产品。"双减"政策落地后，作为素质教育的重要方式，研学旅行需求激增。行业内逐渐出现基于本地资源，针对周末或小长假的半日或一日的短途产品。越是短途独立营研学旅行产品，形态上与传统旅游产品的差异就越大，家长对课程的质量要求就越高，更需要通过产品体系去占领市场。

设计各类主题系列产品，需要系列产品中的每一个小产品在主题上都能围绕着同一个研学主题展开，以形成主题系列。例如，北京某研学企业就曾先后推出了基于本地特色的《故宫大课堂》系列、博物馆巡礼记寒假加油包、亲子教育营系列、毕业嘉年华系列、城市周边亲子游等系列产品，在不出远门的情况下，也满足了孩子们的户外娱乐需求，为他们搭建起了解课外文化知识的桥梁。

杭州某研学企业基于西湖丰富的人文资源和名人纪念馆的场馆资源，设计了"钱塘风流人物"主题系列产品，课程主题源自统编《语文》九上综合性学习《话说千古风流人物》，具体内容又被细分为"西湖的文人气"和"西湖的英雄气"两大课程板块，共6课时。每当周末，我们就能遇到研学旅行指导师带着孩子们，在杭州的不同节点，进行着一节节不同内容的户外语文课。

附："钱塘风流人物"主题系列产品简介

一、主题背景

杭州，古称"钱塘"，自古文风鼎盛，名人辈出，而渊源深厚的江南文明也像一块巨大的磁铁，吸引着历代的帝王将相、逸士高人，他们不但在杭州文化中留下了深深的印记，也为西湖的风景平添几分历史的凝重。

二、课程目标

1. 从诗歌入手，感受西湖独特的自然风光。

2. 了解苏轼、白居易、于谦、岳飞等历史人物的生平故事，熟悉他们与杭州的历史缘分，并通过他们感受西湖丰厚的文化底蕴。

3. 感受团队的力量，学会群策群力，集体攻关。学会在小组合作中，倾听他人，尊重他人，表达自己，展示自己。

4. 尝试、逐渐学会多角度发现生活中的问题，并使用已有的知识，自主、合作分析解决实际问题。

5. 感受杭州独特的文化魅力，感受中华优秀传统文化，激发对家乡的热爱之情。

三、课程板块

板块一：西湖的文人气（第1~3课）

项目三　研学旅行产品设计与交付

西湖，现今《世界遗产名录》中少数几个、中国唯一一处湖泊类文化遗产，以其秀丽的湖光山色和众多的名胜古迹，而成为闻名中外的旅游胜地并被世人赋予"人间天堂"的美誉。宋代大文豪苏东坡曾写道："天下西湖三十六，就中最好是杭州"。西子湖畔泛起了粼粼波光，是光电，更是诗意。让我们从诗，走入西湖。

板块二：西湖的英雄气（第4~6课）

说起西湖，人们便会吟起东坡先生"欲把西湖比西子，淡妆浓抹总相宜"的名句。其实不管是妩媚妖娆之美，还是清幽脱俗之美，都不是西湖形象的全部，西湖的美是多种多样、多姿多彩的。西湖有"三杰"：岳飞、于谦和张苍水，三位民族英雄，类似的人生经历，一样的爱国情怀，让人们感受到在西湖山水间激荡着惊天地、泣鬼神的英雄气概、豪迈情感。

四、产品课表

课次	课题	活动地点	上课时间
1	《苏公东坡》	苏东坡纪念馆	×月×日（周六）下午
2	《窄巷小楼》	陆游纪念馆	×月×日（周六）下午
3	《弘一法师》	虎跑公园	×月×日（周六）下午
4	《栖霞武穆》	岳庙	×月×日（周六）下午
5	《南山忠烈》	张苍水祠	×月×日（周六）下午
6	《三台忠肃》	于谦祠	×月×日（周六）下午

步骤二：亲子营产品需重视亲子互动

亲子营产品的设计最容易出现的问题就是"伪亲子"现象，即在常规旅游产品或研学旅行产品的基础上打上亲子的标签，其具体活动内容与亲子关系提升联系不够紧密，与传统的家庭旅游产品大同小异。设计亲子营产品时，要注重专业化，仔细研究孩子的成长发展规律、研究亲子理念的真正内涵，设计出深度贴合孩子和家长需求的亲子营产品。

第一，亲子营产品需要将旅游体验与亲子理念教育更好地融合。必要时，研学企业可以要求请教育专家、育儿专家参与设计旅游线路和活动项目，增强亲子游产品中父母与子女的互动性，增强产品的体验感，关注家长与孩子的共同成长及亲子感情的提升。

第二，由"以孩子为中心"到"亲子同乐"。产品既不能单一关注孩子需求，导致父母沦为陪护甚至"保姆"；也不能忽视孩子需求，让孩子简单地陪同家长观光。在享受幸福的亲子时光的同时，家长不是单纯地陪着孩子活动，家长本人也是参与活动的主体。可供家长与孩子共同学习娱乐的活动设计是优化目的地游玩与研学体验的重要组成部分。

第三，半托管式亲子营也是一种有益的尝试。行程中的部分时间，孩子就跟着老师参加独立课程，将游玩与文化课堂结合，而家长可以自由活动；另一部分时间属于各自家庭的亲子时光，家长与孩子一起参与。对家长而言，既可以陪同孩子一同出游，照顾孩子，也可以独自享受美好的假日时光，放松身心。

附：乡村假日窝窝团

×××是一处最富有童趣和乡情的主题公园。在这里，孩子们可以跟父母一起搭乘动力小火车在乡间穿梭，到达他们想去的任何地方：以家庭为单位，去菜园子里播种，探寻生命的奥秘；去菜园子里采摘，品尝有机生活。体验劳动，热爱劳动。以家庭为单位，去萌宠的世界里与小动物交朋友。以家庭为单位，在浩瀚的星空下，围炉游戏、烧烤，让家庭的情感在篝火晚会中持续升温，给孩子丰富而美好的回忆。

一、课程目标

1. 在导师的引领下，跟父母一起在菜园子里采摘应季蔬菜，并将采摘的蔬菜烹饪成自己喜欢的美食，认识食物的营养价值。

2. 跟父母一起与小动物交朋友，培养孩子的爱心、启发孩子认识到地球生命的异同。

3. 在导师的主持下，开展星空露营篝火晚会，唱歌、跳舞、烧烤、夜话，环环相扣的环节让家庭情感持续升温。

二、授课环节

活动一：小小菜农家

今天中午你想吃什么？老师这里有一张蔬菜单，在老师给你们的菜单上勾选出你喜欢的6~10种蔬菜，然后跟爸爸妈妈一起在菜园子里找到他们并采摘进自己的菜篮子里。采摘有几个小贴士是需要大家注意的哦。

- 采摘前确认下：这个是你菜单上的蔬菜吗
- 采摘前再确认：你要采摘的蔬菜是不是已经成熟了
- 采摘时要知晓：蔬菜一旦采摘就没有办法放回去了，确认把它作为你的午餐的话再坚定地摘下来

活动二：小小厨艺家

菜篮子里，是你们满满的收获，也是你们今天的午餐。你想用自己菜篮子里的食物做出什么样的美食呢？跟家人一起分享你们的想法，一起做一顿健康有机的午餐吧。松松团长来检查大家的菜篮子了，你的菜篮子有按照计划的蔬菜单采摘蔬菜吗？你采摘的蔬菜是成熟的蔬菜吗？地上如果有被遗弃的蔬菜，我们整个团队获得的奖励都会被没收的哟。当然，如果哪组家庭表现得好，他们将获得数量不等的肉食。

·厨房有很多尖锐的厨具，家庭在分配任务时，要注意小朋友的安全，谨防划伤、烫伤

·厨房是美食的加工厂，保持厨房的干净整洁也是做出干净美好食物的保障

活动三：小小饲养员

大家通过小组家庭的努力，中午都饱餐了一顿，能量满格啦。但是在那边的饲养棚里，还有一群活泼可爱的小萌宠们，它们这会儿正饿得咕咕叫，跟松松一起，我们去喂养小动物好吗？

·小动物会咀嚼食物说明它们是有牙齿的，我们在喂养小动物的时候要跟它们保持一定的安全距离哦

·有些小动物很胆小，看到有人靠近，它们就会逃跑。但是如果我们把它们当作朋友，友善地靠近它们的话，相信它们也会慢慢信任你，并愿意跟你玩耍

活动四：小小生活艺术家

假日窝窝团的团员们，大家下午好。我们搭乘动力小火车来到了露营基地，在我们的四周帐篷星罗棋布地支棱在大草坪上，星星点点的灯串就像近在身边的闪亮的星星。伴着下午的微风，我们一起等日落，等辰起。在这期间，我们有精彩的晚会呈献给大家，大家既是晚会的参与者，也是晚会的最佳观众。

·环节一：热场围炉舞会

·环节二：亲子游戏

·环节三：烧烤

·环节四：家庭主题围炉夜话（幸福且难忘的家庭主题）

·环节五：围炉音乐会

子任务三：确定产品服务标准和价格策略

步骤一：明确 C 端研学旅行产品的服务标准

与中小学校研学旅行产品相比，C 端研学旅行产品的单团学员人数更少，对服务标准的要求也更高。独立营产品应提供更好的食宿条件，师生比例更高，一般为 1 : 8。亲子类研学旅行产品对品质服务的需求延伸，同样也延伸至住宿消费。在和孩子出行时，研学企业应该为亲子家庭提供舒心的环境和周到的服务。在此需求下，高星级酒店更能满足亲子出行对住宿的高品质追求，不但需要满足最基本的生理需要，如安全舒适、服务周到，更需要能提供一些附加服务，如植入、组织亲子主题活动等，来收获愉悦的住宿体验和培养亲子感情。

步骤二：选择 C 端研学旅行产品的定价策略

随着研学市场的消费升级，研学企业需要开发更多元化、高品质的产品，进行差异化定价，并给予相应的促销优惠政策，如增加高端研学旅行产品、开发和创新研学旅行的组合产品等。这里提供以下几种定价和优惠策略可供参考与选择。

第一，组团优惠。一般表现为数人组团可优惠若干元，具体组团人数和优惠数额需根据具体产品具体分析。一般组团人数在 3~5 人为宜，优惠数额应遵循产品价格越高、组团人数越多，优惠幅度越大的原则。高端高价产品也可设计阶梯式的组团优惠，以更好地拉动销售。如 3 人组团，每名学员均优惠 300 元；5 人组团，每名学员均优惠 600 元。

第二，早鸟优惠。设置首轮报名截止时间，之前报名的学员，给予一定的价格优惠，有利于推动产品早日成团，方便计调开展后续工作。在实际工作中，我们会发现较早报名的客户，往往是更愿意组团。因此，上述两项优惠的目的均在于直接拉动销售，类似的优惠有转介绍优惠、转发集赞优惠等。这些都是最为常见的价格优惠政策。此类优惠政策，应当随产品信息一道公开发布。

第三，新学员试听机制。研学企业可以从产品体系中选择部分半日或一日产品，打造为专门的引流产品，并以低价或者免费的方式，吸引新学员参加。

第四，老学员差异化销售策略。在报名高端高价产品时，给予满足一定条件的资深老学员以必要的优惠政策。资深老学员的限制条件可以从参加活动次数、转介绍人数两个维度考虑。此类政策是研学企业为回馈老客户、吸引资深客户消费升级的一种方式，属于产品顾问的销售权限与工具。

第五，产品组合的优惠政策。组合产品常见于销售平时、周末和小长假的半日或一日产品，主要有两种方式：销售系列产品和销售课时包。整体购买系列产品，或一次性购买课时包，后续以扣课时的方式参加研学活动，研学企业将给予客户相应的优惠政策。由于周末或小长假产品活动时间短，客单价低，如能组合销售，将会极大减轻研学企业的销售压力，使研学企业能将精力更加集中到优化产品、提升服务。

第六，会员特权策略。研学企业可以设计和销售会员机制，给予会员包含固定优惠在内的会员特权和超预期服务。采取会员策略的研学企业，应该注意与之前讲到的其他机制同时组合使用，以期达到最佳的效果。

子任务四：产品的渠道推广设计

现阶段中国家长群体对研学旅行产品虽然已经有了一定的了解，但是总体参与程度有限，研学旅行产品的整体普及率还在快速增长，潜在目标用户基数庞大。如何让更多的家长更深入地了解研学旅行产品，并在此基础上建立企业品牌，是值得每一个研学企业思考的重要问题。

步骤一：优质的产品体系就是最好的宣传工具

对于教育产品的选择，家长主要通过朋友同事推荐，来了解产品信息。此外，学校老师的推荐、线上社交工具及线上社区论坛等社交渠道也是家长的重要信息来源。只有通过好产品，才能建立起企业与客户之间的信任基础。家长才愿意将产品推荐给自己身边的朋友。

站在孩子的心理需求来看，孩子更愿意与自己身边的同伴一起参加研学活动。我们可以做这样一个假设，一位学员参加某研学企业活动后，家长和孩子感觉都很好，并且将产品推荐给了身边的朋友。但是由于研学企业没有成熟的产品体系，老学员没有喜欢的产品可以二次报名，这就导致了老学员的同伴也不愿报名参加的情况。因此，研学企业能持续开发高质量的系列产品，是提升转介绍率的产品基础。

总之，只有产品的高质量，才能提高产品的复购率；只有产品的高复购率，才能提高产品的转介绍率，最终实现口碑的正向传播。

步骤二：运营好企业的私域流量

研学企业可以运用好微信、企业微信等社交软件，建立各类亲子群、妈妈群，以精准触达需求群体。研学企业可以通过文章、笔记、短视频、直播等方式，不定期地发布有关教育资讯、教育资源、研学课程和目的地介绍等口碑内容，抛出研学话题，听取家长建议，不断和更多目标客户间建立兴趣连接。

此后，通过社群运营、会员运营等手段，促进客户复购；通过转介绍、组团等裂变手段，形成二次乃至多次传播。研学企业充分发挥社交传播和口碑推荐的强连接能力，沉淀自身的客户资源，获取稳定市场流量，实现用户快速裂变。

步骤三：拓宽其他运营和宣传渠道

研学企业应该以更开放的思维经营渠道，拓宽渠道形式，与销售平台、教育机构、客户企业建立良好合作关系，形成公司、团体、社群、个人等多种渠道互补，既可以为研学旅行活动提供场所，还可以共享客户资源，更广泛地发挥社会各界力量为研学业务导流，从而实现共赢。

任务小结与思考

本次任务围绕"旅行社（研学服务机构）C端包价研学旅行产品的设计与宣传"来进行。C端包价研学旅行产品的核心在于明确不同产品的不同定位，要能够精确把握市场需求，对不同客户的需求进行分类。在准确把握客户需求和产品定位的基础之上，我们才能设计出优质研学旅行课程，并将好的产品卖给正确的客户，避免产品错位。

B端市场受政策面影响较大，市场容量有明显的天花板，经过这几年的发展，市场格局也基本确定。另一方面，随着政策的落地，C端产品开始广受家长追捧，每逢假期，为孩子们报名参加一次研学活动，几乎成了家长培养孩子的刚需选项。因此，C端研学旅行产品将成为后续研学服务机构发力的重点，值得大家仔细研究。

结合实际思考

1. 独立营产品和亲子类产品有什么区别和联系?
2. 你还有其他的销售和价格优惠的小妙招吗?

思考答案

任务五　旅行社（研学服务机构）C端定制化研学旅行产品设计与对接

知识目标	了解C端定制化研学旅行产品对研学企业的独特价值，掌握开发落地此类产品的基本要领。
技能目标	掌握服务和跟踪家长的一般流程，善于与家长沟通，了解客户需求，解决客户难题，能够独立策划并落地定制化研学旅行产品。
思政目标	能够将思想政治教育元素融入定制化研学旅行产品的设计和落地细节。

认真负责的小丁老师忙疯了

在研学企业里，小丁主要负责C端定制化研学旅行产品的设计与对接。每年到了寒暑假，就是小丁最忙的时候。每天都要对接家长，给家长出私人定制的方案，有很多活动还需要自己去落地。由于是定制化服务，负责的小丁会为每一个家长私人定制产品和服务，严格按照家长的要求来设计内容，虽然获得了家长良好的口碑，但也使得小丁更忙了。在寒暑假，每天都要加班到深夜。

有一天，同事听到小丁的抱怨："定制化服务，使得我必须给每一个家长设计一个产品，一个产品只能用一次，我真的太累了。"同事们很理解小丁，也赞赏他身上认真负责的工作态度，可是应该怎么帮助他呢？

案例观察

随着数字化网络等现代信息技术手段的发展，大规模定制已逐渐从工业生产领域向服务业领域扩展，改变了以往大规模生产与个性化定制之间的对立关系，即企业要么提供大规模生产的、标准化的、低成本的产品或服务，要么提供不同程度差别化的、较高成本产品或服务的情况。研学企业可以借鉴其他领域大规模定制方式方法，实现更好的生产方式提升。

项目三　研学旅行产品设计与交付

问题思考

1. 你觉得小丁的工作流程可以做怎样的优化？
2. 定制化产品是不是意味着每一个产品都必须原创？
3. 家长提出的要求，真的是家长的需求吗？

任务实施

　　C端定制化研学旅行产品是根据具体客户描述的需求，专门为特定学员设计并落地的研学产品，常见的形式为由客户自行组织的家委会、闺蜜帮等亲子活动。随着研学市场的成熟，一些在孩子成长过程中具有特殊意义的活动，也开始逐渐以研学旅行的方式组织，例如孩子的生日聚会、暑假综合实践类作业等。这类需求往往偏刚需，能够快速通过某一位客户接触到大量新客户，因此，也是为C端包价研学旅行产品服务老客户、储备新客户的一种方式。同时，也要求研学企业能够拥有快速敏锐的客户需求分析能力和产品设计能力。

　　C端市场是指一个个具体的消费者，对于当前的研学主体而言，就是学生群体，也包括亲子家庭。随着研学旅行概念的不断演化，其消费客群包含未成年人、成年人甚至是老年人，也就是涵盖人的生命全周期和全年龄段。每一个群体和个体的需求不同，这就决定了定制化产品的特点与常规产品有明显差异。

　　一是更聚焦，聚焦客户的真实需求和实际需要，解决客户的具体问题；

　　二是更小众，这类产品往往只适合定制的具体客户的小众需求，因而更有针对性；

　　三是更灵活，因为是根据具体的C端客户定制的产品，随着客户的需求变化，产品设计也会随之变动，灵活性更强。

　　目前，市场上C端定制最多的类型往往是亲子类产品，针对"宝妈群""家长群"等特殊群体的实际需求，展开定向设计。此外，毕业季产品也是定制的大方向，满足中小学毕业年级的特别需求。

子任务一：预先准备丰富多彩的基础产品

　　虽然是定制化产品，但并不意味着交付客户的产品方案是临时完成的。根据客户要求专门设计全新的方案，看似符合定制化的需求，但会影响工作效率和产品质量，并不可取。在实际工作中，产品设计者应该预先准备好大量丰富多彩的基础产品，积累产品素材和往期案例。这样才能在面对客户需求时，胸有成竹地快速形成符合客户期待的研学旅行产品。准备丰富多彩的基础产品，需要预先开展以下工作。

步骤一：通过预判市场需求，归类产品案例

从狭义的角度理解，研学旅行本质上是寓教于乐的教育活动。但是市场是复杂的，客户更是复杂的，这就决定了定制化产品的要求更是各有各的不同。在C端定制化研学旅行产品中，研学设计者需要从广义角度来看待产品，只要是对个人成长有独特价值和意义的活动均为泛研学活动。

虽然定制需求多种多样，研学企业依然可以将复杂的需求进行恰当的分类，如家委会活动、孩子假期聚会、家庭亲子聚会、生日聚会、暑假综合实践活动等。围绕着自身高频接触的一类或者几类需求，预先设计几款可以随时使用的产品。如果已经执行过相关类型的产品，也应该对往期案例的资料进行总结归类，以便产品顾问在接触定制化客户需求时能够及时向客户展示。

步骤二：根据时代发展特点，设计全新产品

为什么客户选择定制服务，而不是自己组织活动？除了活动组织复杂以外，一个很重要的原因就是没有有新意的点子，或者即便有有新意的点子，却不知道应该如何落地。因此，定制化服务除了要提供一站式全包服务，让客户省心省力之外，还需要做到活动思路有创新。活动新意不能仅仅依靠面对客户时的火花，同样需要有充分的预先准备。

一方面，需充分了解学生发展的特点。课程设计者如果能了解现在的孩子喜欢读什么书、应该怎样读书，喜欢听什么歌、应该怎样听歌，喜欢追什么星、应该追怎样的星，那么，就能在尊重孩子心理特点的基础上，设计出孩子喜欢的、富有新意的研学活动。

另一方面，也要紧扣社会发展的脉搏。2022年6月，浙江省第十五次党代会决定实施宋韵文化传世工程，"宋韵"成为浙江立志要打造的一张文化金名片。研学企业就可以及时积累与"宋韵"相关的研学资源，预先准备创新活动，把握市场先机。这就要求研学企业能够习惯性地与时代发展和社会热点对标对齐。

步骤三：设计可供展示产品资料、可供修改的产品方案

在与客户对接的过程中，产品顾问需要通过展示产品资料向客户展示企业在定制化服务方面的专业能力，并确认客户的真实产品需求。这份产品资料主要为已经执行过的详细的图文材料，如果是全新类别的活动预案，也可以展示活动场地图片和文字介绍。资料主要以公众号推文和产品手册电子稿为主要载体，内容上除了产品介绍外，还需要定制化服务的特点、基本服务流程和服务标准，以及基础产品的基础报价等。

此外，还需要准备好一定量的可供修改的产品方案，这类方案的数量要大于可供展示产品的资料。这既可以快速形成满足定制需求的产品，也可以给予客户期待感。

子任务二：与家长沟通，了解客户需求

在定制服务需求最高的寒暑假和小长假前，要及时向市场发布定制化产品和服务流程，接受家长预约。此时，在接受家长预约时，除了要了解家长对定制服务的内容要求，并将其转化为定制服务标准，更要能聊出真实的客户需求和客户对企业的信任感。

步骤一：沟通了解真实需求

有一句非常经典的话："客户不是要买电钻，而是要买墙上的那个洞。"结合定制化研学旅行产品的实际情况，不妨设想这样一个与家长沟通的场景。产品顾问接入一个咨询电话，咨询能不能邀请某位魔术师带孩子们开展一场魔术研学活动。而在实际开展时，产品顾问发现，家长带着生日蛋糕，孩子们带着礼物来参加了本次魔术研学活动。

那么，客户的真实需求显然不是魔术研学活动，而是需要一场有创意的生日派对。如果产品顾问能及早了解客户的真实需求，或者可以在魔术研学中设计更贴合生日场景的活动流程，或者可以推荐其他更合适生日派对的活动场地和方案。

因此，在了解客户需求时，不仅仅要了解家长需要怎样的产品和服务，更需要了解家长组织活动的目的是什么，或者需要解决什么问题。在客户咨询时，一般需要了解以下问题：

·为什么要组织一场活动，有特殊意义和要求吗？
·孩子多大，有几个孩子参加，其他孩子多大了？

- 一天的活动还是半天的活动？
- 孩子独立参加，还是亲子活动？有没有老人参加？
- 家长之间或者孩子之间是什么关系？
- 孩子有什么兴趣爱好？孩子曾经参加过哪些活动？

步骤二：沟通了解活动要求

确定客户的真实需求之后，产品顾问就可以与客户交流初步的活动内容和服务标准。初步的活动内容既可以是家长主动提出的活动要求，也可以是产品顾问根据客户的真实需求而给出的合理建议。

初步确定活动内容后，还需要明确配套的服务标准。在常规研学活动的配套服务基础上，客户对定制化研学旅行产品往往会有特别要求。在确定服务标准时，一般需要了解以下问题：

- 是否需要用车、用餐、用房，需要怎样的标准？有没有特殊需要？
- 是否需要准备横幅，如果需要，那需要怎样的文字内容？
- 是否需要准备伴手礼，对伴手礼有什么具体要求？
- 特殊的活动内容需要简单布置场地，在这方面有什么要求？
- 是否需要撰写新闻稿，或者指导专门的学习活动？
- 是否需要专业摄影，对照片有没有特别的要求？
- 还有其他特别的要求吗？

不同的服务标准决定了不同的产品报价。因此，在交流中，要大致了解客户的预算和购买能力。

子任务三：策划活动方案，确定服务标准

步骤一：掌握活动方案策划思路和方法

在基本明确客户需求和服务要求后，尽快给到客户满意的活动策划，就成了工作重点。这既依赖于前期预备的可供修改的产品方案，也离不开对客户真实需求的充分理解。由于是定制化的服务，最好能给到客户 2~3 个方案，供客户选择。这既能向客户展示专业性，提高成交概率，也避免反复修改，提高工作效率。

针对预算或购买力不明确，但是对活动内容较为明确的客户，可以在同一活动方案的基础上，给予 2 个不同服务标准的报价。此时，给予客户具体服务标准的分项报价较为合适。

针对预算或购买力较为明确，但是对活动内容不甚明确的客户，可以给予2个报价相同或相近但内容不同的活动方案。此时，可以给予客户一个最后报价，重点与客户交流两个方案的不同侧重点，供客户选择。

将活动策划发给客户后，按照先确定活动方案，再确定服务标准的原则，与客户完成确认。在确定活动策划的过程中，产品顾问需要与客户进行反复多次的沟通交流，要注意与客户建立良好的信任关系。

一切良好的关系都建立在信任的基础上。定制需求往往由某位家长提出，而实际服务对象包括参与活动的其他学生和家长。当信任程度较低时，客户在沟通时就会遇到障碍，甚至处于防御状态，影响工作的进一步开展。尽快获得客户充分的信任感，既有利于成交，更有益于在后续工作中获得客户最大程度的支持，提高工作效率。

最后，在获得客户对活动方案和报价的明确确认，并及时完成付费后，定制化研学旅行产品方可进入实际操作阶段。

步骤二：审阅主题小队活动定制化方案

"铭记历史，复兴中华"五星红旗升起来主题小队活动定制化方案

一、课程背景

围绕"五星红旗升起来"红领巾活动要求，以学习浙江抗日战争历史为主要内容，结合杭州红色场馆"浙江抗日战争胜利受降纪念馆"，帮助学生了解那些英勇奉献、敢于牺牲的抗日先烈，学习革命先烈坚定理想信念、无私奉献的革命精神、不畏牺牲的英雄气概和艰苦斗争的伟大品质，激励青少年传承红色精神，珍惜今天的幸福生活，发扬优良传统和作风，争做新时代中国特色社会主义接班人。

二、活动目标

梳理浙江抗日战争历史的基本脉络，了解在家乡土地上中国共产党为实现民族解放做的战斗；培养学生对中国共产党的崇敬之情，激发学生的爱国热情。

三、活动地点

浙江抗日战争胜利受降纪念馆（富阳区 G320 旁，导航即可抵达，有停车场，近地铁 6 号线受降站）

四、活动时间

2022 年 9 月 17 日（周六）14：30

五、活动流程

14：20—14：30 小队成员签到

14：30—15：10 跟随讲解员，参观浙江抗日战争胜利受降纪念馆

15：10—15：30 观看浙江抗日战争专题纪录片

15：30—16：15 专家讲座，讲座前为老师佩戴红领巾，讲座后合影留念（附专家简介）

16：15—16：30 国旗下宣誓仪式，重温少先队入队宣誓词和自拟宣誓词

16：30—16：40 家长接回

六、特色活动：宣誓词

入队宣誓词：我是中国少年先锋队队员，我在队旗下宣誓：我决心遵照中国共产党的领导，好好学习，好好工作，好好劳动，准备着：为共产主义事业，贡献出一切力量！

自拟宣誓词：为了祖国的解放和人民幸福美满的生活，有多少革命先烈长眠于地下。历史不会忘记他们，共和国不会忘记他们，我们更不会忘记他们。今天，我们在这里回望过去，以现代化建设飞速发展的现实来告慰英魂。先烈们，你们安息吧！

七、注意事项

1. 学生由家长统一送至浙江抗日战争胜利受降纪念馆集合

2. 行前准备：身份证（市民卡）、笔（铅笔或水笔）、水、2个口罩（便于更换）、穿校服佩戴红领巾（多准备1条红领巾，给专家佩戴）

3. 请家长将孩子的过敏史或特殊要求提前告知老师，便于我们能够更好更细致地照顾好孩子

4. 活动过程中我们会拍摄孩子学习和互动时的照片，捕捉精彩瞬间，请家长们及时关注

5. 活动联系人：×××（×××××××××××）

八、活动费用

×××元/人

费用包含：专家讲座费、助教费用（含照片与文案）、物料费（横幅、学习材料）、保险

子任务四：实际开展活动，交付配套服务

一切准备就绪后，即可安排研学指导师具体开展活动。开展定制化的研学活动，还需额外注意以下问题。

步骤一：重点在于落实特色

客户选择定制研学活动，往往是由于有特殊的活动目标。因此，在活动开展中，研学指导师一定要注重实现客户的活动目标。如客户的目的是帮助孩子更出色地完成暑假综合实践作业，那么研学指导师在指导孩子开展研学时，应该关注孩子是不是真的做到了研有所得；如客户是为了组织一场特殊的生日派对，那么研学指导师能不能为孩子创设温馨而又有创意的生日氛围，就成了比指导学习活动更重要的工作内容；如客户将在活动中与多年未见的老友相聚，那么研学指导师在活动中应给大家充分交流的契机，让老友之间留下美好的回忆。这些才是定制化研学旅行产品落地的关键。

步骤二：按时交付配套服务

在早前沟通服务内容时，往往会给客户一些特殊的配套服务，如伴手礼、相册、新闻稿、美篇或公众号推文编辑、手抄报等。有部分应在活动结束时，当场交付；还有部分需要在活动结束后进行制作。产品顾问应当在约定时间前，保质保量地按约定方式交付给客户，并从客户处收到交付完成的确认消息。如有问题，及时调整。

步骤三：注意关心新客户

在活动落地之前，与产品顾问接触的主要是某一位客户，这位客户往往在家长中较为有号召力和影响力，同时参加过往期活动，对研学企业较为了解和信任。而研学指导师面对的是参与活动的全体客户。因此，在活动开展中，应多与新学员互动，多注意关心他们的状态和优良表现，让新学员爱上研学活动。在活动后的反馈交流中，应侧重于与新家长的沟通，借此机会让新家长了解本公司的教育理念和产品体系，建立一定的信任感。

子任务五：亲子研学和毕业季典型研学旅行产品设计分析

步骤一：毕业季研学旅行产品设计分析

1."考后即行·中考必胜"研学旅行产品设计缘起

暑假里，大热门旅游目的地的客流都非常大。那么，对于初三毕业生而言，最好的选择就是中考结束以后，立即出发。这个时间，既没有学校的学习任务，暑假大客流也没有到来，出行成本也较低，是最适合研学的时间。

2. 客户需求

通过与家长的细致了解，我们了解到家长希望以甘肃为旅行目的地，希望在旅途中能有较为优质的食宿安排，在研学产品方面提出了两点简单的要求：

（1）在时间安排上，家长希望能在中考考后第二天出发。这样可以在考后休息调整一天。旅程时间可以长一些。

（2）在内容设计上，最好能够结合一些孩子未来会学到的知识。

3. 针对性安排

（1）从中考结束至成绩揭晓一般在12天左右。虽然家长指出旅程时间可以长一些，但是也不应过长，应该在成绩揭晓前返回。因此，最后旅程时长定为八天。

（2）学生是准高中生，家长提出最好能够结合高中的知识。为此，也做了一些安排。例如，西藏自古以来是中国不可分割的一部分。中学教科书会提到文成公主进藏、金城公主进藏，表明唐宋时期西藏还不属于中原王朝管辖。中学教科书会讲到元代的宣政院，标志着西藏正式成为中国领土的一部分。但是，中间到底发生了什么重大历史事件呢？中学教材中曾提到过"凉州会谈"，但是并没有详细展开，我们就选择在白塔寺为孩子们补上这一课。

（3）虽然家长在学习内容上提出了要求，但是毕竟是考后即行，所以学习密度不宜过大。同时，针对定制学员为初中毕业生，刚刚经历了中考，我们专门安排了篝火晚会，让孩子们能庆祝高中新生活的开始。

4. 客户确认的行程课程简案

· 第一天：杭州、兰州

酒店 @《张骞：一双脚改变世界》

· 第二天：兰州、武威

白塔寺 @《西藏归入祖国的见证地》

雷台汉墓 @《盗墓笔记之马踏飞燕》

酒店 @《敦煌：众人受到召唤》

· 第三天：武威、山丹

鸠摩罗什寺 @《西域高僧的译经伟业》

山丹军马场 @《向西拓边的盛世王朝》

木屋 @《篝火晚会》

· 第四天：张掖

大佛寺 @《文化交融的历史长廊》

七彩丹霞 @《七彩丹霞的绚丽色彩》

· 第五天：嘉峪关

嘉峪关 @《历史烟尘中的城关》（游戏化学习）

·第六天：敦煌

阳关玉门关 @《咏陇边塞诗》

雅丹魔鬼城 @《大自然的神奇力量》

·第七天：敦煌

鸣沙山月牙泉 @《沙漠奇观》

莫高窟（壁画临摹）@《燃灯传世的石窟艺术》

·第八天：兰州、杭州

黄河风情线 @《新丝绸之路与中国梦》

牛肉面学校 @《一碗面的故事》

5. 客户评价

第一，内容安排显专业。为了能够更好地结合学校课程，产品设计者专门查阅了初高中教材，研究研学旅行与学校课程的结合点。同时，产品设计者并没有盲目迎合家长的需求，而是结合刚刚完成中考的初中毕业生需要放松解压的心理需求，实现"游"与"学"的恰当平衡。

第二，细节设计显用心。针对旅程时长，家长仅提出了可以适当长一些，但是并没有提出明确要求。那么，究竟几天为宜，这是一个值得推敲的细节问题。课程设计者仔细了解中考成绩揭晓的日期，确定了8天的行期。学员们可以在考后第二天出发，确保在成绩揭晓前返回。通过考虑到家长都未曾考虑到的细节问题，以显研学企业的用心。

第三，超越预期留未来。定制学员为初中毕业生，刚刚经历了中考，即将走进高中。这是一个重要的人生关键时刻。产品设计者对此也做了一些专门设计，超越了家长的预期需求，赢得了客户的真心。因此，研学返程后，就有家长表示：以后高三高考后，再约。

步骤二：亲子研学旅行产品设计分析

1. "品茶香·习茶礼"亲子研学旅行产品设计缘起

每到春日，人们总喜欢结伴到郊外原野远足踏青，并进行各种游戏活动。自然而然，春天也成了家庭亲子出游的时节。

2. 客户需求

六户家庭互相熟悉，平时也经常一起出行，这次想在春天里去踏青。由于人数比较多，自己安排比较麻烦，因此，希望能交给研学服务机构，安排一天寓教于乐的活动。

3. 客户需求分析

（1）活动目的是踏青，并且要求"寓教于乐"。这是客户提出的最为明确的需求。因此，研学服务机构选择了呼应时令的"茶文化"主题。

（2）由于家长之间互相非常熟悉，在一起出行时选择交给研学服务机构，那家长肯定希望能有一些难以自行安排的活动设计。

（3）既然六户家庭经常一起出行，这就意味着他们之间感情非常好。因此，内容安排可以袒露心声、可以互相竞技，以达到增进友谊的目的。

4. 客户确认的活动简案

活动一：茶文化

中国是茶的故乡，茶文化的发源地。让孩子们跟随讲解员一起了解茶的相关知识，学习采茶小技巧。

活动二：春日采茶

活动中，孩子将换上小茶农的衣服，腰间绑上小箩筐，和爸爸妈妈通力合作，一起采茶。不同家庭间互相竞技，采完茶叶后，一起来听听专业采茶师傅的点评吧。这也是一个学习辨别茶叶的好机会。

活动三：习茶礼

听老师讲茶叶的基本知识、茶叶的冲泡方法和茶艺的礼仪。学茶、习茶、饮茶培养孩子耐心、静心、爱心和孝心。奉茶是中国传统的一种礼仪，孩子按照奉茶礼，给爸爸妈妈们奉上一杯茶，向家长袒露心声，感谢父母的养育之恩。

5. 活动后的思考

第一，应时令。除了春天里踏青、采茶，我们一直都喜欢根据时令家庭出行。因此，夏日里戏水、赏荷，秋季里登高、丰收，寒冬中滑雪、溜冰，这些都是亲子出行的好课题。因此，研学企业可以预先设计好大量呼应时令的亲子研学产品，接受市场预约定制。

第二，齐活动。亲子出行不是孩子活动、家长围观，产品设计者一定要设计孩子和家长一起活动的内容，通过孩子与孩子、家长与家长、家长与孩子、家庭与家庭之间的竞技与合作，改善亲子间的关系，增进家庭间的友谊。

第三，融德育。亲子活动的教育价值更多体现在德育方面。亲子产品可以融入劳动教育理念，通过家长和孩子齐劳动，培育孩子们热爱劳动的思想，锻炼吃苦耐劳的意志品质，增进社会的责任意识；还可以融入"孝亲"内涵，在潜移默化中，感恩父母，感受亲情。

任务小结与思考

本次任务围绕"旅行社（研学服务机构）C端定制化研学旅行产品的设计与对接"来进行。定制化服务是极考验研学企业产品和服务能力的一项业务，对从事C端研学业务的企业来说，尤为重要。一方面，我们要摒弃定制化产品就意味着每个产品都必须原创的错误思路；另一方面，我们要认真倾听和解读家长的需求，按照客户要求，给出合理的产品方案。此外，在产品落地时，除了要保质保量交付各项服务以外，还需要重点关注与新客户建立信任感。

结合实际思考

1. C端定制化研学旅行产品与普通研学旅行产品的区别是什么？

2. 结合当下的热点，请你预先为定制化产品准备一张基础产品清单。

思考答案

任务六 "研学+"异业合作新模式产品设计策略与案例分析

学习目标

知识目标	理解"研学+"异业合作对研学企业和异业企业的意义，掌握开发"研学+"异业合作研学产品开发和宣传的一般要领和注意事项。
技能目标	学会选择合适的异业合作伙伴开展"研学+"合作，能够在合作中充分挖掘对方的研学潜力，尊重对方的商业利益，并与合作方一起开拓市场。
思政目标	能够帮助异业合作伙伴挖掘业务链条或行业中富有思想政治教育意义的元素，整合进研学旅行产品设计中。

任务导入

果园的研学产品为什么没有给果园增收？

小张是一个果园的技术员，最近阅读了很多关于研学旅行方面的资料，也打算开发一个研学旅行产品，为自己的果园增收。于是，他认真阅读与果园相关的中小学科学课本，整理好知识点。同时，他还采购了显微镜、玻璃片等中小学实验所需的器材，设计了观察植物细胞、解剖植物果实、制作叶脉书签等研学课程。

产品投放市场后，由于研学课程兼具专业性和趣味性，受到了中小学学校和家长的广泛好评，研学业务收入也非常可观。正当小张打算向同行分享自己的"成功"经验之时，领导找到了他，要求他立刻取消研学业务。小张很疑惑，自己明明为果园"增收"了，领导为什么要求自己取消研学业务呢？

案例观察

果园接受了大量研学业务后，很多孩子都来到了果园。"小魔王"的破坏力打扰了果园原先的正常经营。而且小张设计的研学产品的优点在于其专业性，这是广受好评的原因。但是，也恰恰是因为"专业性"，使得学生开展研

项目三　研学旅行产品设计与交付

学活动时，需要采摘树叶或果实，在果树上获取各种实验样本。这些研学活动都会导致果园减产。当影响到果园的主营业务，领导当然会向小张提出取消研学业务的要求。"研学+"是一个为各行各业赋能增值的好思路，但是如何做好，值得大家深入思考。

问题思考

1. 果园真不适合开展研学业务吗，还是小张的思路错了？
2. 在乡村振兴的大背景下，从事乡村文旅和乡村研学的农业基地很多，为什么小张失败了？
3. 如果你是小张，接下来你将如何调整？

任务实施

在传统概念上，从事研学旅行产品开发的企业主要是两大类：研学服务机构（旅行社）和研学基（营）地。随着研学产业的逐渐成熟，整个文化与旅游行业，甚至异业行业都发现了"研学"作为新兴业态的独特价值，都将注意力汇聚到了研学领域，尝试从自身企业出发，开发独具特色的研学产品。

在旅游行业之外，不少异业伙伴，也开始发挥自己特长，基于不同企业自身不同的社会使命和商业目的，涉足研学领域，为行业的发展增添了另一抹亮色。为丰富自己的产品体系，研学企业可以主动出击，选择合适的异业伙伴，联合开发新产品。这是一条开发新产品的新思路。

子任务一：选择合适的异业合作伙伴

本质上，异业合作新模式产品设计是将具有教育意义和价值的社会闲散资源进行更为有效和充分的利用。但是，这并不意味着所有有教育意义的社会资源都能够被开发成为研学产品。一般，适合开展研学旅行产品合作的异业伙伴应当具备以下条件。

步骤一：异业伙伴的主要业务在某个特殊领域有独特教育价值

没有一家研学服务机构能够开发所有品类的研学产品，尤其是小众特色研学产品，需要课程开发者和研学指导师在某个领域具备一技之长。这些困难都可以在异业合作中，通过共享产品能力和人力资源的方式有效解决。研学企业更要站在学生终身发展的角度，主动发掘异业教育资源，引导异业伙伴为孩子提供更丰富独特的教育产品。

步骤二：研学产品能够符合异业伙伴的产品定位

在产品可行性分析阶段，研学企业要充分思考这款研学旅行产品的用户是谁，是否贴合异业伙伴现有的产品定位，能够给异业伙伴带来哪些价值。例如某研学服务机构计划开发一款面向培养孩子户外摄影技术的研学产品，正在寻找合适的异业合作伙伴，那么，专注于儿童摄影的摄影工作室就是最优选择。研学服务机构和儿童摄影工作室的主要客户群体都是孩子，因此，双方可以通过共享销售渠道和人力资源，以合作开发户外摄影研学产品为抓手，为双方的产品和品牌提供更加宽广的展示平台。

步骤三：研学产品能够符合异业伙伴的商业利益

对异业伙伴而言，产品定位恰当，未必能让其下定决心开展产品合作。例如，儿童名著剧本杀，能将原本枯燥的知识，融入趣味横生的故事情节，将游戏和知识融为一体，是当下方兴未艾的研学产品设计思路。那么，研学企业应该和怎样的剧本杀门店合作呢？其实，大而强的剧本杀门店未必是合适的选择。剧本杀门店的主要营利时间是周末，主力消费人群是年轻人，消费能力强，客单价高。"儿童剧本杀+研学"产品的主要营业时间也在周末，且客单价比年轻人的剧本杀产品要低。大而强的剧本杀门店与研学企业合作开发"儿童剧本杀+研学"产品存在牺牲其原有商业利益的可能性。而对于研学企业而言，小而美的剧本杀门店同样具备足够的产品开发能力，同时有闲置的业务能力可供挖掘，也更需要与研学企业的合作导入客流，是更合适的异业合作对象。因此，有时候，大而强未必是合适的异业合作伙伴，小而美才是更合适的合作对象。

当然，合适的异业合作伙伴一定是有教育情怀的企业，有决心有能力一起开发有特色的研学产品。这是合作最重要的基础。

子任务二：确定异业合作设计产品的方法

作为旅行社或研学服务机构，是以研学旅行产品设计为核心业务，但受到行业与认知的限制，需要与异业进行深度合作，才能设计出更专业的研学产品。选择合适的异业伙伴之后，接下来就要确定产品设计的方法。根据市场发展特点和趋势，目前主要有以下几种方法可供参考。

步骤一：认识"N+研学"

所谓"N+研学"，就是以异业本身为基础，融入研学旅行产品的属性，结合教育目标，融入研究性学习和旅行实践方式，打造全新的体验式研学产品。例如，当下比较火热的乡村振兴与研学旅行的深度融合，就是非常典型的异业合作的案例。这些乡村并不是传统意义上的研学旅行基地（营地），在发展振兴过程中，往往借助研学旅行产品设计思维，依托其特色的乡村生活、农事生产、农业生态、农耕文化等资源禀赋，开发出极具地域属性和教育意义的研学旅行产品，成为乡村振兴的一大亮点。近年来，各地乡村开发设计出丰富多元的活动形式和内容，如乡村科普教育、乡土文化探究、农业劳动体验、生物认知考察等，吸引着越来越多的学生前往，也成为拉动乡村旅游经济的增长点。

以乡村里的一块普通豆腐卖出新花样为例。许多乡村都设计有以豆腐为主题的研学课程。通过课程，我们可以让孩子们了解豆腐的历史和营养价值，并在亲手制作的过程中锻炼动手能力，感受中国传统文化的博大精深，收获知识与快乐。但是绝大多数的乡村豆腐研学的内容都大同小异，课程设计流程基本就是三步。首先"听"，听豆腐历史，了解豆腐制作工艺。其次"看"，看老师傅做豆腐的过程。最后"做"，让孩子们亲手做一下豆腐。

那么，乡村里的一块普通豆腐如何卖出新花样呢？

研学课程一：小石磨中的大道理

给学生不同把手的几种石磨，让学生自己选择最顺手的石磨。在这个选择的过程中，学生自然会明白杠杆的原理。

研学课程二：水与豆的黄金比例

让学生计算黄豆和水的比例，并且尝试用不同的比例磨制，品尝不同比例下的豆腐。这是控制变量法的使用，让学生带着科学实验的严谨心态，才是真研学。

研学课程三：豆腐里的营养学

结合营养学的知识，让学生自己开发豆腐产品。也许有的学生混用不同豆类做豆腐，有的学生会用矿泉水制作，也许有的学生会为特定人群定制豆腐。

研学课程四：豆腐里的经济学

能让学生给自己磨的豆腐定价，并撰写广告语。这时候，学生要综合运用自己的语文和数学知识。最后，让学生把豆腐按自己撰写的宣传方法卖出去。如果没有深入了解豆腐，那可卖不出哦！这对学生来说，是对他们综合能力的巨大考验。

步骤二：认识"研学+N"

所谓"研学+N"，就是以研学服务机构和设计者本身为基点和主体，融合相关的异业，借助异业的特色与专业优势，设计出与众不同、符合客户需求的研学旅行产品。作为旅行社和研学服务机构的产品设计部门，是研学旅行产品设计与创意的行家里手，但囿于认知象限规律，我们不可能对涉及的各个领域都有相当的了解，因此必然要与异业展开合作，以提升产品的专业性。如某客户要求设计一个关于少儿编程体验学习的科技主题研学产品，作为设计者，不一定了解编程的专业知识，这就要选择当地有一定合作意愿和接待能力的少儿编程机构或研究院所，与其进行洽谈，达成产品设计的合作框架，借助"外部大脑"和资源来完成产品设计。随着社会化分工的精细化以及客户需求的多样化，"研学+N"的异业合作模式将逐渐成为主流，也是考验研学旅行产品设计者的专业水平和终身学习的能力。

子任务三：与异业伙伴联手打造研学产品的策略

站在研学企业的角度，与异业伙伴联手打造的研学产品一般都比较有特色，能够丰富研学企业的产品体系，关键在于如何发挥异业伙伴的专业能力和品牌优势。

步骤一：充分发挥异业伙伴的专业能力

异业合作的研学产品虽然需要双方共同努力，但是更需要借助异业伙伴在其领域里的专业能力。在实际教学中，往往需要由异业伙伴派出专业人员担任研学指导师，由研学企业派出工作人员担任研学助教，打造"双师制"研学产品。

例如，研学企业与眼科医院合作开发"如何保护视力"方面的研学课程。虽然研学企业更熟悉研学教学方面的知识，但是并不擅长保护视力的专业医学知识，这离不开眼科医院的医生们。

研学企业的主要任务，是在异业伙伴的帮助下，将合作产品的专业知识课程化，设计成孩子们喜闻乐见、寓教于乐的研学课程。

步骤二：充分尊重异业伙伴及其工作人员

尊重是合作的基础。由于异业伙伴的主营业务不是研学，研学企业在开展

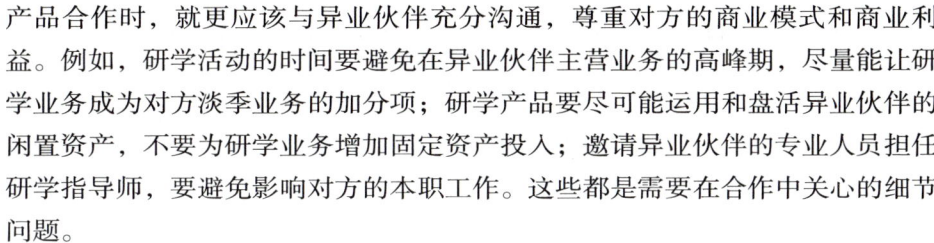

产品合作时,就更应该与异业伙伴充分沟通,尊重对方的商业模式和商业利益。例如,研学活动的时间要避免在异业伙伴主营业务的高峰期,尽量能让研学业务成为对方淡季业务的加分项;研学产品要尽可能运用和盘活异业伙伴的闲置资产,不要为研学业务增加固定资产投入;邀请异业伙伴的专业人员担任研学指导师,要避免影响对方的本职工作。这些都是需要在合作中关心的细节问题。

步骤三:与异业伙伴进行品牌联名

不同品牌之间联名推出产品,以求流量更大程度地曝光,这是异业合作中的常见做法。例如,茅台联合蒙牛推出的"茅台冰激凌"就取得了极佳的销售业绩。研学企业同样可以考虑和异业伙伴共同推出联名款研学产品。品牌联名也为后续联手开拓市场奠定了良好的合作基础。

子任务四:与异业伙伴联手开拓产品市场

除了合作开发产品,研学企业也应该与异业伙伴联手开拓市场。核心重点在于以产品为纽带,把自己的客户变成别人的客户,把别人的客户变成自己的客户。例如,研学企业与相声社团合作开发"相声:传统曲艺必修课"联名款系列研学产品。相声社团的主要业务为两项:周末演出和学生相声训练班。这个系列产品主要有两个产品。其一,半日或一日的"体验相声艺术,学点说学逗唱"相声研学课程;其二,为期五日的"寻访相声故乡"京津相声研学之旅。

步骤一:让研学企业的客户,成为异业伙伴的客户

这个目的主要由"体验相声艺术,学点说学逗唱"相声研学课程实现。站在孩子终身发展的角度,"幽默"是一种顶级修养。通过半日或一日的相声学习,了解相声的历史与发展并让自己敢于表达,善于表达,让语言充满幽默感。从教育角度出发,产品是成立的。同时,对相声社团而言,这款研学产品能够成为学生相声训练班的招生入口。此外,研学产品内容还包括相声门票,能够帮助相声社团变相提高票房收益。这样的产品设计自然能够获得相声社团的配合和欢迎。

在异业合作中,研学企业一定要优先考虑帮助异业伙伴实现自己的价值,这才能促使异业伙伴愿意与研学企业开展更深入广泛的合作。

步骤二：让异业伙伴的客户，成为研学企业的客户

这个目的主要由"寻访相声故乡"京津相声夏令营来实现。这款夏令营属于极为小众的产品，销售难度很大。但是，一方面，有相声社团的学生相声训练班作为生源基础；另一方面，由于双方有着长期的合作关系，学员与学员家长对双方的品牌都有较强的认可度和信任感，使得这款小众夏令营有机会成为特色爆款产品。通过夏令营，研学企业成功地让相声社团的客户成了自己的客户，最终实现了双向引流。

异业合作运用得当，往往能给研学企业带来意想不到的效果。因此，研学企业在合作中要学会主动让利，与异业伙伴分享利益，互惠共赢，让更多不同行业的异业伙伴与自己形成异业联盟，为企业搭建牢固的产品开发和销售渠道的异业护城河。

以"体验相声艺术，学点说学逗唱"相声研学（半日）产品为例（见图3–11）。21世纪是一个充满竞争也充满合作的时代，在此之中我们就无可避免地要与人沟通交流。很多同学脑中的想法很多，可是无法表达。很多人能够很好地表达自己的想法，但是表达方式枯燥乏味，完全无法吸引对方的注意力。同学、学校和家长们都迫切希望改变这一问题。

一、课程目标

通过学习相声，了解相声的历史与发展并让自己敢于表达，善于表达，让语言充满幽默感。

二、课程内容

了解相声的历史与发展、了解相声基本功、尝试学习相声基本功、学会完成一个小作品。

三、教学方法

1. 相声的历史与发展方面主要以老师讲述为主，学员们倾听了解。

2. 相声基本功、吐字发音部分老师辅导和同学登台展示相结合，以演代练，让同学们都适应在舞台上用语言表达自己的感觉。

四、适合人群

5~10周岁，需亲子报名参加。

五、费用包含

专业相声教学、拍照摄影、活动组织与保险费用、价值×元的相声道具（折扇、醒木）、价值×元的相声门票1张。

图3–11 "体验相声艺术，学点说学逗唱"相声研学（半日）产品

案例过于简单，要把案例设计的背景、合作过程、产品呈现以及达到的效果表述出来，让学生看到异业合作的真实性和可视化。

1. 课程设计背景

相声是中国独有的，深受广大民众喜爱的艺术形式。随着曾经低迷的相声艺术逐渐重新火爆市场，各地都有不少扎根本地市场的相声社团。在孩子的成长经历中，如果能体验一次中国传统曲艺的魅力，这是一件极有意义的事情。但是，对研学企业而言，由于缺少曲艺方面的师资，独立设计能持续投放市场的曲艺研学产品的难度较大。

2. 合作方需求分析

相声社团不是传统意义上的研学基（营）地，研学并非其主营业务。单纯卖课程，对相声社团而言，缺乏合作动力。而且，由于课程占用演员的时间精力，相声社团有可能直接拒绝合作邀约。因此，研学产品必须赋能于相声社团的票房收入，才是解决其合作动力的法宝。

3. 内容呈现

研学产品的核心内容是课程，对相声研学而言，当然也是如此。但是，"研学+"异业合作的研学产品，必须通过细节的内容呈现，帮助合作方实现其商业目的。

问题一：除了课程，相声研学还应该含什么？

至少应该包含"门票"，这样对相声社团而言，卖课程本质上就是卖票房。同时，站在孩子的角度而言，在学习体验相声艺术后，肯定更有兴趣走进小剧场听相声。一般相声小剧场的上座率不会达到100%，门票的边际成本基本为零。那么，"研学课程+门票+折扣"的产品和定价策略，还可以给用户一种超值感，有利于产品销售。

问题二：如何通过研学课程，让更多的孩子走进相声小剧场？

对低龄段的孩子而言，他们特别愿意将自己优秀的一面展现给同伴。因此，最佳的方式就是让孩子们能够回到学校，将本次研学学会的相声小段表演出来。仅仅依靠课程中的老师语言激励是不够的。学生在半日研学中，学习的相声小段时长应该为5~10分钟，段子内容也应该基于孩子的校园生活单独创作。这样既方便学生掌握，也适合学生在校的表演环境。

此外，在产品内容上还可以包含折扇和醒木。这两件道具一方面成本不高，另一方面可以促使孩子更愿意回校登台表演。

问题三：相声研学应该是"独立营"，还是"亲子营"？

应当为"亲子营"。一方面，孩子需要一个"捧哏"搭档。如果在课程中临时组，由于没有默契，会影响相声学习的效果。

更重要的是，相声研学的服务对象虽然是孩子，但是消费决策者是家长。站在商业角度而言，只有家长感受到了相声的魅力，成为相声艺术的粉丝，未来才有更大的复购可能性，从而拉动相声社团的票房收入，实现研学课程商业价值的最大化。

4. 产品效果

"研学+"异业合作的研学产品往往极具特点，需求也通常小众，相声曲艺研学亦然。对研学企业而言，相声曲艺研学虽然小众，很难在市场中抓取新用户，但是由于产品特色鲜明，能用于盘活私域中的老用户。

对于相声社团而言，相声曲艺研学从另一个角度拉动了票房收入，宣传了自己的相声品牌。

 任务小结与思考

本次任务围绕"'研学+异业'合作新模式产品设计策略与案例分析"来进行。"研学+"是一个为各行各业赋能增值的好思路，但不是一用就灵的圣丹妙药。对异业伙伴而言，"研学+"是其赋能自身主营产品和商业利益的创新业态。因此，不同的异业伙伴基于其不同的商业目的，需要有各种精彩纷呈的"研学+"创意思路。一般而言，研学企业可以从选择合适的异业伙伴、与异业伙伴联手打造研学产品、与异业伙伴联手开拓产品市场三个角度开展"研学+"异业合作。

结合实际思考

1. 选择合适的异业合作伙伴需要注意哪些要点？
2. 你身边还有哪些异业企业适合开展"研学+"业务，为什么？

思考答案

项目 四

研学旅行产品包装优化与运营推广

上海历史博物馆

产品的市场化要做好，宣传推广的重要性不言而喻。研学旅行产品同样需要基于自身特点，用运营思维进行优化包装与运营推广，"以终为始"是非常重要的。这就要求基于特定的背景，明确推广目的，围绕推广目的来确立量化的推广目标，然后对目标进行拆解，最后围绕拆解的目标进行事、人、钱、资源和时间要素的最佳组合，形成符合目标的产品包装优化设计，促进推广对象最大限度地曝光，最终促进目标受众产生特定行为，如认知或参与，推广统领活动，活动为推广服务。

思维导图

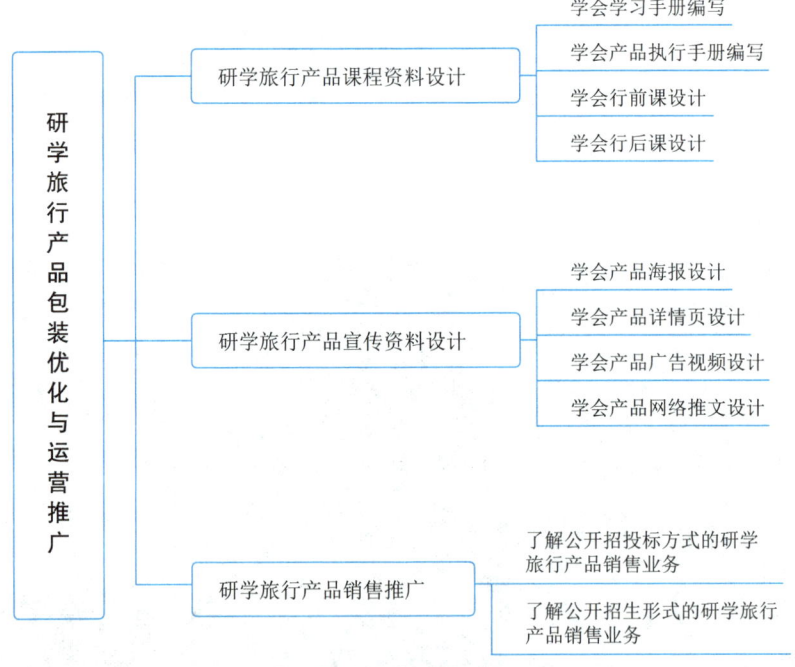

研学旅行产品配套资料设计

项目四 研学旅行产品包装优化与运营推广

任务一 研学旅行产品课程资料设计

 学习目标

知识目标	了解研学旅行产品课程资料明细，明确学生手册、执行手册、行前课、行后课的设计目的与用途，知道各类资料的内容构成，了解配套资料设计的相关要求和注意事项。
技能目标	厘清研学旅行产品包含的课程资料的设计思路，学会研学旅行产品课程与宣传资料包装优化的方法，懂得学生研学手册、教师指导手册、行前课、行后课以及宣发海报、广告视频、宣传推文等资料的设计技巧与创新手法，学会使用相关工具。
思政目标	学会在课程资料中全方位地有机融入思想政治元素，让课程处处浸润大思政，将思想政治教育贯穿研学受众学习全过程。

 任务导入

研学旅行手册究竟有多重要？

在一家研学服务机构工作的小吴，平时就喜欢写一些小文章，写作能力一直得到同事和领导的认可。一次，为当地的一所重点小学设计南京扬州无锡5日研学旅行产品，为了增加产品的专业性，他还完成了研学旅行手册的编写。当研学服务机构负责人将产品文档和手册一并交给学校审阅，校领导看到研学手册中扉页的文章，立马被漂亮的文采吸引，称赞写得好。领导翻阅手册的编排和内容设计，看到每一个课程都有导入的方式、研学的资源介绍，特别是研学的任务和问题形式多样，不拘一格，整本书给人耳目一新的感觉，赞叹这本手册学生肯定喜欢，是研学旅行非常好的学习资料。被校领导一番表扬，研学服务机构负责人非常高兴，可想而知，产品将很快得到学校认可，进入实质性的比选阶段。

后来，学校组织校领导、班主任代表、教师代表和家委会代表建立评委

研学旅行产品设计

会,对邀请的几家研学服务机构产品进行比选择优。果不其然,大家都对小吴设计的产品手册很看好,图文并茂,生动有趣,比其他机构的资料更丰富、更形象。经过价格、服务标准、研学产品资料质量的比拼,大家一致推荐小吴所在的研学服务机构胜出,成为学校本次研学旅行的承办方。

现将小吴在产品手册扉页上所写的寄语(部分)摘录如下,仅供参考。

寄语同学

亲爱的同学,你知道六朝古都南京、大运河之城扬州、"太湖明珠"无锡吗?我们可以放飞想象,你会发现南京之行竟会如此神奇。

当你实地探访,学习科举文化、孔子文化、建筑文化、非遗文化、园林文化、家训文化、三国历史文化时,

当你走进亚洲排名前列的中华恐龙园,遇见亿万年前的庞然大物,与恐龙开启一段惊险奇妙的探险之旅时,

当你走进国内顶尖大学南京大学,与学哥学姐们对话交流,播下未来状元的种子,激励奋发,励志状元梦想时,

你是否充满激动与喜悦?是否觉得幸福来得太突然?是否有种状元高中的自豪感?

这一切,都不是梦幻,而是真实的存在。当你踏上南京之行的那一刻,就为你打开了走向梦想的大道,铺展开绚丽的画卷,金色少年的你,尽情舒展,尽情拥抱吧。

我们要像著名教育家陶行知倡导的那样,在"做中学""玩中学",去解放我们的大脑、双手、嘴巴、眼睛、空间、时间,在生活实践中去学习去创造,在"第二课堂"中学会用大脑去观察思考,用双手去实践体验,用嘴巴去表达交流,用眼睛去欣赏发现,在快乐与好奇中,不断学习知识,锻炼能力,提高综合素养,实现全面成长。

如果世界是一张拼图,请你自己去拼出最美的画面吧!

案例观察

本案例中,小吴作为研学旅行产品的设计人员,因为喜欢写作,文字功底不错,所以在编写学生手册时,在扉页创作了《寄语同学》的卷首语,如诗一样的散文笔调,给人轻松阅读的感觉和遐想空间,深受客户喜欢,为产品的成功入选增添了助力。由此,我们认为,产品的配套资料与产品的文档一样,是不可缺的组成部分,具有一定的作用和意义,它们和产品本身一道,共同组成了产品资料。

项目四　研学旅行产品包装优化与运营推广

问题思考

1. 什么是产品配套资料？产品配套资料应该包括哪些内容？
2. 产品配套资料的目的和作用是什么？不同的产品配套资料的使用场景是什么？
3. 假如让我们来设计产品的配套资料，我该怎么做？这些产品的配套资料设计有什么方法吗？它对于产品来说，处于什么地位？怎样在具体的工作中彰显配套资料的作用呢？

任务实施

我们可以根据产品配套资料的使用功能，将产品配套资料分为产品课程资料和产品宣传资料两大类别。所谓产品课程资料，是指在研学课程实施过程中需要使用的资料；而产品宣传资料，是指为宣传、推广产品需要使用的资料。

产品课程资料，顾名思义，这些资料与研学旅行过程中的课程内容相关，是为开展研学课程准备的资料，包括研学旅行学生手册、执行手册、教具、学具、活动物料、行前课、行后课等资料。

一级指标	二级指标	三级指标	备注
产品课程资料	学习手册	提供给研学受众在实际研学过程中学习的资料	
	执行手册	提供给研学旅行指导师用于执行上课的指导	
	教具	提供给研学旅行指导师组织研学课堂的物料	
	学具	提供给学生在研学课程学习过程中的使用物料	
	活动物料	用于保障研学旅行课程实施的基础场地物料	
	行前课	学生出行之前开展的知识先导、安全教育等课程	
	行后课	学生参加研学结束后开展的总结与评价课程	

子任务一：学会学习手册编写

步骤一：了解学习手册的目的和编制原则

研学学习手册是最重要的产品课程配套资料，它直接呈现给研学受众使用，是研学旅行过程中研学受众必备的资料，也是开展研究性学习的重要参考，是产品教育性的重要体现。

1. 使用目的

研学旅行产品手册是提供给学生的学习指南，学生通过在行前阅读手册，了解本次研学旅行的目的地资源，熟悉本次研学旅行的主要目标和任务，并做好相关的知识储备和行前准备；学生通过在研学旅行过程中使用手册，完成研究性学习的任务，并将学习过程和结果记录在手册上，作为本次研学活动的评价资料；在研学旅行结束后，可以通过手册进行总结和回顾复习，深化对研学旅行的学习。

因此，研学学习手册首先是作为研学过程中知识内容的载体，其次提供相应行程的介绍与研学目的地的常识，最后还要有注意事项与安全保障等研学生活提示。可以说，研学手册是一本研学课程的"综合性教材"。

2. 编制原则

研学学习手册不仅包含所有的研学课程信息，也承载着研学受众每天要完成的学习内容，是研学课程重要的成果展示。研学学习手册设计的好坏能直接影响课程效果，影响研学课程最后的评价。判断研学学习手册是否恰当的标准主要有：

（1）符合研学受众具体需求。一般情况下研学受众会针对研学手册提出需求，比如突出主题、指定题目、设计风格等，我们应根据这些具体要求进行设计。

（2）课程信息全面细致。研学手册是面向研学受众的，应具备重要的指导功能，所以要包含全面的课程信息，教会研学受众使用，掌握课程内容，这项工作对于课程的顺利进行非常有帮助。

（3）课题内容切合实际。研学手册里的课题内容是实地课程学习情况的检测、复习、展开。内容切记要与实地课堂内容相结合，统一。不可出现题目上有而课堂上没讲的情况。且题目要符合研学受众的认知水平，难度不能过低或者过高，以研学受众认真听讲、思考即可完成为宜。

步骤二：掌握学习手册的内容构成

研学学习手册的制作要与客户进行充分沟通，落实需求，针对不同的研学受众、学情设计研学手册内容；设计初稿后与客户沟通是否需要更改或增加内容，多次沟通、多次调整确认最终版。

根据研学学习手册的使用目的，策划研学学习手册的内容构成，一本完整的研学学习手册一般包括如下内容板块。

1. 知识部分

知识部分包含目的地相应的常识知识及对应的推荐书籍。主要内容是为学生提前准备好目的地相关的知识内容，让学生从不同角度了解目的地的信息，同时给予推荐书籍的名录和介绍，让学生有方向地进行资料查询。

2. 行程部分

行程部分是研学行程的具体安排。此部分介绍了研学的整体行程内容，包括往返大交通的车次（飞机班次）、每天不同的参观地点和活动项目、简单的餐饮住宿地点，让学生一目了然地了解行程。

3. 课程部分

课程部分是分地点、分模块与知识点结合的课程内容、研学任务单。课程部分的设计要从如下几点入手：研学受众特点、年龄心理特征、学科知识重点、目的地文化特征以及执行落地实际情况。综上所述，合理规划课程内容以及习题数量，尽量让研学受众在学习知识的同时能更多地去看、去思考，更好地结合研学目的地的实际情况。

范例：

单元一 《生态平衡小卫士》

任务一：在青山自然学校里自行观察，写出你在青山自然学校发现了哪些生态"四要素"吧。

表 7-3　生态四要素

无机环境	生产者	消费者	分解者

思考：什么是生态平衡？
_____

任务二：生态平衡我知道

任务卡1：检验学习成果的时候到啦！回答以下关于生态平衡的相关知识，看看自己掌握了多少吧。

1. 生态平衡四要素分别是（　　　）。（多选）
A. 无机环境　　　B. 有机环境　　　C. 生产者　　　D. 消费者
E. 动物　　　　　F. 植物　　　　　G. 分解者　　　H. 微生物

2. 兔子属于（　　　）。
A. 生产者　　　B. 消费者　　　C. 分解者　　　D. 无机环境

3. 写出青山自然学校里一个闭合的生态系统。
_____

知识加油站：

凯巴伯森林的狼与鹿

在20世纪，在美国西部落基山脉的凯巴伯森林中约有4000头野鹿，而与之相伴的却是一群群凶残的狼，威胁着鹿的生存。为了这些鹿的安宁，1906年，美国总统决定开展一场除狼行动，到1930年累计枪杀了6000多只恶狼。狼在凯巴伯林区不见踪迹了。于是鹿在那里开始无忧无患"无计划"地生育了，不久鹿增长到10万余头。兴旺的鹿群啃食一切可食的植物，吃光野草，毁坏林木，并使以植物为食的其他动物锐减，为此也使鹿群陷于饥饿和疾病的困境。到1942年，凯巴伯森林中鹿下降到8000头，且病弱者居多，兴旺一时的鹿家族急剧走向衰败。出现这种事与愿违的局面，起因是狼被人消灭了。第一，狼捕食掉一些鹿，使鹿总数得到控制，不至于繁殖到使植被退化的程度；第二，狼捕食的鹿多为老弱病残者，有助于鹿种优胜劣汰，利于鹿群传宗接代；第三，鹿在狼的追逐下，经常处于逃跑的运动状态，促进了鹿的健壮发育。由于狼消失了，鹿没有天敌，"懒汉"体弱，鹿群退化。美国政府为挽救灭狼带来的恶果，于20世纪70年代制订了"引狼入室"计划。而这项计划却遭到一些人的反对未及时实施。随着人们环境意识的提高，"引狼入室"计划终于在1995年得以实施。当年从加拿大运来首批野狼放生到落基山中，森林中又焕发勃勃生机。

任务卡2：制作一个生态瓶

制作步骤：

（1）准备一个玻璃瓶，容量大约为1至3升。

（2）带上纸箱，就可以去青山自然学校周围，收集一些土壤，寻找一些小型的漂亮的植物，要能装进罐子里才行。

（3）回到教室，清洗并擦干玻璃罐的内部。

（4）铺碎石和土，每层都不要太厚。

（5）根据自己的想法放入植物，同时要注意过一会儿就要往植物上洒点水，以保证其不干死。

（6）还可以放上小蛋壳当是昆虫的小窝，生态瓶就完成了。

任务卡3：各种生物相互依存，维系着生态平衡，那么你知道我们要怎么做才能有效地维护生态平衡呢？

思考：如何维护生态平衡？

___

单元自评：

（1）我们了解了生态四要素。	☆☆☆☆☆
（2）我们明白了如何保护生态平衡。	☆☆☆☆☆
（3）我们制作了一个陆地生态瓶。	☆☆☆☆☆

4. 总结部分

总结部分是对研学课程内容的学习情况总结及研学感悟。通过简单的文字引导，让学生能开拓想象的空间，通常用以下几种形式进行研学手册总结部分的撰写。第一种是所见所感，让学生写下研学旅行中的感悟；第二种是思维拓展，让学生根据所见到的情况进行思维拓展，结合实际能想到哪些问题或者有什么值得探究思考的内容；第三种是旅行记录，通过相片、游记、手账等方式对研学旅行进行文学加工，形成真实的作品。

5. 保障部分

保障部分是研学行中的安全预案及突发事件应对处理方案。此部分为学生提供研学期间的关于安全的相关条例，并且为学生提供关于研学生活的一些小提示，包括物品携带清单、应急处理方案等。

举例说明:《研学手册设计范例——安全须知》

一、安全须知

1. 听从研学导师的安排和指挥,注意安全,以免发生走失或迷路的意外情况。

2. 贵重物品请随身携带。

3. 背包不要手提,要背在双肩,以便于参观。

4. 全程轻装,少带行李,以免过多消耗体力,影响行进。

5. 有过敏史者应提前准备抗过敏药,并告知研学导师,个人应注意防止接触过敏原。

6. 活动时请穿校服及轻松舒适的运动鞋,准备好干粮等食物和充足的饮用水,以便及时补充能量和水分。

7. 活动行进中,切勿分心东张西望交头接耳,注意周围情况;如需拍摄风景,需止步拍摄,以免造成不必要的伤害。

8. 不在危险处照相,以防发生意外。

9. 休息时不要坐在潮湿的地上和风口处,出汗时可稍松衣领,不要脱衣摘帽,以防伤风受寒。

举例说明:《研学手册设计范例——物品准备清单》

同学们,你们的独立生活就要开始啦,快来整理你的旅行箱吧!

(建议:独立完成后家长进行检查填补。自己完成的画"√",家长帮助完成的画"/"。)

自备物品名称	数量	出发时清点	返回时清点
行李包○　随身双肩背包○　小挎包○			
研学手册○　笔○　阅读的书籍○			
手机○　相机○ 圆孔插头通用型耳机○ 充电器等必需电子产品○			
牙刷○　牙膏○　漱口杯○　毛巾○			
洗发水○　沐浴液○ 防晒霜○　手纸○			
火车便餐(禁止携带方便面)○			
保温水杯○　雨伞○			

续表

自备物品名称	数量	出发时清点	返回时清点
套装　件○ 上衣　件○　裤子　条○ 换洗内衣　套○　拖鞋○			
必备药品（晕车药、感冒药、创可贴等）○ "如其他病史，请家长写好用药时间和用量"			
全程开启理财计划，此次携带零用钱：　　元○		活动结束时：　　元○	
备注： 研学配发每位学生：研学手册、学员胸卡、行李牌			

当然，研学学习手册的编写不止一种标准和模板，完全可以根据实际情况和需要调整板块结构和内容，也有许多研学学习手册按以下逻辑展开：

学习目标：介绍本次研学旅行活动需要完成的知识与能力目标、过程与方法目标、情感态度价值观目标，目标要清晰具体，可以落实。

行前准备：介绍参加研学旅行时，需要提前准备的行李、生活用品、学习用品、证件等物资，确保旅行生活和学习有物质保障。

安全教育：发布与研学旅行有关的交通、住宿、餐饮、天气、资源等方面的安全教育和安全提醒，告知参加研学旅行所要遵守的规章制度。

知识预习：提供参加本次研学旅行所要准备的知识，与相关学科的知识点联系，学生通过阅读手册，提前开展预习，为研学旅行打好学习的基础。

学习内容：为本次研学旅行精心设计安排的考察学习的内容，这是研学旅行手册的重点板块，学习内容根据每一个资源点的实际情况，结合研学的主题来设计。

学习资源：介绍学习内容所要依托的资源，研学旅行必须依托实际的资源展开，研学资源的梳理与介绍要系统、清晰、有条理。

学习任务：发布每一次研学课程的学习任务，学生根据这项任务来开展具体学习计划，研学旅行指导师按照任务来组织实施，任务要具体，可以选择多种形式，如课题研究、创意制作、绘画、习作、发表演讲等，形式的选择要与资源特色相匹配，与学生心智水平相吻合，与学习内容相一致，能够激发学生的积极性和学习兴趣。

学习评价：要设计学习的评价标准，让学生有自评，研学旅行指导师有评价依据。

附录资料：为了使研学旅行组织得更有序、学习得更有效，可以附录研学寄语、研学日志、给爸妈的一封信、校长的鼓励等资料。

步骤三：掌握研学学习手册编写方法

研学学习手册非常重要，但要注意基本的编写原则，如手册的内容与产品内容一致，学习的内容与资源的内涵一致，评价的标准与学习的效果一致等。余国志博士在《研学实战方法论》中就强调，研学手册要避免几大误区："繁、难、偏、多"，文字繁杂，任务艰涩，问题偏冷，内容过多。手册的内容要精简适量，学习任务的设置要尽量体现开放性，学习任务要与资源紧密结合，与学生的学情相结合，手册上的学习指导能够帮助学生快速地解决实际问题。在具体编制学习手册的时候，可以采用以下几个思维方法。

1. 整体—局部—整体法

在设计研学旅行学生手册时，先搜集整理相关资料，然后着手编写设计。编写时可采取"先整体再局部，然后回到整体"的方法进行，具体做法是：先构思手册的整体框架，其框架的表现形式就是手册的目录，明确手册的内容大纲；然后根据内容的目录，去安排每一个部分的细化内容；最后再将每一课的内容组合成一个整体，配上封面封底。这种方法比较科学实用，避免走弯路，能够保证学生手册的完整性。

2. 课题单元组合法

针对研学旅行过程中涉及的若干研究性课题，可以将课题进行组合，每一个课题指向一处研学的资源点，意味着这种方式会优先考虑研学旅行的资源及课程，即资源点＋研学课程＝课程单元，将若干课程单元按照研学旅行线路行程进行编排，组合成研学手册。这种方法比较注重每一处资源点的课程学习设计，将重点放在研学课程的课题设置和活动方式创新上，有利于提高手册的编写质量。

子任务二：学会产品执行手册编写

步骤一：认识研学旅行产品执行手册

《研学旅行产品执行手册》是研学旅行指导师落地执行的指导用书，类似于教学参考书，执行手册的编写需要按照产品内容和学生手册展开，为研学旅行指导师在活动组织过程中提供资料参考和活动实施依据。

执行手册是为了保障研学旅行课程的有效落地实施，依照研学旅行产品、学生手册内容编制而成的，提供给研学旅行指导师使用的资料汇编。它既是研学线路的安排指南,也是研学旅行课程资料的汇集,还是研学课程活动组织的指导,更是学生学习活动实施、评价的宝典,又是整个旅行生活的服务细则、安全保障细化规定文本。

步骤二：掌握研学旅行产品执行手册内容构成

鉴于执行手册的重要性和实用性、指导性,《研学旅行产品执行手册》涉及的内容板块至少包括：研学旅行产品说明、资源点介绍、研学活动组织安排、学习评价指导、旅行生活服务标准及联系方式、安全措施及管理预案。其中,研学活动组织安排是重要内容之一,需要细化设计出具体活动的组织流程、教具学具的使用、课程导入、总结方法等,是研学旅行指导师开展现场研学活动的教案。旅行生活服务安排及联系方式包括交通、住宿、餐厅等接待单位的地址、细化标准、联系人等信息,以便带队执行过程中能够随时联系处理问题。关于旅行生活方面的安排一般使用《学生分车表》《住宿分房表》《餐厅分桌表》《学生信息登记表》等各种工作量表,提高工作执行效率。

工作表是工作人员首先需要了解的团队基础信息,工作表中包含学校信息、师生人数、校方带队人信息、供应方紧急联系人信息、出发时间及地点、全程用房数、全程用餐数、当地需要提前关注的事项、物资交接项是否完成等。

工作表模板见表4-1。

表4-1 研学导师工作表

出行线路：×××线路名称		出行日期：6月10日—14日			操作：姓名+电话	
学校名称	北京×××××学校				年级信息	八年级
人数	学生107	男生61	老师11	男士3	项目经理	姓名+电话
		女生46		女士8	当地总控地接计调	姓名+电话
车号	人数（学生）		研学导师	联系方式	地接辅导员	联系方式
1号车39人	1班10人+2班27人+教师2人		姓名+性别	电话	姓名+性别	电话
2号车39人	1班8人+3班28人+教师3人		姓名+性别	电话	姓名+性别	电话
3号车40人	1班8人+4班26人+教师6人		姓名+性别	电话	姓名+性别	电话

续表

人员分配	车号	人数	男	女	用餐桌号	生日	回民	备注
	1号车	37	14	23	见分餐表	姓名+日期	班级+姓名	
	2号车	36	24	12	见分餐表	姓名+日期	班级+姓名	
	3号车	34	23	11	见分餐表	姓名+日期	班级+姓名	
	合计	107	61	46				

用餐分配	全程4早8正餐,师生共安排12桌,其中11号、12号桌为9人台。回民××安排。
酒店信息	酒店:10日—13日四晚入住××××××酒店;师生共用房60间。
房间分配	学生:男生31间标间(与单男教师拼住)+女生23间标间=54间。 教师:男士1间标间+女士5间(其中安排大床单住,另单女教师单住)=6间。
集合地点	6月10日早学生05:15到校,05:30学校发车。请提前抵达学校,含往返接送车辆,请提前联系车辆事宜。
物资	物资清单物品、校方介绍信等
提示	地接社安排: 1)每人每天赠送2瓶矿泉水(并多备水)。 2)备好2~3样小礼品,以备研学途中进行知识竞赛活动(或总结晚会使用),请确保每人能得到一个奖品的数量。 3)横幅一条:自备。电子欢迎牌内容:"欢迎北京学校八年级师生抵×××研学"(景区、酒店、餐厅)。 4)13日晚上生日及总结会,请备舞台、音箱、话筒、生日歌等。另备生日蛋糕2个。 5)请每天晚上安排教师房间水果或酸奶。
体验活动安排	1)×××基地:请落实企业讲解员深度讲解并带领参观,试验过程提前落实好细节。 2)×××博物馆:请辅导员深度讲解并全程带领参观。 3)×××体验:已提供内容,请核实好模板,安排好制作体验过程。 4)××××制作:同基地沟通好年级、互动式讲解后进行体验。 5)学习基地:先参观生态茶园,请落实好2位工作人员讲解介绍;博物馆内的流程请提前进行穿插学习;最后统一发放茶苗。 6)×××体验:前山上后山下,山上课程请提前沟通落实细节。 7)第四天晚餐:演出观赏学习,安排互动。另安排生日会及总结晚会,请安排组织能力较强的研学导师组织。行程内各项活动请提前衔接落实好!!!

*活动时间流程:为方便工作人员能清楚每日活动安排内容,详细记录每

项目四 研学旅行产品包装优化与运营推广

日活动安排、用餐的餐厅信息、入住酒店信息、车程参考时间等。需要严格把控活动内容及进程,尽可能与实际执行中减少偏离。

活动时间流程安排见表4-2。

表4-2 活动时间流程安排表

日期		地点	时间安排(备注:以下时间安排仅供参考,以实际安排为准)
DAY 1 6.8 周一	上午	学校至北京南站	05:15-05:30 学校指定地点集合,携带好行李物品、有效身份证原件、学习工具等,统一穿校服。自备高铁上早餐及午餐。
			05:30-06:30 乘车前往北京南站。请务必准时发车,以免延误活动安排。
		北京南站高铁二等座至黄山北站	06:30-07:00 持有效身份证原件依次有序通过身份核验及行李安检。请有序依次通行。
			07:00-07:20 北京南站候车大厅候车,自行保管好行李物品。
			07:20-07:45 预计检票上车。
			07:45-14:13 乘高铁二等座前往黄山北站,高铁上严禁私自调换座位、高铁全面禁烟(如有违禁,将依据《中华人民共和国治安管理处罚法》和铁路安全有关规定处罚,并列入失信人员名单)。高铁运行约6小时,途经沧州西、济南西、枣庄、徐州东、蚌埠南、水家湖、合肥南、巢湖东、铜陵北、泾县站后抵达黄山北站。中途站严禁下车,以免误站,研学导师值勤、巡视。车次信息:G265次(07:45-14:13),请提前了解乘坐高铁注意事项。
	下午	抵达黄山	14:31-14:50 高铁抵达黄山北站,列队出站,前往乘大巴。
			14:50-15:00 车赴研学地点:黄山无极雪水文化体验中心
		黄山无极雪水文化体验中心	15:00-17:30 参观水源地及生产线,动手学习水质检测,填写检测报告,见证经过十七道无菌工序一瓶好矿泉水体验活动:动手水质检测,填写检测报告。 流程: 1. 探访水源地——凤谷泉:从大路边到取水口步行200步左右 2. 前往无极雪(取水口到厂房时间约为15分钟)——介绍无极雪的概况——参观流水线(整个参观时间约30~40分钟) 3. 前往报告厅——通过讲师实验对比分析水质:pH测试;用无极水和别的水对比冲泡茶叶和枸杞的对比等(讲师做实验,一个班可安排1~2名同学协同实验完成,并不能每一组都能体验实验过程)(讲解及实验过程约30分钟) 4. 每人发放一瓶无极雪矿泉水
		餐厅	17:30-18:00 前往餐厅;参考餐厅:×××××餐厅
			18:00-19:00 晚餐,按桌号有序入座用餐

续表

日期		地点	时间安排（备注：以下时间安排仅供参考，以实际安排为准）
DAY 1 6.8 周一	晚上	酒店	19：00-19：30 车赴黄山酒店，办理分房入住。参考酒店：黄山×××酒店
			19：30-22：00 整理相关资料，洗漱，整理衣物。熄灯提醒，休息。辅导员及老师查房。
DAY 2 6.9 周二	全天	酒店	05：40 起床，06：00-06：50 早餐，07：00 出发　早餐地点：酒店餐厅
		大巴	07：00-08：00 前往研学地点：黄山风景区（以车为单位分散景区游览）
		黄山风景区	08：00-08：30 乘坐景区交通前往慈光阁缆车站 08：30-09：00 乘坐玉屏缆车上山至玉屏楼景区，观赏迎客松 09：00-09：30　活动：玉屏楼景区探访守松人 09：30-12：00　经过百步云梯、一线天，登黄山第二高峰光明顶，远眺前山美景——莲花峰、天都峰、鳌鱼峰。观石亭远观飞来石。 活动：光明顶励志活动 12：00-12：30　午餐　参考餐厅：白云天海餐厅 12：30-14：30　徒步攀登至北海景区。活动：北海景区探访挑山工 14：30-16：00　经过始信峰后步行下山 16：00-16：30　乘坐景区交通至黄山山下 地质教师与植物教师定点介绍，分别于玉屏楼（迎客松）、观石亭（飞来石）、始信峰（黑虎松、连理松）进行讲解。同学如有疑问也可总结问题提问。 以上时间均为路程参考时间，不含缆车排队及其他不可抗力因素，请知晓！由于玉屏缆车停车年检，年检日期：××月××日至××日，行程顺序调整为云谷索道上行—始信峰—北海景区—光明顶—白云天海餐厅午餐—玉屏楼景区—迎客松等。山上课程大概内容如下： 一、探访守松人（访谈时间约 30 分钟） 受访者：守松人　地点：玉屏楼宾馆前 1.各小组玉屏楼集合，指定场地集合列队（时间约为 5 分钟） 2.主持人对迎客松守松人及访谈学校进行介绍（时间约为 3 分钟） 3.守松人对日常工作及迎客松管理进行介绍（时间约为 5 分钟） 4.各小组代表对守松人进行提问（自由发挥，每个班 2 个问题左右）（时间约为 10 分钟） 5.校方代表对守松人表示感谢（时间约为 2 分钟） 6.分班级与守松人合影留念（时间约为 5 分钟）

项目四　研学旅行产品包装优化与运营推广

续表

日期		地点	时间安排（备注：以下时间安排仅供参考，以实际安排为准）
DAY 2 6.9 周二	全天	黄山风景区	二、挑山工访谈活动（时间约为 30 分钟） 成员：挑山工 3 人　主持人：各班级地接导师 1. 各小组列队（时间约为 2 分钟） 2. 主持人对挑山工及对学校同学双方进行介绍（时间约为 2 分钟） 3. 挑山工向孩子们讲解工具使用方法及相关技巧（时间约为 5 分钟） 4. 各小组派代表对挑山工所挑重物实地感受，分享心得（按照人数比例约 10 人）（时间约为 10 分钟） 5. 各小组派代表对挑山工进行提问（每组 5 个问题）（时间约为 6 分钟） 6. 由校方领导或学生代表发言表示对挑山工的谢意（时间约为 2 分钟） 7. 与挑山工合影留念（时间约为 3 分钟） 挑山工问题： 1. 请问每天挑货物要走多少路？ 2. 请问挑货物时如何最省力？ 3. 请问叔叔您做挑山工时间多久了？您最大的心愿是什么？ 4. 请问你们一天至少要挑几趟？ 5. 课本上说走 "之字形" 的路会省力是真的吗？ 6. 请问为什么冬天都光着膀子，你们不冷吗？ 三、地质及植物课程 讲解集中点：玉屏楼（迎客松）、观石亭（飞来石）、始信峰（黑虎松、连理松）　单点时间，每个地点 5~10 分钟　交叉进行
		黄梅戏学习	17：00-18：00 前往餐厅，参考餐厅：×××餐厅
			18：00-19：00 晚餐，按桌号有序入座用餐，餐厅进行黄梅戏学习，跟随专业戏曲演员学唱安徽黄梅戏，学唱《天仙配》《女驸马》《打猪草》等耳熟能详的旋律。
DAY 2 6.9 周二	晚上	酒店	19：00-19：30 返回酒店　参考酒店：黄山××××酒店
			19：30-21：30 整理相关资料，洗漱，整理衣物。熄灯提醒，休息。辅导员及老师查房。
			19：30-21：30 整理相关资料，洗漱，整理衣物。熄灯提醒，休息。辅导员及老师查房。提示：第二天一早退房，请当晚收拾好行李物品谨防退房时物品遗漏。

*教师联系信息：带队教师所负责班级或车辆信息、姓名、联系方式等，以便联系。

教师联系表见表4-3。

表4-3 教师联系表

带队领导	线路负责人兼车长	大巴车号	指导教师1	指导老师2
姓名+电话	姓名+电话	一号车	姓名+电话	姓名+电话
		二号车	姓名+电话	姓名+电话

*课题分组信息：以小组形式进行活动项目的需将小组信息加入工作手册中，如研究性学习分组内容就有线路名称、项目名称、负责教师、组长、参与项目学生名单。

课题分组信息见表4-4。

表4-4 课题分组统计表

线路名称	序号	项目名称	负责教师	项目组长	参与项目学生名单
福建	1	海上丝绸之路对于×××文化传播的影响			
	2	××文化西传对于世界的影响			
	3	××在亚洲政治格局的作用			
	4	探究海上丝绸之路起源			

*车辆分车信息：记录研学的每一位人员所乘坐大巴车辆及座位安排。在活动过程中，教师或导师可视情况对学生进行座位调整。分车明细安排时需要注意根据所安排的大巴型号安排座位号。

分车信息表见表4-5。

表4-5 分车信息统计表

车号	班级信息	学生人数	教师人数	总人数	教师信息
1号车	1班10人+2班27人	37	2	39	教师姓名
2号车	1班8人+3班28人	36	3	39	教师姓名

分车明细见表4-6。

项目四　研学旅行产品包装优化与运营推广

表4-6　分车明细表

一号车					二号车			
负责人：					负责人：			
司机			车门		司机			车门
辅导员座			导师座		第1排	辅导员座		导师座
教师姓名			教师姓名		第2排	教师姓名		教师姓名
姓名	姓名		姓名	姓名	第3排	姓名	姓名	姓名	姓名
姓名	姓名		姓名	姓名	第4排	姓名	姓名	姓名	姓名
姓名	姓名		姓名	姓名	第5排	姓名	姓名	姓名	姓名
姓名	姓名		姓名	姓名	第6排	姓名	姓名	姓名	姓名
姓名	姓名	过道	姓名	姓名	第7排	姓名	姓名	过道	姓名	姓名
姓名	姓名		姓名	姓名	第8排	姓名	姓名	姓名	姓名
姓名	姓名		姓名	姓名	第9排	姓名	姓名	姓名	姓名
姓名	姓名		姓名	姓名	第10排	姓名	姓名	姓名	姓名
姓名	姓名		姓名	姓名	第11排	姓名	姓名	姓名	姓名
姓名	姓名		姓名	姓名	第12排	姓名	姓名	姓名	姓名
座位号当天根据教师安排调整，以上仅供参考								

　　＊往返大交通座位安排：为了方便在大交通（以高铁为例）上便于管理，工作表内需体现每一位学生所乘坐火车座位安排，工作人员也可以快速清楚自己监控车厢的区域范围，减少危险因素。大交通座位安排表请参考火车信息整理表。

　　＊分餐表：指师生用餐分桌情况，清楚记录班级师生分别安排在哪些桌号用餐。抵达餐厅后师生寻找相应桌号入座即可。分餐安排有两种情况，一是学校已分好操作人员按要求安排即可，另一种情况学校委托操作人员进行分餐安排，这种情况需要注意原则：十人一桌班级内安排（向班集体倾斜）、男女生比例适中，回族分桌及菜单需另关注。

分餐表见表4-7。

表4-7 分餐表

序号	桌号	姓名	性别	班级	大巴车号	桌号	姓名	性别	班级	大巴车号
1	1号桌					2号桌				
2										
3										
4										
5										
6										
7										
8										
9										
10										

*分房表：全程入住酒店的分房安排，以班级或以车辆为单位进行分房安排，研学导师可在分房表上登记实际入住的房号，领取房卡钥匙时既清楚也缩短分房时间。

分房表见表4-8。

表4-8 分房表

1班或1号车				
性别	序号	姓名1	姓名2	入住4晚	备注
男	1				
	2				
女	1				
	2				

*原始出票人员信息：指所有人员出票原始信息，有班级、姓名、性别、身份证号、往返实际票面座位号、备注信息（如是否有过敏源或其他注意事项）等，供工作人员查阅原始数据。

原始信息表见表4-9。

项目四 研学旅行产品包装优化与运营推广

表4-9 原始信息表

序号	班级	姓名	身份证号	性别	去程 G265次	回程 G270次	说明
1							
2							
3							
4							

*参考菜单：经筛选调整确认过的每顿餐单安排。每个团组标准不同菜单也不同。在出发前操作人员要仔细筛查菜单，杜绝菜单非务实性，如翡翠汤。

参考菜单供学校教师参考，在餐前研学导师需与餐厅再次接洽确认是否会有调整或变更菜单。如有变更需要提前向项目经理汇报。参考菜单内容需说明：具体日期午餐或早餐，餐厅信息，菜单详情。

*天气参考：研学活动期间天气预报仅供参考，如遇见恶劣天气时则需备注应急预案。

*入住酒店事项通知：为了便于导师在入住酒店前叮嘱同学们入住酒店需注意的安全事项。

内容如下：

《入住酒店事项通知》

1. 入住酒店后及时检查房间物品。（如：水杯、床单、电话、空调、卫生间、淋头等）

2. 关注消防安全图，熟悉消防通道，检查防毒面具。

3. 洗澡时注意安全，切记不要让拖鞋沾水，防止摔倒。

4. 注意房间用水、用电安全，空调温度不要开太低，预防感冒。

5. 尽早给父母打平安电话。

6. 及时给手机、充电宝充电，保证第二天学习电量充足。

7. 入住酒店后，任何人禁止外出。

8. 入住酒店后，任何人禁止叫外卖服务，减少与陌生人接触。

9. 入住酒店后，禁止在床上食用任何食品，避免产生污损及赔偿。

10. 入住酒店后，禁止串楼层、串房间。（一经发现，严肃处理）

11. 晚上_____前，开始休息，保持安静，老师及研学导师开始查房。（与校方老师沟通是否收手机，手机由校方老师收取，研学导师只负责通知）

12. 早上 _____ 安排叫早服务。（酒店通过电话进行叫早服务）

13. 早上 _____ 为早餐时间，可分开时间段用餐。

14. 早上用餐地点为：_____。

15. 早上退房，房卡交到餐厅，由研学导师统一收取。（禁止独自交到前台）

16. 早上用餐时行李放置在 _____，待用完餐后，拿到集合地点。

17. 早上 _____ 准时集合，不得迟到。

18. 早上集合地点为：_____。

19. 早上退房时，再次强调个人物品不要遗留，及时清点，检查房间。

20. 房间内，如出现酒店物品损坏，需要个人照价赔偿。

还有一些工作手册会增加研学旅行指导师使用的教案和授课逐字稿（见表4-10）。

表4-10 某旅行社编制的江南5日研学旅行产品执行手册中《绍兴鲁迅故里·百草园》研学课程执行内容

研学任务

1. 参观鲁迅故里，了解鲁迅的生平历史，感受鲁迅小时候的学习与生活情形，探究其背后的成长奥秘。

2. 来到真正的百草园，请同学们分组去寻找一下课文中描写的动植物哪些还在这里。

3. 仔细观察鲁迅故居中这座古戏台，将这座古戏台上的三副对联摘录下来。并简单谈一谈社戏这一民俗对于当时的人们有什么意义。

导入设计

同学们，提到鲁迅先生，你们首先想到的是什么？（同学们自由发言）在我们读过的课文里，你印象最深的是哪篇？（学生讨论回答）老师也给大家朗诵一段："不必说碧绿的菜畦，光滑的石井栏，高大的皂荚树，紫红的桑葚；也不必说鸣蝉在树叶里长吟，肥胖的黄蜂伏在菜花上，轻捷的叫天子（云雀）忽然从草间直窜向云霄里去了。单是周围的短短的泥墙根一带，就有无限趣味。"这是《从百草园到三味书屋》里的文字。《从百草园到三味书屋》是鲁迅于1926年写的一篇童年妙趣生活的回忆性散文，此文被收入《朝花夕拾》。全文描述了色调不同、情韵各异的两大景点：百草园和三味书屋。今天，我们就去到鲁迅先生描写的这两处地方，切身感受一下百草园的快乐与三味书屋的严谨，透过这里，了解鲁迅先生的童年生活。

鲁迅，原名周树人，浙江绍兴人，其主要成就包括杂文、短中篇小说、文学、思想和社会评论、古代典籍校勘与研究、散文、现代散文诗、旧体诗、外国文学与学术翻译作品等。他对于五四运动以后的中国社会思想文化发展产生了一定的影响，蜚声世界文坛，尤其在韩国、日本思想文化领域有极其重要的地位和影响，被誉为"20世纪东亚文化地图上占最大领土的作家"。鲁迅故里位于浙江省绍兴市鲁迅中路，依托鲁迅的家乡和鲁迅作品中的许多元素，是原汁原味解读鲁迅作品、品味鲁迅笔下风物、感受鲁迅当年生活情境的真实场所，再现了鲁迅当年生活的故居、祖居、三味书屋、百草园的原貌。

活动过程

1. 参观鲁迅故里，聆听老师讲解【参观路线按照传统路线进行，约 40 分钟】。

2. 驻足百草园，现场组织教学，请学生寻找课文中描写的动植物【约 30 分钟】。

3. 前往古戏台，讲解古戏台的建造特点，解说社戏在绍兴当地的影响，回顾鲁迅课文中对社戏的描写内容，现场记录戏台上的三副对联，组织学生讨论对对联的理解【约 40 分钟】。

活动总结

（1）提出 3 个问题，请学生抢答。

知识类问题 1：来到真正的百草园，课文中描写的哪些动植物还在呢？

能力类问题 2：鲁迅故居中古戏台上的三副对联摘录下来了吗？谈一谈你是怎样理解的。

【对联：四面碧波三尺水，一弯新月半庭风。地似三山春似海，花为四壁船为家。鸢飞月窟地，鱼跃海中天。】

价值观类问题 3：简单谈一谈社戏这一民俗对于当时的人们有什么意义？

（2）小组合作探究：鲁迅之所以能够成为一个伟大的作家，你认为都是哪些因素造成的呢？

【研学旅行指导师可以从个人因素：弃医从文、勤于学习；时代因素：民不聊生、救国救民；家族因素：家庭影响、良好教育三个方面来总结引导】

步骤三：掌握研学旅行产品执行手册编写方法和注意事项

执行手册编写可以仿照电影"分镜头脚本"的编剧手法，采用"实景＋模拟"的演绎方式来细化流程和执行细节。执行手册编写的难点就在于资源点上的研学活动的实施与组织，细化活动流程，设计研学旅行指导师的现场教学方式，策划学生的研学场景，这部分需要结合资源点踩线考察的实际情况，按照学生的学情和人数，在头脑里先行预演，模拟真实的情形，写出"分镜头脚本"。其余板块的编写相对比较简单，只要资料搜集翔实，按照固定模式进行编排即可，执行手册要强调实用性、准确性、完整性。

执行手册是研学旅行指导师组织开展学生研学活动的"教学参考书"，落实好研学旅行服务保障的"操作指导书"，处理好各类安全突发事件的"紧急联络书"，因此，一定要内容翔实具体，资料真实有用，切忌缺项、漏项、资料不实，同时要避免"闭门造车"，对资源点不了解、研学活动设计不清晰，执行手册"想当然"，必然给实际的组织落地带来隐患，难以保证研学旅行的质量和安全。

子任务三：学会行前课设计

步骤一：了解行前课要求

北京市西城区教育研修学院朱洪秋老师在《"三阶段四环节"研学旅行课程模型》一文中指出，从研学旅行课程实践的视角，可以把研学旅行课程分为课前、课中、课后三个阶段，简称研学旅行课程的"三阶段"；从研学旅行课程理论的视角，可以把研学旅行课程分为确定目标、选择资源、课程实施、课程评价四个环节，简称研学旅行课程的"四环节"。课前阶段的重点工作包括课程主题和目标的确定、线路行程的安排、研学手册的编写等，其中很重要的内容就是行前课的设计，这是学生参与研学旅行的前提。

行前课主要针对参加研学旅行的师生，特别是学生，通过线下集中宣讲的方式开展，也可以采取线上课堂的形式，或者录制视频课面向学生播放。不管是针对中小学校，还是其他 B 端、C 端客户，行前课的主要目的都是进行研学旅行的课程预告、资源介绍、安全教育，属于研学旅行的前置课程，为更好地开展研学旅行提供铺垫和前期保障。在出发之前一定要设的行前课，课程作为研学课程的铺垫和引导，最好能够调动学生的学习兴趣，做好知识储备，这样学习起来可以提高效率。

步骤二：掌握行前课的内容构成

行前课的目的决定了其内容主要构成板块可以分为以下几个方面：一是介绍本次研学旅行的目的和意义，对于学生的成长具有的实质性帮助；二是简介研学旅行的目的地和研学资源，了解目的地的资源特色和内涵；三是发布线路行程和研学任务，开展课题研究的具体内容以及评价标准，让学生带着任务去研学旅行；四是讲解研学旅行准备工作，包括学生的生活物资、学习物料、知识储备、心理准备；五是开展安全教育与告知提醒，明确研学旅行的规则纪律、注意事项；六是组建学习小组，评选研学旅行学生干部，加强学生的自我管理。

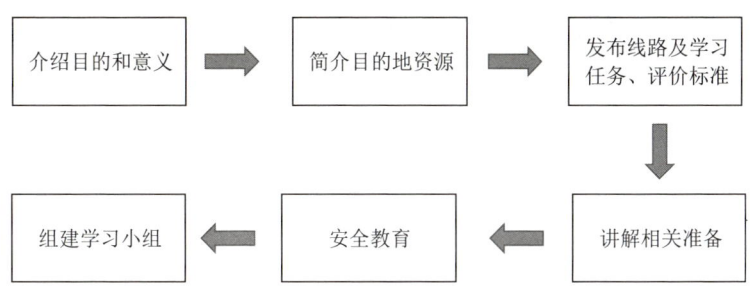

图 4-1　行前课内容设计流程

步骤三：掌握行前课的设计方法与呈现方式

行前课的设计要落实"学生为中心"的教育理念，树立"凡事预则立，不预则废"的思想。行前课设计和准备得越充分，实际研学旅行的效果就会越好，因此，要高度重视研学行前课的设计和组织工作。在设计行前课时要注重"目的明确化、行程具体化、任务中心化、准备清单化、安全规则化、学习自主化"。目的明确化，就是指要让学生明确本次研学旅行的目的与意义，激发兴趣，调动情绪，塑造产品价值；行程具体化，是指行前课上要将本次研学旅行的线路行程具体详细地告知学生，每日的作息安排和课程时间轴管理要清晰；任务中心化，就是要突出本次研学旅行的学习探究任务课题，这是重点需要讲解的内容，让学生了解具体的研究性学习任务指向；准备清单化，就是指研学旅行中的生活物资、学习物料及其他的准备，要以清单表格的形式呈现，采取"钩号准备法"，以免学生遗漏；安全规则化，就是指将安全教育和警示以研学旅行规则的名义正式发布，强调纪律与规则的底线意义；学习自主化，是指安排学习小组，组建学生干部，强调研学旅行的自主学习方式，彰显学生的主体地位和责任。

行前课一般是通过线下课堂，进行集中宣讲的方式进行，时间在一小时左右，同时会留出现场互动答疑时间。有些单位会在行前课上举办开课仪式。如果线下不方便，也可以采取线上讲解的方式进行，但这种形式的效果会弱一些。无论哪一种方式，都要精心准备课件，课件的内容基本上包括上述几大板块。此外，还可以增加公司的基本介绍、自我介绍等内容，增加受众的信任度。某研学服务机构在行前课上发布的某高一年级浙江研学旅行课题研究表如表 4-11 所示。

表 4-11　某高一年级浙江研学旅行课题研究表

课题一	【大学之道】探索大学的理念、校训文化、使命与作用
推荐研究地点	浙江大学
课题二	【人文荟萃】西湖诗词鉴赏与推荐，请以一首诗为例来谈一谈西湖之美
推荐研究地点	西湖
课题三	【衣食住行】以实地考察的某一类物品，探究南宋时期人们的衣食住行
推荐研究地点	宋城
课题四	【文学泰斗】从文学、思想等角度探究鲁迅对中国与世界的影响
推荐研究地点	鲁迅故里
课题五	【诗词世界】寻访沈园踪迹，调查陆游生平经历与诗词风格之间的关系
推荐研究地点	沈园
课题六	【挥毫泼墨】简述兰亭对王羲之书法的影响
推荐研究地点	兰亭
课题七	【影视基地】横店影视城现状与发展前景，对于中国影视未来的影响分析
推荐研究地点	横店影视城
课题八（自选）	请自选课程
研究地点	

子任务四：学会行后课设计

步骤一：了解行后课要求

朱洪秋老师认为，课后阶段是研学旅行的评价总结阶段。这个阶段是非常重要的课程学习阶段，也是很多主办方容易忽视和轻视的阶段。课后阶段的主要内容包括研学作业的完成、研学成果的展示、研学成绩的认定等方面。研学成果的展示实际上是一种课程评价方式，有利于检验研学目标的实现情况。研学成果的展示还可以实现研学成果的物化和延续，以提升研学的实效性。基于以上认知，行后课也是一个重要环节，而且通过研学作业、研学成果等多维度的总结展示，提高研学旅行的综合

学会行后课设计

效益，达到实践育人的目标。

研学旅行成果展示是研学旅行课程的重要环节。这一环节主要在研学旅行的行后阶段完成，也要渗透在行前阶段和行中阶段。可以说，行前阶段、行中阶段都应考虑行后阶段的成果展示。

学生的学习结果可以有多种形式，可以是一篇研究论文、一份调查报告、一件模型、一块展板、一场主题演讲、一次口头报告、一本研究笔记，也可以是一项活动设计的方案。不同学段、不同学校、不同学生可以根据实际情况采用最适合自己的方式提供研学成果。

成果表达形式：图画、照片、模型、实物、录音、录像、光盘、网页、诗歌、节目、口头报告、书面报告和论文等。

成果交流方式：班报、刊物、展览会、演讲会、答辩会、研讨会、节目表演、展板、墙报等。

步骤二：掌握行后课的内容构成

结合行后课的功能目的，行后课的主要内容应包括研学旅行总结回顾、学生研学任务完成评价、研学成果展示延伸等板块。研学旅行总结主要围绕本次研学旅行的吃、住、行、游、学、思六大方面进行小结与点评，重点聚焦研学过程的组织与体验。学生研学任务的评价，主要围绕各小组在课题研究、研学任务完成等方面的成效展开说明。研学成果展示与延伸，主要就学生参加本次研学旅行取得的实质性研学物化成果的展示与提升，如课题研究报告、实践动手制作的作品、研学手册的完成评定等。

《课题调查报告》格式

1. 题目

2. 调查组成员、指导教师

3. 摘要

4. 关键词3~5个

5. 问题的提出（背景、调查目的、意义、他人研究现状等）

6. 研究对象和方法：描述调查方法（包括问卷的回收率和有效率），文章最后附上问卷、访谈提纲等

7. 研究内容：提出假设

8. 研究结果与分析（数据必须用图表呈现）

9. 讨论与结论（建议）

10. 致谢与收获（体会）

11. 参考文献（格式规范）

步骤三：掌握行后课的设计方法和呈现方式

行后课的设计主要聚焦"研学成果的展示"环节，为学生搭建展示平台。行后课要区别于一般的"结营仪式"，它更注重对研学成果的评价与展示。在设计行后课时，可以采取"三环节结构法"。第一环节：主题内容《研学总结与回顾》，表现形式为学生代表讲述并展示照片、视频，谈感受，说体会，讲心得，营造氛围，调动情绪；第二环节：主题内容《研学成果展示》，表现形式为各小组汇报研学任务完成情况，展示研学物化成果，说课题，演作品，展风采，展现研学收获；第三环节：主题内容《畅想未来》，表现形式为激励自我，感恩老师同学，展示研学宣言，畅谈梦想，面向未来。

行后课一般采用集中活动的方式进行，能够营造集体氛围，形象生动、直观地感知研学收获与成果，开展研学课程评价和成绩认定，为研学旅行进行有效的总结与升华。交流、评价探究成果形式列举如表 4-12 所示。

表 4-12　交流、评价探究成果形式列举

书面类	展示类	技术类	媒体类
研究报告 调查报告 介绍手册 建议书 海报 故事集 书信 诗歌	演讲 歌曲 音乐片段 口头报告 戏剧、角色扮演 舞蹈 数据展示 作品展览	数据库设计 图像设计 程序设计 网站设计	幻灯片 音频作品 视频作品 绘画作品 雕塑作品 手绘地图 剪贴册 口述历史 相册

任务小结与思考

本次任务围绕"研学旅行产品课程资料设计"来进行，主要包括四大核心任务点，了解研学旅行产品课程资料的具体内容，掌握研学旅行学生手册的编写设计方法，学会研学旅行产品执行手册的编排，懂得行前课和行后课的设计。

项目四　研学旅行产品包装优化与运营推广

结合实际思考

1. 研学旅行产品的课程资料包括哪几类？

2. 为什么说研学旅行产品的学生手册设计非常重要？你认为在设计学生手册过程中，需要注意哪些方面？请你结合某一个产品文档，尝试着开展一次学习手册的设计。

3. 研学旅行的工作执行手册是研学旅行指导师必备的工具，你认为它应该包括哪些内容？执行手册中很关键的板块就是研学活动的组织实施，请你结合具体的案例，设计一个研学活动课程的执行方案。

思考答案

任务二 研学旅行产品宣传资料设计

学习目标

知识目标	了解研学旅行产品宣传资料明细，明确产品海报、产品详情页、产品推介PPT演示文稿、网络推文、产品广告视频的设计目的与用途，知道各类资料的内容构成，了解配套资料设计的相关要求和注意事项。
技能目标	厘清研学旅行产品包含的宣传资料的设计思路，学会研学旅行宣传资料包装优化的方法，懂得产品海报、产品详情页、产品推介PPT演示文稿、网络推文、产品广告视频等资料的设计技巧与创新手法，学会使用相关工具。
思政目标	学会在研学旅行产品宣传资料设计时，时时注意、点点留痕，将思政元素融入宣传资料设计，深入贯彻立德树人的研学旅行总体目标。

就差临门一脚？

小王是个充满热情的青年，刚进公司不久，就设计了一些自认为不错的研学课程，想到产品总监那里去好好展示。产品总监看完整个研学旅行产品，评价道："看得出来还是花了不少时间精力的，基本思路不错，有些小问题去修正一下就可以了。但是有一个比较大的问题是宣传资料做得太差了。"小王认为研学旅行产品主要还是通过面对面沟通，宣传资料没有那么重要。产品总监却告诉他："企业的宣传册、产品手册、折页等是企业日常品牌推广和市场拓展的必要宣传资料，这些产品画册的设计与企业形象密不可分，且对于企业而言，如果贪图一时便宜，不愿意在设计上花费，当你的客户在对比几家公司做出选择的时候，就可能因为你的品牌形象不够，从而被竞争对手pass掉。虽然，单纯比产品质量，可能我们并不输给竞争对手，但我们的形象包装不到位，就会给业务拓展拖后腿，从而被市场排挤。"听完产品总监的话，小王若有所思。

案例观察

本案例中，小王对研学旅行产品宣传资料的重要性有所轻视，必须经过系统学习才能深入理解产品宣传资料的重要性，对其进行成体系的设计，为更好地销售研学旅行产品打下坚实基础。

问题思考

1. 你觉得常见的研学旅行产品宣传资料有哪些？那些你觉得做得不错的宣传资料有哪些特点？
2. 你觉得研学旅行产品宣传资料还应该在哪些方面进行突破创新？

任务实施

产品宣传资料，就是与产品的宣传、推广息息相关的各类资料，如产品海报、详情页、产品推介PPT演示文稿、产品宣传页、产品宣传册、网络推文、产品广告视频等。

一级指标	二级指标	三级指标	备注
产品宣传资料	产品海报	用于研学旅行产品宣传推广的海报、单页	
	产品详情页	用于网络宣传的产品内容详情介绍	
	产品推介PPT演示文稿	在线下召开产品发布会使用的产品演示文稿	
	网络推文	通过自媒体、企业微信号及其他渠道发布的软文	
	产品广告视频	制作用于宣传推广的产品宣传短视频	

子任务一：学会产品海报设计

海报是广告的一种，具有向受众介绍某一物体、事件的特性，语言要求简明扼要，形式做到新颖美观。在设计研学旅行产品的过程中，经常会使用海报来进行产品宣传与推广。海报设计的六大要素一般包括主题、风格、构图、配色、背景、商品。主题就是让消费者明白的海报的主要内容，主题提炼简洁、高效。风格就是指页面传递给人的某种感觉，如古典、可爱、小清新或简约时尚，往往与产品内容有关。构图是设计的重要板块，包括版式的选择、各类元素的搭配、大小远近关系的处理等。海报强调配色，通过色彩搭配来吸引受众，包括同类色、邻近色、对比色、渐变色的使用，让色彩成为表达的工具。背景指的是衬托主体事物，如产品、文案、促销信息等的景象。商品是海报要售卖的物品，通过位置、角度、画面占比等方式来凸显商品信息。如图4-2中的海报，呈现的是江南水乡特色的"藕"文化，带孩子一起来体验不一样的农事活动。在海报中就体现了浓厚的"藕"文化和江南水乡气息，吸引目标受众的关注。

图4-2 研学旅行产品海报

项目四　研学旅行产品包装优化与运营推广

1. 使用目的

研学旅行产品海报用来进行产品宣传、推广，对于产品收客起到直观、高效的作用。对于面向市场收客的产品，往往会独立设计产品海报，通过海报的宣发，对产品进行广而告之，从而达到迅速传播，提高产品的受众知晓率的目的。

2. 内容构成

研学旅行产品海报一般包括主题、产品特色亮点、线路行程基本信息、研学收获及价格等信息，通过文字、构图、色彩搭配等形式，展现出海报的核心内容。囿于海报的容纳量和本身的特性，文字不宜太多，整体上要讲求简洁、聚焦。

3. 设计思路

海报一般由专门的美工进行设计，但是作为产品设计人员，要学会利用海报传递产品的核心信息，思考如何通过海报来最大程度展现产品的特色与亮点，传导产品的价值。在编写产品的海报文案时，可以采取"数字提炼法"，将产品的卖点以数字化的简洁方式展示出来，语言力求生动、简要、有力。

4. 注意事项

研学旅行产品海报设计要体现产品特点，海报的风格选择与产品主题、内容相一致，与目的地资源特色相协调，与青少年的受众群体相匹配。例如红色主题的产品，就要相对严谨，绿色主题的产品，就要给人清新的感觉。海报要体现青少年的活泼、生动、朝气、向上的整体气质，通过海报渲染，让受众有购买的冲动与欲望。

子任务二：学会产品详情页设计

研学旅行产品在面向市场宣传时，往往还需要详情页。所谓详情页就是通过专业的美工设计，将产品的主题、线路行程要点、产品特色卖点以及服务标准，形象化地全景式展现。受众通过浏览详情页，就能够了解产品的主要信息，一目了然，生动直观。以上述挖藕研学产品为例，活动内容非常丰富，穿上渔裤、蹚泥塘、下塘寻藕，了解莲藕的前世今生、制作荷叶包饭、"藕"遇下午茶，在产品详情页（见图4-3、图4-4、图4-5）里就可以展开充分论述，有图有真相地告知目标群体该研学产品的细节。

学会产品详情页设计

1. 使用目的

产品详情页的使用场景与产品海报有所不同，海报往往是单独使用，通过线上发布、线下印制派发等形式传递给顾客，而详情页需要通过线上，结合产品文档一起配发，更像是阅读产品文档之前的导览。

2. 内容构成

产品详情页，是为了适应读图时代发展的产物，通过长图分页的方式将产品信息形象生动地展现出来，让受众能够快速地知晓。详情页一般较长，达到手机的4屏以上，信息量较大，内容设置可包括：产品主题、产品特色亮点、研学旅行线路安排要点、研学旅行服务特色、安全保障、客户验证等板块。

3. 设计思路

与海报的设计异曲同工，产品详情页可以看作是若干系列海报的集合。在详情页设计时要注意内容的编排方式，可以采取"模块化结构法"的方式进行设计，将详情页分为若干个模块，每个模块按照一定的风格进行构思，最后将各个模块有机组合，形成统一风格的详情页。

4. 注意事项

详情页虽然比海报长，信息量更大，而且与产品链接配合使用，但是本身不宜长篇累牍，内容模块要层次清晰、表述清楚，重要的特色和重点的内容要前置，画面设计要鲜活，主体风格要与产品内容主题相协调，体现研学旅行产品的特性，符合青少年研学旅行的特点，能够以图文设计来吸引受众。

图4-3　研学旅行产品详情页（1）

图4-4　研学旅行产品详情页（2）

项目四 研学旅行产品包装优化与运营推广

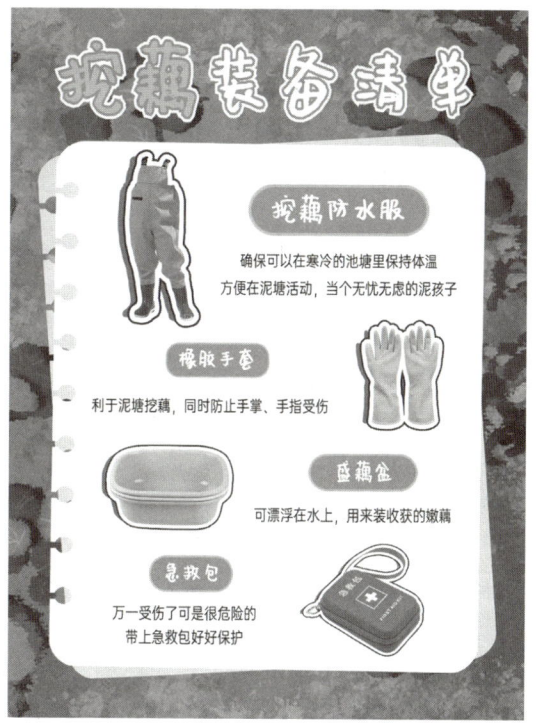

（WOW！挖藕！亲子研学旅行产品　来源：浙江皓石教育集团）

图4-5　研学旅行产品详情页（3）

子任务三：学会产品广告视频设计

随着传播形式的多元化，特别是短视频的兴起，通过制作短视频来宣传研学旅行产品，已经成为一种重要的途径。

1. 使用目的

通过制作产品短视频，让受众在短时间内了解产品的卖点，并能够快速形成传播效应，提高产品的受众覆盖面。

2. 内容构成

某旅行社研学旅行产品设计人员编撰的详情页文案见图4-6。

> **欢乐迪士尼　住享希尔顿**
> **——江南6日才情主题研学旅行**
>
> 引言——
> 江南的山水人文，铺展出才情画卷
> 诗词歌赋、琴棋书画、古韵新声，一切只为成就你的才华横溢！
> 模块一
> 非去不可的魔都狂欢——
> 欢乐迪士尼，点亮心中绮梦
> 住享希尔顿，尽享西餐礼仪
> 模块二
> 玩转江南5座城——
> 魔都上海奇趣荟、古韵苏州艺术荟、古镇水乡民间荟、笔墨绍兴文学荟、休闲杭州才智荟
> 模块三
> 才情双修 情境课堂——
> 学昆曲，听评弹：听一支昆曲，典雅婉转，如空谷幽兰
> 跟着五星大厨学礼仪：在刀叉的交响乐中，显示气质风度
> 小皮影，大制作：一口叙说千古事，双手舞动百万兵
> 江南才子绘：指尖飞动，才艺如诗
> 西湖诗词会：山水与诗歌的美妙奇遇
> 感恩践行，邮寄飞思：真情与感动在笔尖流淌
> 模块四
> 读行课本 实景课堂——
> 近代风云看上海：上海外滩
> 经典课文品园林：苏州园林
> 水乡乌镇忆美文：乌镇
> 诗词歌赋诵江南：西湖
> 钱塘观潮动人心：海宁
> 遇见文豪读世界：绍兴鲁迅故里
> 模块五
> 精致服务 品质研学——
> 绝不一样的江南味道
> 不可错过的住宿体验
> 安全保障一路护航

图4-6　江南6日才情主题研学旅行详情页文案

　　研学旅行产品的广告短视频，在时间上以短为特色，一般控制在90秒以内，在形式上符合短视频制作的特征，即短平快。因为时长短，所以内容的选取必须挑重点，一般选择产品主题、产品特色亮点、线路行程涉及的主要资源点、学生的收获等板块，视频和音乐风格要与产品内容主题匹配，画面要有视觉冲击力，通过视频剪辑技术，让画面切换、音乐背景烘托、字幕动感等高度融合，必要时还可以通过配音增加产品解读效果。

3. 设计思路

　　产品广告视频剪辑一般由专业人员制作，普通的产品设计人员也可以通过

一些类似于剪映、爱剪辑等软件，进行剪辑。编辑视频过程，就是靠裁剪视频和拼贴将素材直观地组合成一个完美的短片，从过程上看，它分为四个阶段：导入素材、裁剪素材、组合素材、导出成片。研学旅行产品广告视频，需要一定的创意，可以采用"亮点聚焦法"来设计，"黄金三秒"原则在短视频平台尤为重要，视频开头的三秒钟被称为黄金3秒，能够吸引用户看完整个视频，提高完播率。开头三秒内容可以是冲突点、悬疑点、共鸣点甚至诱惑点，挖掘产品亮点，打造最优的"黄金三秒"，提高视频吸引力。

4. 注意事项

产品广告视频投放的地方较多，受众较广，设计制作广告视频，要有层次感和冲击力，画面和音乐与产品风格协调一致，切忌平铺直叙，毫无悬念。

子任务四：学会产品网络推文设计

网络推文是宣传研学旅行产品的重要手段，特别是针对C端直客，通过编辑产品推文，能够快速地传播产品内容。网络推文可以融合照片、视频、文字等各种元素，将产品形象生动、完整地呈现出来，并通过服务号、自媒体、微信链接等途径转发出去，迅速地覆盖受众，提高传播率。

某旅行社研学旅行产品设计人员编撰的产品广告视频文案见图4-7。

欢乐迪士尼　住享希尔顿
——江南6日才情主题研学旅行

文字单独出现：走进诗画江南，开启一段不可错过的才情之旅
文字：上海迪士尼，绽放心中绮梦，NI准备好了吗？
国际五星希尔顿大酒店，极致奢华，西餐礼仪，NI喜欢吗？
文字单独出现：5座文化名城
画面：魔都上海奇趣荟（外滩）、古韵苏州艺术荟（千灯古镇、苏州园林）、古镇水乡民间荟（乌镇）、笔墨绍兴文学荟（鲁迅故里）、休闲杭州才智荟（浙大）
文字单独出现：10大才情体验活动
画面：听昆曲，学评弹，提灯走桥，巧谜猜射，书卷密符，邮寄飞思，吴越争霸三十六计，寻趣百草园，语绘园林，西湖诗会
读行江南，才情如花般漾开……
文字单独出现：才情双修，诗意成长，准备好行囊，出发吧！

图4-7　江南6日才情主题研学旅行广告视频方案

1. 使用目的

网络推文一般借助公司的公众号平台进行编辑和转发，可以点对点地发送给意向客户，也可以通过朋友圈散发，这是浏览量相对稳定的一种便捷方式，

对于传播研学旅行产品、开展市场收客作用明显。

2. 内容构成

研学旅行产品的网络推文目的明确，在编辑文章时，主要包含以下内容：产品特色亮点介绍、产品活动内容简介、研学旅行目的地资源介绍、学习收获、客户验证、服务标准等。产品的特色亮点的提炼与表达方式需要创意设计，快速吸引受众。学习收获是展示学生参加本次研学旅行的物化成果及成长，要有可视化的载体，通过图片、视频来增加可信度。

3. 撰写思路与方法

网络推文的编辑和设计需要一定的文字能力、审美能力，能够对研学旅行产品解析得透彻，特色亮点梳理得确切。在编排网络推文时，不用长篇大论，而要精简文字，善于利用图片、视频等来提高阅读的兴趣。在具体撰写过程中，可以采取"线性编排法"来进行。首先，要梳理出产品推文的内在线索，即内容的逻辑线、情感的表达线，罗列出需要表现的内容要点，连点成线，保证阅读的流畅性；其次，要线上布点，就是要安排重点板块，如活动内容、学习收获、资源点介绍这些受众关注的要点；最后，要重视开头结尾，做足"凤头"和"豹尾"，开头要尽力吸引读者，结尾要有力，让受众产生消费的冲动感。此外，标题的拟定也非常关键。在微信转发和公众号显示的时候，标题的内容就成为抓住眼球的极为关键的信息，因而，标题的提炼就显得很重要，标题要有煽动力，有具体内容，切不可空洞无物。

4. 注意事项

在创编研学旅行产品的推文时，要注意研学产品的特点，突出教育意义和对研学受众的帮助，强调产品的社会价值和教育价值，以符合党和国家教育方针政策的教育理念来宣导产品，坚持正确的育人导向。此外，要注意行文表述的严谨，不能夸大宣传，以免有违反广告法的用语和行为出现，对受众造成误导。

任务小结与思考

本次任务围绕"研学旅行产品宣传资料设计"来进行，宣传资料作为市场推广的重要抓手，产品设计人员也要掌握其原理，包括产品海报、详情页、广告视频和网络推文的基本方法、使用场景和注意事项，通过高效的宣传，让产品更快地占领市场，产生综合效益。

结合实际思考

1. 网络推文，也叫软文，是研学服务机构开展市场宣传收客的重要窗口和载体，请你搜寻几篇目前市场上的研学服务机构公众号的产品推文，尝试着进行比较，认为哪一篇写得最好，请说出理由。

2. 请你去找一个制作上乘的广告视频与同学分享，并说出推荐理由。

思考答案

| 任务三 | 研学旅行产品销售推广 |

知识目标	了解公开招投标方式及公开招生方式的研学旅行产品销售业务流程和要点。
技能目标	厘清公开招投标方式及公开招生方式的研学旅行产品销售业务流程和要点，能够进行招标前的工作准备、竞标答辩，清楚掌握中标后的执行、落实要点和成果展示。能够在公开招生过程中发布课程信息、召开课程说明会。
思政目标	在销售推广过程中，能够深入理解学校、家长等群体对思想教育的目标，更好地和研学旅行产品设计中的思政元素对接。

遭遇合作困难的小李

小李是公司的一名新进的研学旅行产品开发设计人员，在慢慢熟悉掌握研学旅行产品开发设计流程和技能过程中，他却发现经常和销售部门同事存在沟通不太顺畅的问题。他经常无法理解销售部门同事提出的一些具体要求，而销售部门同事每次又是行色匆匆，没法解释太细致。这让他觉得很有必要搞清楚进行研学旅行产品销售的大致情况，以便和其他部门同事更好地交流和沟通。我们能怎么帮助他呢？

案例观察

研学旅行产品设计最终是为更好地实现产品销售服务的。作为产品开发设计人员，系统全面了解销售工作流程和具体要求，对针对性地开展研学旅行产品开发设计是非常有必要的。

项目四　研学旅行产品包装优化与运营推广

1. 与常见旅游产品相比，研学旅行产品销售有哪些特点？
2. 你觉得还有哪些渠道和途径可以更好地进行研学旅行产品销售？

子任务一：了解公开招投标方式的研学旅行产品销售业务

如果学校、研学基地（营地）等单位是研学旅行产品的主要购买主体，一般会通过公开招投标的方式进行采购。以招投标方式进行的销售业务流程有其特定流程。

步骤一：掌握研学旅行产品销售业务流程（见图4-8）

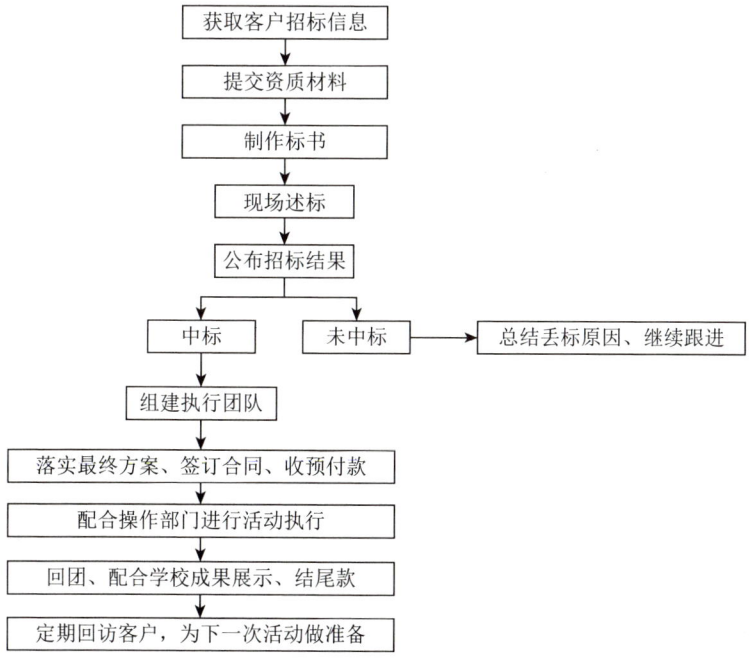

图4-8　研学旅行产品销售业务流程

步骤二：研学旅行招标前期工作实施

要通过各种渠道获取到学校或其他单位的招标信息。获取招标信息渠道有：各市（州、地区）区（县、市）教育局（教体局、教育委员会）网站的公告信息；学校官网发布的招标公告；研学旅行招标委托代理机构发布的招标公告；招标主办方投送的招标邀请书等；销售人员要通过整理以往客户信息、归纳的出行时间，定期关注学校的公开网站和微信公众号。时时关注招标网上的信息，以便在第一时间获取招标信息。

1. 研究招标信息

招标信息有学校公共平台上面的信息，一般包括课程方案要求、课程实施的保障与服务标准、课程实施的时间安排、投标单位的资质及条件要求、需要提交的资质预审资料目录、提交时间和预审结果公告时间及公示和查询办法、提交资质的截止时间和方式要求、开标时间、评标时间及评标流程纪律要求、招标工作联系人及联系方式等。销售人员要认真研究以上信息，重点研究课程方案要求，课程方案要求中对于研学的学生年级、研学的路线及核心景点以及对于此次研学的课程实施的特色都有明确的要求，制作标书就应该在这些方面重点体现。

2. 提交资质材料

当销售人员第一时间获取到招标信息后，意味着销售工作的正式开始。销售人员要根据招标信息中的内容，按照要求提交相关资质，并开始筹备设计标书等工作。提交资料是销售人员与学校第一次交流的机会，销售人员要精心准备，第一个"见面礼"要做得精致漂亮。销售人员要规范地提交学校要求的相关资质：公司资质证明材料加盖红章；公司正常年检证明材料加盖红章；公司近三年相应业绩证明材料；公司近三年成功案例材料；非法人代表到场陈述的必须有法人代表的授权委托书（盖章、签名）及法人身份证复印件。还可以提供公司无犯罪记录、纳税证明、诚信经营单位等相关材料来显示公司的实力。在提交资质材料证明时还应制作资质材料清单，并按照招标公告上面的顺序依次呈现，按时按要求提交资质。

3. 制作研学标书

标书一般分为两部分：商务标书和技术标书。商务标书的主要目的是展示公司的实力，以公司的资质、业绩及成功案例等为主。商务标书的具体内容是：

（1）法定代表人身份证明。

（2）法人授权委托书（正本为原件）。

（3）投标函。

项目四　研学旅行产品包装优化与运营推广

（4）投标函附录。

（5）投标保证金交存凭证复印件。

（6）对招标文件及合同条款的承诺及补充意见。

（7）投标报价说明。

（8）报价表。

（9）投标文件电子版。

（10）企业营业执照、资质证书。

（11）公司业绩。

（12）公司以往成功案例等。

技术标书是研学旅行标书的核心内容，包括研学旅行课程设计及实施方式。线路设计与课程设计的完美结合是课程设计的亮点，要将核心景点与特色课程作为重点体现。课程设计方案内容一般包括：

（1）整体课程导览。

（2）课程亮点。

（3）课程说明。

（4）课程目标。

（5）课程规划。

（6）行程规划。

（7）课程实施。

（8）课程评价。

（9）学习成果。

（10）安全保障。

为了能够提高中标率，根据中标公告信息，可以多设计几个研学课程方案供学校选择。

步骤三：竞标答辩

1. 保持仪表，形象制胜

最好着正装进行述标，进入场地，遵守规则，把握好第一印象，放松，要以一种"我是来介绍我的得意之作"的心态来进行阐述，自信、微笑。

2. 精简语言

述标一定要思路清楚，语言简短，控制声音大小及语速，生动活泼，多互动，把握场地整体气氛。

3. 利用身体位置和动作

述标过程中一定不要照本宣科，千万不要一直照着 PPT 来念，我们始终要把评委的目光吸引到自己身上，多用动作引导评委，让大家按照你的思路走。

4. 分析听众

述标的同时要观察评委的反应，根据专注度的不同，随时调整讲解的轻重点，多和评委互动。

5. 充分运用视觉材料

如何能让你的述标引起评标委员的兴趣而不是让他们昏昏欲睡，关键要有一个独特的PPT。在述标过程中，我们要设计好衔接，每一页PPT及所对应的讲述都是整体陈述的一部分，都有其作用。还可以准备一些实物图片（基地活动、用餐场景、住宿场景）、实物（研学手册、GPS定位系统）、实验（实验器材包）、录像（成功案例）等来增强视觉印象。

6. 把握时间制胜

在述标过程中我们是直观地向评委传达信息，述标通常都有时间限制，毫无疑问在这个时间段内，讲述者应该把握这样几个问题：

学校的需求是什么？

我们是怎么来解决这个问题的？

我们的课程特色是什么，我们的配套服务有什么？

我们的优势有什么？

述标应该既有重点，又覆盖到各项内容，突出公司的特点和优势、突出课程的特点和优势。在此基础上，我们要将这些板块进行合理的时间分配，以达到最优的效果。如抽签顺序在前的，可以把课程展示的时间比例放大。如抽签顺序在后，可以把公司优势特点的比例放大，因为评委已经听了很多的课程介绍，在雷同的部分已经审美疲劳，他们更关心的是你与其他对手相比的特点、差异，我们只需要把这些部分多做介绍，以增加分数即可。

7. 述标中的禁忌

不要去诋毁或者评论竞争对手，只突出自己的优势即可。

不能与评委发生争论，不能对评委的问题表示轻视。

8. 漂亮的结束语

结束的时候可以说谢谢大家等一类礼貌语，或是讲解结束前把讲解主要内容简要概述一遍，说出有提示性、号召性的结束语。

步骤四：中标后活动执行、落实及成果展示

竞标后，如未中标，我们要从校方反馈和自身课程方面分析，找出原因，记录并改进，为下一次竞标做好准备。如果中标，那么先恭喜您进入了下一轮，但是我们的工作还有很多，如：

项目四 研学旅行产品包装优化与运营推广

1. 签约

签约前和行政部门拟好合同，先期发给校方，便于律师审核，并与客户确认好项目报价及细节，由操作中心再次确认行程无误，方可签约，签约完成后马上向操作中心报备，确保行程安排顺畅。合同交由行政部门备案，建团。

2. 组建执行团队

签约完成后，由销售、操作、课程中心、研学导师组成执行团队，在出行前，落实方案执行的所有细节。销售还要全力配合操作和研学导师，时刻把最新的方案变化（行程更改、收款情况等）报备给操作中心知晓。建立完整的安全预案，有突发情况第一时间处理。活动效果要从学校、学生收获方向考虑，每个环节都落实到位。

3. 成果展示

成果展示是学生对综合实践活动中的各种表现的一个总结，同时也是师生之间、学生同伴之间共同学习和交流的机会，是学生学会发现自我、欣赏别人的过程。

成果展示的形式是多种多样的，例如：一份调查报告、一幅绘画作品、一次体验日记、一次主题演讲、一次口头报告、一个节目、一场比赛、一次讨论、演示操作或心得体会等。

我们销售人员在配合学校成果展示的时候，要寻求与学生情况、学校情况相符的交流方式，尊重学生当前的认知水平，使用与活动实际相符的表达方式，不避讳问题，正视不足，去引发更深入的思考。

步骤五：客户档案管理

活动结束后，销售人员要马上做好整理完善客户档案的工作，为下一次的活动打好基础。主要做好以下方面：

- 客户活动照片下载与存档。
- 客户信息的收集是客户关系维护的基础，为自己的每个客户建立数据资料库（姓名、性别、电话、学校活动的举行周期、项目申报时间等），记录客户的每个细节需求。
- 做好客户的分类：根据客户的需求状态分组，如潜在客户、目标客户、准客户、成交客户、忠诚客户。详细的分组能让你用有限的时间创造无限的价值，如对潜在客户可以适当并且有规律地隔一段时间电话问候一次，意向客户要上门拜访等，已成交客户定时发送节假日祝福等。

与此同时，要及时跟进客户新需求。要随时把公司最新的定制产品提供给客户，以引导客户新的需求，同时要关注国家提出的一些教育新理念，提前做好准备，融入新的产品中去。

子任务二：了解公开招生形式的研学旅行产品销售业务

面向非学校和单位的研学产品销售一般采用公开招生、自主报名形式，其招生工作是待课程设计方案完成后才开始的。招生工作是课程实施的第一步，只有明确了团组人数才能开展下一步的工作。

招生对象虽然是学生，但实际掌握决定权的是家长，所以招生工作的主要对象是学生家长，同时兼顾学生开展。

步骤一：发布产品信息

可以通过学校、合作企业主导发布课程信息，其目的是让每一位课程对象的家长都能接收到即将组织开展的研学课程信息。发布产品信息的方式主要有以下三种。

1. 致家长信

家长信是进行招生工作的一个重要环节，家长信的质量和数量几乎能决定招生的数量。这里的数量是指准备发给学生家长的数量。家长信的内容是让学生家长知晓研学课程的活动，了解研学课程的目的以及大概信息，重点是要收集有意向参加的学生信息并计划召开家长会的环节，可以在家长信后设置回执的部分或留二维码以方便统计。

附：家长信模板

尊敬的各位家长：

您好！

应我校友好学校××小学的邀请，我校师生计划于今年九月进行友好学校交流访问活动。

××是英国的优秀学校，在教育创新、教育管理方面具有独到见解并拥有高水平的教学电子系统，且在艺术教育领域处于领先水平。第一，希望通过本次"友好学校交流活动"，将本校的特色课程"戏剧教育课程"发展到一个更高的水平。第二，实现互通教育理念、学习先进教育方式的目的。第三，希望活动可以给学校发展带来一个更广阔的平台，加快学校品牌化、国际化建设的步伐。对出访的学生来说，本次活动能够加深学生对多元文化的感知与理解能力，了解他国文化，才能认识自己。同时开展中华传统文化展示交流，用英语讲中国故事，通过传统文化展示，使外国学生对中华传统文化有进一步认识，

项目四　研学旅行产品包装优化与运营推广

让更多的国际友人领略中国文化的博大精深。

本次交流活动预计为14天，期间，学生将住宿在友好学校学生公寓，与当地学生一起上课，并利用周末时间，在伦敦等地进行参观学习。同时，为了不耽误孩子的学习进度，带队老师也将按照学校教学计划，带领学生学习。

本次活动计划组织学生20名，以自愿报名、学校选拔为报名原则。研学活动费为_____元/人，包含研学期间的一切费用。如果您希望孩子参加本次活动，请于5月15日（周三）12：00前扫描二维码，填写回执，学校外事部门将根据报名情况，研究、确认初级名单，并及时反馈给家长。

2. 课程资料

在招生对象广、人数多的情况下，可由课程实施方设计精致详细的活动说明资料，详细介绍课程内容、费用等细节，并且可以留下客服人员的联系方式，以方便咨询。

3. 移动网络

移动网络工具是进行课程说明和招生工作的有效方法，例如微信的链接推送，不仅可以承载丰富的文字、图片甚至视频信息，也可以方便统计浏览记录，进行信息采集。推荐有技术支持的条件下可以采用网络招生的方式。

步骤二：召开产品/课程说明会

上文推荐了三种进行研学课程招生工作的有效工具，它们都属于招生工作的第一阶段，即调查意向报名情况。由于研学课程的特殊性，最好组织现场说明会，由课程实施方进行课程的解答工作。课程说明会是招生工作的决定环节，家长会在会后决定是否报名。一场有质量的说明会可以解决家长的所有问题，使家长顺利安心地报名。以下是召开说明会需要特别注意的环节。

1. 说明会准备

预则立，不预则废，千万不要忽视了说明会的准备环节，这将直接影响招生会效果，从而影响招生的最终人数。说明会的准备工作主要包括以下内容：

（1）落实参会人数。说明会的开会对象是学生家长，之前的家长信等工具一个重要的目的就是确保参加说明会的人员数量。在收到最初的报名信息后要不断落实能参加说明会的人员。如果参加人员都达不到课程的预计人数的话，暂时不要进行现场说明会的环节，应该继续进行课程说明宣传。

（2）检查会议场地。尽量选择硬件设施完备、舒适整洁、空间较大的会议室进行说明会。如果说明会场地简陋、环境嘈杂，会直接影响会议效果。在进行说明会之前要事先和校方沟通，如果需要运用幻灯片等设备，一定要提前准备好，保证说明会顺利进行。

（3）准备宣讲文件。为说明会准备必要的宣讲资料，比如 PPT、视频、照片以及课程资料等。充分的文件准备有助于展示课程内容，增加听众信任，弥补演讲能力的不足，是说明会的效果的重要保证。

（4）安排会议时间。说明会的时间尽量控制在一个小时左右，太短无法解释课程内容，太长则会让听众失去耐心。且会议的召开时间要事先斟酌，最好与校方和参会人员沟通，为参会人员安排比较宽裕的时间段，避免选择在时间紧张的当口，否则会影响参会人员的接受效果。

（5）说明会内容。说明会的目的是为参会家长说明课程目的、讲解课程内容以及说明实施流程。其重点应当放在课程内容，其中生活保证和安全保障是家长最为关注的因素，此处应当重点说明。

（6）说明会形式。家长说明会应当由校方组织实施，首先需要校方领导做课程背景介绍，然后正式引荐课程承办方进行讲解。在说明过程中注意演讲技巧，并且突出重点，然后留出提问时间解答问题。最后，根据实际情况可以建立微信群等，方便后续沟通。

2. 签约及收取报名费

在说明会结束之后，可安排签约和收取报名费的工作，条件允许的话可以安排在说明会之后，或者在说明会结束后一周内进行，因为期间家长可能会要求审阅协议。切记只有当报名费收取完成后才表示招生工作结束。

任务小结与思考

本次任务围绕"研学旅行产品销售推广"来进行，研学旅行产品销售有其独特性，需要根据其特性展开销售。任务围绕公开招投标和公开招生两种典型销售模式，介绍了研学旅行产品销售推广的要点。

结合实际思考

1. 请简述标书的内容。
2. 请按照竞标答辩要求，向同学们展示你们的研学旅行产品。

思考答案

项目五

研学旅行经典产品设计范例及分析

中国船政文化博物馆

研学市场不断蓬勃发展，促进了各市场主体不断深入挖掘多领域资源教育价值转化、激发创新活力，开发多主题研学产品，持续推陈出新，丰富市场供给。因此，好的研学旅行产品不断地被开发和设计出来，可以说，没有最好、只有更好。教材在广泛深入行业企业调研基础上，遴选了4个各有特点的研学旅行产品做分析，以方便读者了解和参考不同类型的研学旅行产品。

思维导图

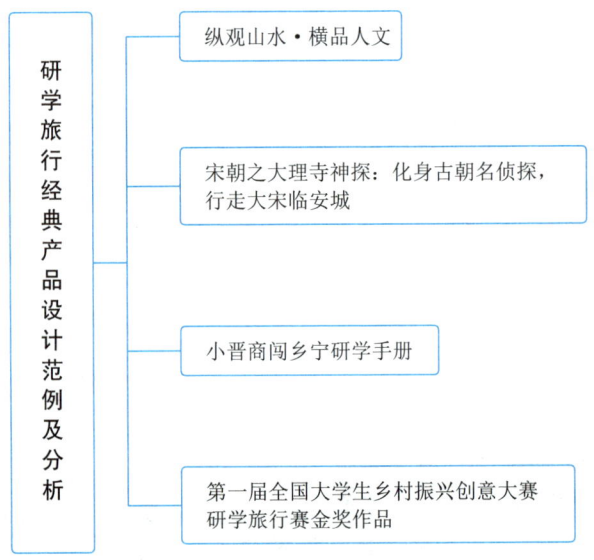

项目五 研学旅行经典产品设计范例及分析

案例1 纵观山水·横品人文

古徽州主题研学

 课程说明

地方文化是在一定的地域环境下长期形成的独特文化，它体现了特定区域的生态、民俗、传统及习惯等。地方文化是学校教育的重要课程资源，因地制宜，合理利用地方资源，挖掘、吸收、传承地方文化，是学校课程改革和对学生进行素质教育的重要内容。

徽文化，即徽州文化，是中国三大地域文化之一，指古代徽州一府六县物质文明和精神文明的总和，而不等同于安徽文化。徽州文化是一个极具地方特色的区域文化，其内容广博、深邃，有整体系列性等特点，深切透露了东方社会与文化之谜。历史上的徽州是一个神奇的地方，在这1.2万平方千米的弹丸之地，不仅出现过富甲一方、称雄商界数百年的徽州商帮，而且还创造了灿烂辉煌、博大精深的徽州文化，以及代表着江淮山河之美的黄山奇景，黄山迎客松更是安徽人民热情友好的象征，承载着拥抱世界的东方礼仪文化。

古徽州是一座丰富的艺术宝库。自古以来，人们游览黄山，研习徽学，留下了丰厚的文化遗产，概括起来就是遗存、书画、文学、传说、名人"五胜"。古徽州特有的自然、历史、文化背景造就了徽学及地方的辉煌。

本课程紧紧围绕着"纵观山水，横品人文"展开学习，让同学们对徽文化有更为深刻的认知。通过对徽文化的历史内涵的认知，不仅能够开阔学生们的视野，更能够让同学们增长知识，增强民族自豪感、文化自信心。

研学旅行产品设计

课程目标

（1）结合部编版教材中的传统文化、民俗和自然地理，通过参观宏村，了解宏村历史文化并学习徽派建筑文化；通过在中国徽菜博物馆品味徽菜及观赏黄梅戏，学生能够了解徽菜历史文化起源和发展，学习黄梅戏的传统艺术文化，提升艺术素养；前往徽州古城，学生初步了解地域徽学、古徽州文化的研究价值，能够全面感受古徽州文化丰厚的积淀和巨大张力，提升对灿烂徽文化的理解；了解并学习黄山自然人文历史及文化，感悟并继承和弘扬黄山精神。

（2）通过问题引导、小组探究、合作体验等过程，学生能将学科知识与现实问题相结合，掌握探究式学习方法，增长地域人文知识，开阔视野；通过小组合作，加强团队合作意识，激发学生的自主管理能力与领导力。通过实践活动，了解古徽州文化的历史发展过程，学习地域特色民俗文化及技巧，探究徽派建筑，深度感受祖国山水美景，继承发扬我国优秀传统文化。

（3）通过学习了解古徽州的悠久历史、山水人文，民俗风物等方面，认识到古徽州地域文化的研究价值和艺术魅力；感受徽州具有深厚文化底蕴的风俗礼仪、时节活动、传统技艺，在过程中提升动手能力和创新力；增强学生继承和弘扬中华优秀传统文化的责任感，提升学生对徽文化的认识与保护意识。通过实践调查等活动，激发学生思维创新能力，促进学生综合素质发展，引导学生形成积极向上的世界观价值观。

课程结构

品读——徽州：了解徽州文化，感悟博大精深的徽州文化。
探究——徽州：踏访徽州古城、宏村、黄山等地，实践体验探究。
分享——徽州：学生分享徽州之行的收获。

课程内容

品读课程（行前）

品读课程是在研学旅行出发之前进行的课程内容，是研学课程不可缺少的重要环节，有效地品读课程能够帮助师生在精神和物质两个层面做好充分的准备。

对研学地点先行感知接触，初步了解其历史沿革、文化内涵和意义价值，把"知其然"作为间接素材，为体验探究奠定基础，带着兴趣和问题去探究其核心思想，这样才能实现研学的目的。本次研学的品读课程分为两个主题，具体内容如下：

品读课程					
主题	教学内容	建议课时	授课老师	授课地点	教学方式
知识预习	徽州文化内涵及发展	1课时（行前）	研学旅行指导师	学校报告厅	讲授式
安全教育	本次研学的课程内容安排、行程安排	1课时（行前）	研学旅行指导师	学校报告厅	讲授式
	本次研学的注意事项、纪律要求				
	学生研学安全预防、应急措施				
知识推荐					
一、纪录片《徽州》 　　文化系列片《徽州》以人性化的视角，第一次真实而诗化地再现了徽州美丽的山水和精细雅致的人文景观，全方位地诠释了这方华夏名区的村落、民居、祠堂、牌坊、老桥、书院、戏曲、绘画、医学、工艺、商帮、市井民俗、人文思想等，不仅呈现了中国传统社会，还呈现明清时期社会经济文化生活，同时还揭示了这些文化遗存背后蕴涵的内在文化精神，激荡着我们对这片古老而神奇土地的无限缅怀。 　　　　　　　　——经济半小时推出国庆特别节目：小丫和你话徽州_新闻中心_新浪网（sina.com.cn） 二、书籍《徽州文化十二讲》 　　本书选取了徽州文化与徽州学、徽州的地理与社会、徽州村落、徽州宗族、徽商、徽州教育、徽州学术、徽州杰出人物、徽州科技与工艺、徽州艺术、徽派建筑、徽州文书十二个关节点来梳理徽州文化，来构筑徽州文化体系，帮助我们把握徽州文化的体系和精神。 　　　　　　　　　　　　　　　　　　　　——百度教育-科技让学习更简单（baidu.com）					

探究课程

本次研学的探究课程主要采用了研究性学习和体验式学习的教学方式，按课程内容共分为不同主题单元，通过感知、理解、应用、分析、创造等环节，让学生对相关知识从了解到熟知、从掌握到创新的同时，提升自我能力，并培养正确的情感、态度和价值观。

研学旅行产品设计

课程单元一：水墨徽州

课程地点：宏村

	课程主题：古歙桃源　画里乡村
知识领航	宏村位于安徽省黄山市黟县东北部，是国家重点文物保护单位、中国历史文化名村，被列入世界文化遗产名录。宏村是古徽州历史遗存的一个神奇村落，是古黟桃花源里一座奇特的牛形水系古村落。宏村始建于公元1131年，至今已有880多年历史，是徽派建筑最具代表性的景点。古村落最为突出的是村落的选址布局和人居环境的营造，被誉为"中国画里乡村"。
学习目标	1.通过漫步古村中，从美学角度探寻徽派建筑的艺术魅力，感受古徽州村落淳朴的民风、壮丽恢宏的徽派建筑，提升对南北方建筑的理解和感悟。 2.了解徽商文化精神及徽商文化的形成兴起。
课题任务	从宏村古水系工程的缘起、构成类型、构成要素分析研究，解析不同使用功能与构成要素的关系，探究宏村水系的布局特点和使用特点。
课程实施	●以班级为单位，集体参观宏村，了解宏村历史文化和徽派建筑文化，从美学角度探寻徽派建筑的艺术魅力。 ●通过实地调查、文献搜集、组内交流，完成课题任务，进行宏村古水系探索。

课程地点：徽州古城

	课程主题：东南邹鲁　礼仪之邦
知识领航	徽州古城景区是中国历史文化名城歙县的核心，是徽州府治所在地。古城五峰拱秀，六水回澜，山光水色，楚楚动人。景区内古民居群布局典雅，古桥、古塔、古街、古巷、古坝、古牌坊交织着古朴的风采，犹如一座气势恢宏的历史博物馆。
学习目标	1.了解徽州文化成因及历史脉络，认识城墙、府衙、谯楼、牌坊等多种建筑类型，感悟、探寻徽州历史，了解徽州古城的历史、经济、政治的发展与演变。 2.学习陶学，了解"生活即教育，社会即学校，教学做合一"的生活教育论。
课题任务	●酸雨对古代建筑（城墙）的影响。 ●徽州历史、经济、政治的发展与演变。
课程实施	以班级为单位，集体参观并了解徽州古城的历史、经济、政治的发展与演变，了解徽派建筑中独特的建筑形式，了解徽州深厚的人文，完成徽州文化任务检索。走进古城，参观古城墙、徽州府衙、徽剧纪念馆、许国石坊，学习纯正的徽文化。

项目五 研学旅行经典产品设计范例及分析

课程单元二：民俗风物

课程地点：中国徽菜博物馆

课程主题：舌尖徽州　习黄梅调	
知识领航	徽菜历史悠久，发端于唐宋，兴盛于明清，经过历代徽厨的辛勤劳动，兼收并蓄，不断创新成为雅俗共赏、南北皆宜、独具一格、自成一体的著名菜系，并成为中国八大菜系之一。中国徽菜博物馆的诞生，源于对徽州文化和徽菜文化的尊崇与执着。 　　黄梅戏与京剧、越剧、评剧、豫剧并称"中国五大戏曲剧种"，也是安徽省的主要地方戏曲剧种。黄梅戏唱腔淳朴流畅，以明快抒情见长，具有丰富的表现力；表演质朴细致，以真实活泼著称。一曲《天仙配》让黄梅戏流行于大江南北，在海外亦有较高的声誉。 　　　　　　　　　　　　　　　　——黄梅戏 _ 淮北市人民政府（huaibei.gov.cn）
学习目标	1. 了解徽菜历史文化起源和发展，体会徽菜得天独厚的优势。 2. 熟悉徽商与徽菜之间的历史渊源，探究徽菜中的新安医学。 3. 品味徽菜诱人之美味、感受徽民之练达与智慧。亲手制作徽州特色小吃——毛豆腐，体验徽菜形、香、味之美。 4. 了解黄梅戏的传统艺术文化，知道其发展演变，了解其艺术形式。
课程发现	●文旅融合下徽菜非物质文化遗产是如何在饭桌上得到传承与发展的？ ●从唱调和语言特色上理解黄梅戏的地域符号。
课程实施	●专业黄梅戏演员走近学生，为同学们表演黄梅戏名段《对花》等，与戏曲老师互动学习黄梅戏，请老师验收学习成果。 ●亲子体验徽州毛豆腐的烹制过程。 ●品尝一顿地道徽菜宴，从色、香、味、油、火候等方面给徽菜打分，并做星级推荐说明。

课程地点：屯溪老街

课程主题：游老街　品百态	
知识领航	屯溪老街被誉为流动的"清明上河图"，是博大精深的徽州文化的集中展示窗口，以粉墙黛瓦马头墙和砖雕、石雕、木雕为主要特征的徽派建筑文化，以同德门药店为代表的新安医学文化，以书画、匾额、楹联为代表的新安书画文化，以老街一楼、老徽馆为代表的徽菜文化，以家砚徽墨为代表的文房四宝文化，以三味茶馆为代表的徽州茶文化，以及以馆藏器物和工艺品为代表的民间器物文化，构成独具特色的文化旅游休闲街区。 　　　　　　　　　　——屯溪老街　流动的"清明上河图"黄山文旅（qq.com）
学习目标	1. 游览屯溪老街，探寻徽商文化，了解前店后坊格局，认知笔墨纸砚等徽州文化元素，寻找徽商遗踪，了解徽州商帮的起源，对徽商有初步的认知。 2. 通过对屯溪老街的新旧商业形式对比，感受老街摩登与传统交汇焕发出的新活力。
课程发现	城市更新下的历史商业街有了哪些"新"的变化。
课程实施	在研学指导师的带领下，走进誉为"流动着的清明上河图"街区，感受徽商街市。

· 265 ·

课程单元三：人文黄山

课程主题：黄山精神　坚韧不拔	
知识领航	黄山不仅是一座美丽的自然之山，还是一座丰富的艺术宝库。自古以来，人们游览黄山，建设黄山，歌颂黄山，留下了丰厚的文化遗产，概括起来就是遗存、书画、文学、传说、名人"五胜"。唐代诗人李白游览黄山时留下了"黄山四千仞，三十二莲峰。丹崖夹石柱，菡萏金芙蓉"的诗句，至今仍在传诵。 美丽神奇的黄山同样让在这里生长的人们孕育了"黄山精神"："咬定青山不放松，立根原在破岩中。千磨万击还坚劲，任尔东西南北风。"在黄山，一个挑山工所挑担子的重量接近100千克，每天要走8千米的山路，迈上3万多级台阶。 同样在黄山，20世纪80年代初黄山开始设立迎客松专职守护人，如今已有19人担任过守护迎客松的工作。每一年，慕名到黄山观光的游客不计其数，迎客松的拥趸也数不胜数。可这当中鲜为人知的是，任何游人站在迎客松前拍照留影看起来顺其自然的背后，是黄山历来19位守松人的巨大付出。
学习目标	1. 了解黄山文化，感悟黄山精神。 2. 对黄山自然人文资源有一定认识后，深入了解挑山工这个群体，学习挑山工精神。 3. 参观迎客松，并深入了解守松人的工作，探究并感知黄山精神的内涵，对黄山精神有更深刻的认知，继承和弘扬黄山精神。
课题任务	1. 探究课本上挑山工与真实挑山工的不同。 2. 思考挑山工对于黄山的实际意义，并分析挑山工群体日渐减少的现状。 3. 通过拜访守松人，了解其成为守松人的原因及日常工作，探究守松人背后的岗位坚守；了解迎客松的"前世今生"，提出并制订迎客松养护方案。
课程实施	● 以小组为单位，学生自主进行访问调查表设计。 ●《黄山脊背——挑山工》：观察挑山工具有的特点，并随机选择三种身份特性的人进行访问调查，根据整理的访问资料，了解他们眼中的挑山工。 ●《迎客松下的守松人》：近观迎客松，了解其历史与成长过程，访问守松人，了解其工作状况、内容，以访问对象为第一人称完成自传，了解这份工作下的遗憾与愿望，并尝试为守松人圆梦方案做设计。

分享课程（行后）

研学课程不应在返回学校的那一刻结束，而应该成为学生美好的回忆和一生的财富。这就要求我们必须对研学课程的行后课程给予足够的重视并认真规划。总结分享不仅能使研学课程形成一个完整的闭环，更重要的是让学生从中得到人生启迪和思想的升华。

本次研学分享课程的内容可以概括为三个部分：

（1）研学课程成果展示。

（2）研究性学习结题报告。

（3）对研学课程的总结分享。具体内容和方式可以根据学校实际需求进行设计。

项目五 研学旅行经典产品设计范例及分析

主题	内容	建议时长	指导老师	地点	目的
课程成果展示	研学课程学生手册、每日感想、调研报告等	25分钟	学校教师	学校报告厅	对研学课程的学习成果进行汇报展示，检验研学课程目标的完成情况
	手工作品、摄影（像）作品、文学作品等				
研究性学习结题报告	研学旅行课程中如果涉及研究性学习，在返校后可以举行专门的报告会对学生完成的结题报告进行分享	2课时			学生将完成的结题报告进行汇报，并对研究性学习课程做总结分享。教师检验研究性学习成果，并总结经验
总结交流分享	请1~2名学生代表上台发言，对两天学习的收获做出分享和总结	20分钟			通过总结大会的方式进行本环节，优点是通过优秀总结能再次升华，分享范围广，且具有仪式感
	教师代表课程承办方，对学生的表现进行评价				
	由教师代表进行总结分享，并对研学活动进行评价				

行程安排

日期		地点	研学内容
DAY 1	上午	徽州古城	徽州古城景区是中国历史文化名城歙县的核心，是徽州府治所在地，古城五峰拱秀，六水回澜，山光水色，楚楚动人
	下午	宏村	走进徽州"中国画里乡村"——宏村，探寻徽派民居建筑特点及牛形村落水系原理。了解宏村历史，古村落的形成、发展。探究徽派古建筑与徽商文化的联系
	晚上	徽菜博物馆	在徽菜博物馆了解八大菜系之一徽菜的发源、发展以及背后徽商经济对徽菜文化的推动力量 1. 欣赏中国三大剧种之一的黄梅戏经典唱段，和戏曲老师互动。 2. 亲手体验徽州毛豆腐的烹制过程
		屯溪老街	走进誉为"流动着的清明上河图"街区，感受徽商街市
DAY 2	全天	黄山	换乘景区交通前往索道口；经过预约通道乘坐缆车直达山顶 行走路线：云谷地质博物馆—云谷索道—白鹅岭—始信峰—北海—光明顶—天海—鳌鱼峰—百步云梯—莲花峰（不安排登顶）—莲蕊峰—天都峰（不安排登顶）—迎客松—好汉坡—玉屏索道—慈光阁

（案例来源：北京中凯国际研学旅行股份有限公司）

评价：

第一，充分体现了教育性原则，真正做到了研学旅行与学校课程相融合。在产品开发阶段，研学企业的产品开发教师将研学场景与课堂教学内容的关系进行了梳理，并在学科课程融合的基础上，根据具体学情量身定制研学旅行产品。同时从课程内容上，产品体现了主题化综合学习。产品有效地与中小学多门课程有机融合，利于学生从比较广阔的视角思考和处理问题，以适应社会问题复杂化、知识应用综合化的新形势，帮助学生全面发展。研学旅行不应倡导一个学科单兵作战，而应让学生在自然、社会开展主题化综合学习，提高跨学科学习能力。

第二，充分体现了实践性原则，包含了各种丰富多彩的体验活动，并从行前、行中和行后进行了统一规划和有效衔接。让学生在自然和社会的大课堂中转一转、看一看、想一想、做一做、说一说，更让学生做点活、开点窍、创点新，从而学会动手动脑、学会生存生活、学会做人做事，培养创新精神和实践能力。充分挖掘和利用了各种课程资源。在细节处，体现了研学企业对产品设计的用心。

第三，充分发掘了研学旅行的德育潜力。这款产品适时适当地植入传统文化主题。在课程内容设计上，注重传统文化研学与课本结合、与生活结合、与价值观教育结合；在课程活动设计上，注重突出传统、突出体验，让学生在研学旅行中了解传统文化和古村落的形成，增强对社会主义核心价值观的理解与认同，着力提高他们的社会责任感，全面提升学生的综合素养。

案例 2　宋朝之大理寺神探：化身古朝名侦探，行走大宋临安城

宋神宗熙宁年间，特务机构皇城司大行其道。朝政内外暗流涌动。一封匿名信件，一场构陷风波，时任杭州通判苏东坡，以四大罪名惨遭冤捕，锒铛入狱，究竟谁是背后黑手？

大型沉浸式城市剧本杀，角色扮演沉浸感爆棚，化身古代名侦探，游走杭州城，断案学历史，皇城根探秘、宋城穿越。

一、活动亮点

古风探案沉浸式城市剧本杀
宋代服化道一秒穿越回宋朝
宋朝美食、生活、科技一网打尽
网罗杭城宋韵风网红全打卡
走读临安城事寻找历史真相
侦探行囊大放送全是好玩的

二、活动简介

1. 做一回古风侦探，拯救苏东坡，沉浸式古风探案

临安市市长苏东坡，陷入朝廷重案疑云，大理寺少卿暗中调查，势必找到元凶，最后的真相能否水落石出？大理寺是否也会被卷入宫廷阴谋的旋涡？小小神探的故事由此展开。

·最刺激的开营仪式

营期将以一场皇帝审苏案作为故事的开场。大理寺少卿、苏东坡、皇帝之间展开的宫廷对手戏，将我们一把拉回到大宋年间，神探的故事将以完成一次"不可能"的任务——拯救苏东坡行动为目标正式开启。

·最真实的案件主题

贪污案、宫廷案、银票造假案、四阁失窃案、茶叶走私案……基于历史改编的探案主题，需要开动脑筋，发掘线索，破解谜题，完成大理寺密探的机密

要案。

・最豪华的探案道具

大理寺腰牌、侦探行囊、侦探测试卷、神秘道具……超多互动道具，沉浸感、身份感和体验感满分！

・最精美的断案手册

手绘风格＋历史主题＋探案互动，假日小队首本互动式探案研学手册，精美画风配合古代探案知识，结合两宋历史故事，让孩子在玩中触知历史。

2. 沉浸式宋朝生活，一秒穿越，"回"到宋朝

最"宋"的玩法，体验宋朝的衣食住行。《清明上河图》描绘了北宋街坊场景与市井生活百态，从艺术角度真实还原了宋朝时期特有的"人文气息"。精致的宋制服化道、打卡南宋经典地标、还原宋代生活场景……我们将从宋朝的方方面面打造沉浸式体验，让孩子们步入清明上河图的生活场景，感受"临安城"的魅力。

・宋人：宋制服化道秒变宋人

精致的汉服、别致的妆造、古风的配饰……在这里，每个人都是"宋朝style"，秒变小小宋人。书生、侠客抑或是密探，不同角色来回切换，每天的探案与冒险，都有爆棚的身份代入感。

・宋景：大宋场景穿越临安城

为了给孩子们最大限度地还原两宋时期情境，打造沉浸式体验场景，我们精选杭城最具代表性的宋韵场景，让孩子们仿佛置身宋朝，与先贤们来一场跨越千年的对话。

德寿宫的红墙黛瓦、版本馆的亭台楼阁、宋城的江湖街景……所到之处，尽显江南水乡的独特气质与宋风雅韵。

・宋生活：闲时四事，真实宋生活

点茶、插花、挂画、焚香……宋人的"四般闲事"，体现了宋人对精神生活的追求。走进古色古香的书院，进行一场仿宋七汤点茶，体会宋人的生活韵味。

蹴鞠、投壶、射礼、锤丸……这些勾栏瓦肆的娱乐项目，是宋代文人雅士偏爱的经典潮流运动，举办一场宋潮运动会，感受宋朝经典运动。

3. 玩中读历史，基于真实历史，弘扬两宋文化

沿着历史去探案，以孩子喜爱的方式鲜活呈现。

《宋潮之大理寺神探》是一款兼具艺术、教育、探索的沉浸式古风穿越体验活动，旨在汲取中华古代文明与智慧，带孩子们触知历史，传播中华历史，弘扬与传承优秀的传统文化。

项目五　研学旅行经典产品设计范例及分析

将宋朝历史中的年代、人物、事件，以新的视角生动呈现，启发孩子以多元角度回看、探索历史，让历史人文"活"起来，让孩子与历史人物"交朋友"，在体验中读懂历史。

4. 住宿条件、行程安排

营期内，各路英雄豪杰将全程下榻临安城某神秘"客栈"（优选合作酒店），钦定大理寺密探专用（携程四钻），均为天字一号房（双人标间，安全舒适），师生配比约1：5。

行程安排如下：

DAY 1

上午临安城集结，齐聚大理寺（报到）

中午@杭州酒家接风宴

下午《大臣贪污案》@东坡纪念馆+@苏堤+@岳王庙

DAY 2

上午《皇城失窃案》@德寿宫+@鼓楼

中午《宋代食肆》@南宋御街+@清河坊

下午《银票造假案》@中国财税博物馆+@宋韵展览

DAY 3

上午《四库七阁失窃案》@杭州国家版本馆

下午《四般闲事》@仿宋七汤点茶

《宋潮运动会》@投壶射礼蹴鞠捶丸

DAY 4

全天《洗冤苏东坡》@宋城

功成身退，事了拂衣去（结营返程）

（案例来源：浙江皓石教育集团）

案例评价：

第一，产品安全有保障。研学旅行产品的基础部分是安全，安全永远是研学旅行的头等大事。一般研学旅行产品的师资配比为1：8。由于这款研学旅行产品主要面向低龄段孩子，因此，师资配比为1：5。在其他生活保障的方面，产品也充分考虑到了低龄段的需求。

第二，活动设计有创新。研学旅行产品的核心部分是课程，课程是区分研学旅行产品优劣的关键点。这款产品设计于疫情期间，是面向杭州孩子的研学杭州的产品。因此，如果没有内容领域的产品创新，是无法打动杭州家长的。研学旅行产品代入了适合低龄段孩子的"剧本杀"游戏理念，让孩子在角色扮演中，沉浸感爆棚化身古代名侦探，游走临安城，断案学历史；做回宋朝人，体验宋文化，探秘皇城根。

第三，行程安排有节奏。研学旅行产品要张弛有度。由于孩子在行程中还要开展学习活动，因此所花时间会比一般旅游更长。过于紧张的行程，既会使孩子过于疲惫，也不利于孩子的学习效果。这款产品上午一个景点，下午一至两个景点，每个景点的选择同时贴合研学主题，符合孩子的年龄特点，并且能合理控制成本。

第四，带队老师很专业。教育离不开人心与人心的交互。专业的研学指导师不仅让学生在"游"的过程中"学"到知识，还要对学生的非认知技能，如责任、勇气、社交、共情能力等进行润物细无声的引导。这方面很难体现在产品文案中，却是产品的核心部分，能够在产品交付中，让客户有最直观的体验。

案例3　小晋商闯乡宁研学手册

我是小晋商

坐标：云丘山脚
目标：商队集结

什么叫晋商？

晋商是中国最早的商人，早在先秦时代，晋南就开始发生了"日中为市，致天下之民，赞天下之货，交易而退，各得其所"的商业交易活动。明清两代晋商成为中国十大商帮之首。

在中国近代经济发展史上，驰骋华夏的晋商令国人瞩目，称雄数百年，创造了亘古未有的世纪性繁荣。晋商经营盐业、票号等商业，尤其以票号最为出名。晋商也为中国留下了丰富的建筑遗产，如著名的乔家大院、常家庄园等。

踩踏事故自我保护指南

开营词讲解稿

如何组建商队？

商队由大当家的、二当家的、师爷、马夫、探子、伙计组成，不同角色承担不同责任，保证在自己出色完成任务之后，帮助其他人一起收获财富。团队指挥、踩点、珠算、抄录信稿、记账、了解商品性能、熟知银两成色等分工有序。

酒庄传奇、果园历险、云丘探秘、书院庙会……小晋商们走访各地集市，完成经商任务，了解各地风土人情，购置琳琅货品：美酒、水果、石料、粮草、染料……到底什么才是最受欢迎的货品？各个商队制订各自经商策略，第一商队的名号花落谁家？让我们齐聚乡宁古县，书写商业传奇。

晋商有道

德才兼备，知行合一
黎明即起，侍奉掌柜；五壶四把，终日伴随；
一丝不苟，谨小慎微；顾客上门，礼貌相待；
不分童叟，不看衣服；察言观色，唯恐得罪；
精于业务，体会精髓；算盘口诀，必须熟练；
有客实践，无客默诵；学以致用，口无怨言；
每岁终了，经得考验；最所担心，铺盖之卷；
一旦学成，身股入柜；已有奔头，双亲得慰。

第一站·初探五谷集市

任务地点：云丘山塔尔坡古村

任务目标：

（1）寻稷神，辨五谷，祭灶王，探秘古老的中华美食文化。

（2）推磨台、烹美食，在古村中寻觅当地食材，完成美食任务，获取通商货物。

云丘山——磨豆腐讲解稿

（3）学习花馍制作方法，了解饮食文化。

塔尔坡古村

塔尔坡古村，是罕见的晋南窑洞古村落，至今已有2500多年历史，因老子李耳云游天下曾下榻于此地而得名，而后，道家闻名而至，和当地山民结邻而居，逐渐形成村落。塔尔坡古村更被称为"千年民居建筑的活化石"。

豆腐的由来

战国时期，燕国有个人叫乐毅，他非常孝顺父母，是一个远近闻名的大孝子。他的父母都很喜欢吃黄豆制品，乐毅也天天做给他们吃。一天，乐毅正在煮豆浆，他的父亲走过来，从锅里舀了一勺，尝了一口，直摇头问："这豆浆怎么什么味道也没有哇？"乐毅一拍脑门，说："哎哟，原来是忘放盐了。"可是盐罐里只剩下一些盐乳水，乐毅只好把它们全倒进了豆浆

项目五　研学旅行经典产品设计范例及分析

锅里，不一会儿就变得热气腾腾。乐毅揭开锅一看，不由得愣住了，原来是锅里的豆浆全凝成了白嫩嫩的乳块，乐毅的父母看了也不知道是怎么回事，连声说："真奇怪、真奇怪！"

乐毅尝了尝，感觉嫩滑可口，别有一番滋味。乐毅又让家人和邻居们品尝，大家都说好吃。乐毅很高兴，第二天就跑到私塾先生那里，让他给它取了个名字，叫"豆腐之玉"。从此以后，乐毅几乎每天都做豆腐之玉给他的父母吃。一天，乐毅的母亲突然病了，请来大夫一看，原来是经常吃黄豆制品上火的缘故，大夫开的头道药就是凉性药——石膏。于是在做豆腐之玉的时候，都放些石膏进去，这样再吃就不会上火，而且味道也比以前更鲜嫩。后来，乐毅卖豆腐之玉的生意很兴隆。再后来，人们就把豆腐之玉改写成了豆腐。

这就是豆腐的来历，你们了解了吗？

（1）先将豆浆倒入锅中煮沸，中途要一直_____防止煳锅。

（2）豆浆煮沸后关火，倒入_____，同时用_____继续搅拌，静置2分钟，等待出现_____。

（3）接着将_____铺到模具内，纱布沿着模具内壁铺平，压实四角，用勺子沿着锅壁轻轻由下向上_____豆花到模具内，最后用纱布_____豆花。

（4）使用_____用力压2分钟，直至_____全部压出，脱模完成。

（5）用小刀切成四块装到各自的一次性餐具内，蘸点酱油，快与小伙伴们一起品尝自己做的美味吧！

请在以下词语中挑选合适的名词或动词填入题目中。

动词：搅拌、捞出、包住、

名词：压盖、水分、浆水、勺子、豆花豆絮、纱布

捏花馍

花馍又称面花，因花式而命名，普通的面团在手艺人的巧手下变换成各式各样，逢年过节祭祀等都会见到花馍的踪影。

花馍蕴含的人生哲理

云丘山当地乡亲上坟祭祖时，一定会带着子柱馍。子柱馍的典故，来自帝尧的长子——子朱，据说他性情暴躁，洪水泛滥时喜欢乘船四处游走。大禹治水后大地归于平静，他还想游走，便硬赶着平民百姓为他旱地行船。帝尧闻知非常恼火，于是造出了围棋来教育这个不成器的孩子，让子朱通过与围棋的对弈修身养性。传位时帝尧没有将帝位传给他，是觉得治理天下他不如虞舜，因而将他封到丹渊为

云丘山——捏花馍讲解稿

· 275 ·

侯。古人多以地望为姓，从此他更名为丹朱。

丹朱到丹渊后励精图治，将当地治理得五谷丰登，人民安居乐业，后世子孙感恩于他，就将丹渊改名为长子。现今山西省长子县，就是昔日的丹渊。在子柱馍上，则寄托了众人对后代子女的深切厚望。

第二站·解密天工市集

任务地点：塔尔坡古村

任务目标：

（1）参观民俗老物件，了解非遗老物件的用途。

（2）寻找脸谱大师，掌握彩绘艺术，探秘巫傩文化，制作精美的"第二张脸"。

（3）探访市集所广为流传的"影子里的传说"，揭秘百年民间艺术之皮影戏。

（4）了解传统布染工艺，体验古老植物朵染，完成作品。

脸谱讲解稿

巫傩文化

原始社会早期，人类对世界上物质运动的规律、自然现象等不能做出科学的解释，冥冥中好像有一种超自然的力量在支配世界，于是，当人们遇到不可抗拒的自然现象，或者无法理解的事物的时候，就用巫傩活动来保护自己。在大旱、洪涝、瘟疫等天灾到来的时候，就用巫舞来和天上的无形的"神灵"对话，祈求上天保佑。"巫傩文化"是古代中国原始社会农耕阶段的意识形态。巫风傩俗所负载的文化现象是我们民族的又一道"文化艺术长城"，巫傩面具更是被称为"民间艺术的宝库"。

面具大讲堂

中国是世界上面具历史最悠久、流传最广泛、内容最丰富的国家之一。及至今天，面具仍以鲜活的形象流布于中国的24个省、自治区的39个民族中，构成世界面具文化的重要组成部分。其中，少数民族的面具更以形制的多样、造型的丰富、内涵的深邃，丰富了中国乃至世界面具文化宝库。中国少数民族面具，以其多元性和无可比拟的原生态及次生态，展现了中国本元文化的神韵，展现了面具的文化功能。

画下你最喜欢的脸谱吧

你最想要的脸谱是什么样的？它有怎样神奇的花纹呢？请在白纸上画下来吧！

你知道身边的脸谱世界纪录吗？

2014年11月26日，临汾市以戏曲文化为主题建造了脸谱大桥。大桥为下穿分离式立交桥，桥下道路长647米，宽60米。大桥东西两端建有四座高7.2米，长、宽各3.3米的巨型脸谱雕塑，每尊雕塑14个脸谱，共56个；两桥护墙共设有24个巨型脸谱浮雕；桥洞侧墙共雕刻64个脸谱浮雕；五道护栏共雕刻3437个脸谱。整座大桥共雕刻各种形态和规格的脸谱3581个，是中国首座雕刻戏曲脸谱最多的大桥，创造了中国第一座戏曲文化桥梁品牌，为临汾戏曲文化的展现与传承树立了丰碑。

皮影戏讲解稿

皮影知多少

（1）皮影戏的名字是怎么来的？原来是因为最初的皮影是用兽皮或纸板做成的，用图案在灯光下的灯影来表演，所以叫皮影戏。

（2）皮影戏表演可少不了竹棍的功劳，有了下面牵拉的竹棍，皮影才能动起来。你知道这些竹棍应该放在什么位置上吗？开动脑筋，把竹棍画在左边皮影的正确位置上，你需要几根竹棍可以让这个皮影能够走、坐、躺和爬？

（3）皮影戏又被我们称为"影子戏"，因为光被挡着的部分是黑的，其余地方是亮的，因此形成了影子。利用这个原理，只要有光，我们用双手也能玩，试试下面的手势，然后发挥一下你的创意吧！

你知道吗？

皮影戏和汉武帝的故事

传说汉武帝由于思念死去的爱妃李夫人，终日不理朝政。有个大臣因在街上偶然看到布娃娃在地上的影子而受启发，用棉帛裁成李夫人影像，涂上色彩，在手脚处装上木杆，为汉武帝表演。汉武帝看后龙颜大悦，从此爱不释手。

什么是植物染？

植物染是指利用大自然中自然生长的各种含有色素的植物提取色素来对被染物进行染色的一种方法。这种染色工艺依旧保留着传统的染织方法，同时在染色过程中不使用或极少使用化学助剂，颜料源于大自然，使用从大自然中取得的天然染料，比如用板蓝根可以染出天空的颜色。

云丘山——植物扎染讲解稿

植物染的起源

植物染起源于中国，远在周朝时就有历史记载，设有管理染色的官职——染草之官，又称染人。在秦代设有【染色司】、唐宋设有【染院】、明清设有

【蓝靛所】等管理机构。古时从大自然中萃取矿物与植物等染料。将青、黄、赤、白、黑称之为五色，再将五色混合后获取其他的颜色。

植物染的染制方法

糊染、绞染、刷染、太阳染、套染、混染、扎染、缝染、夹染、拓染。

植物染的特点

使用原生态天然染料染色不仅可以减少染料对人体的危害，充分利用天然可再生资源，而且可以大大减少染色废水的毒性，有利于减少污水处理负担，保护环境。而且，植物染色中部分染料是名贵的中草药材，染出的颜色不仅纯洁艳丽、色泽柔和，其最大的优点是不伤皮肤，对人体有呵护保养、杀菌驱虫的作用。

植物染工艺流程连连看

植物染的六个步骤对应的动作你还记得吗？步骤的流程顺序又是怎样的呢？

植物染工艺流程连连看

植物染的六个步骤对应的动作你还记得吗？步骤的流程顺序又是怎样的呢？

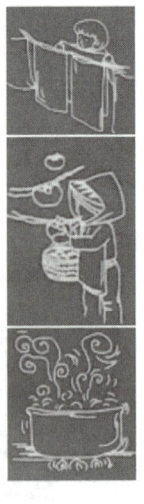

备果
榨汁
过滤
煮沸
染布
晾晒

| 第一步 | 第二步 | 第三步 | 第四步 | 第五步 | 第六步 |
| …… | …… | …… | …… | …… | …… |

第三站·探秘万年冰洞

任务地点：云丘山冰洞群

任务目标：

（1）探秘万年历史形成的云丘山冰洞，感受广袤中华地貌的多样性。

（2）了解各种地质地貌，学习风水侵蚀的地质原理。

云丘山冰洞群

云丘山——冰洞讲解稿

据专家考证，云丘山冰洞群形成于第四季冰川期，是距今已有 300 多万年历史的天然群体性冰洞。整个冰洞群由 11 个洞腔组成，洞内四壁结冰，五步一景，冰柱、冰笋、冰钟乳、冰石花、冰锥、冰葡萄分布整个空间，大大小小的冰凌晶莹剔透，在五彩灯光的映照下显出梦幻般的景象，犹如龙宫御舍，是世界罕见冰洞奇景。

世界上已发现的冰洞大多分布在极寒地带，在山西云丘山这样纬度低，且本身不具备形成冰洞条件的地方却能形成如此大规模的天然冰洞群，是冰洞研究领域至今未解的谜题，更是最具科学研究价值的天然冰洞群。究竟是什么情况造成了这种神奇的自然景观，就连科学家们现在也不能给出准确的答案。

当地人口口相传的神秘传说

在塔尔坡古村，当地流传这样一个传说——相传，在云丘山的深处有一个古怪异常的"吸人洞"，每逢夏季，山洞时常会出现巨大的吸力，此时如果有人靠近洞口，就会被吸入洞穴之中。村中经常会有羊群被"吸人洞"吸走的事情发生。其实，这个被称作"吸人洞"的洞穴，就是云丘山冰洞群。当时当地人认为冰洞中的冰有治病的功效，所以经常会有村民去冰洞采冰。由于当时云丘山山路陡峭崎岖，冰洞所处位置又深藏在山中，路途更是坎坷。再加上冰洞内气温常年保持着零下的温度，所以洞口及周围的环境都比较湿滑，此时采冰人一个不小心，非常容易摔倒滑入洞中。随着此类事情的不断发生，慢慢地"吸人洞"这个说法就在村中传开，并且一代代流传了下来。

冰洞的形成是地热负异常说作怪？

一个比较被认可的说法是地热负异常说。地热正异常说指的是越向地心走，温度越高，地心的温度大概是 6000 多摄氏度，和太阳表面的温度差不多，也就是越往下走温度越高，这是合乎常理的。而地热负异常说恰恰相反：它说越往下走，温度越低，低得能够制冷，能够制造出大容量的冰来。这就好比空调或冰箱，它都有一个制冷的机制，它是通过机电来制冷。而冰洞的制冷机制，从目前来推测，还是岩石下的某种机制形成了制冷的机制，从而达到制冰的效果。

那么可以猜测，正是因为山本身的最深处很可能存在我们目前仍未探明的制冷机制，它不仅能保持洞中的温度，并且仍在日复一日地结冰，再加上相对较高的地理位置，以及洞口位置的巧合，因此，形成了这么一个神奇的冰洞。

第四站·造访戎子酒庄

任务地点：戎子酒庄

任务目标：

（1）探寻春秋时代戎子酿酒的传说，了解百年陈酿背后的故事。

（2）探秘黄土窑洞酒窖，一览酒庄全貌，了解酒庄文化。

（3）酿酒透明工厂参观，感受科技与传统文化的完美结合。

（4）选取上好葡萄原料，学习古法酿造葡萄酒的原理与技巧，制作葡萄汁。

（5）寻找酒标大师，学习酒品标签制作，亲手绘制独一无二的酒标，为酒署名。

谁发明了葡萄酒？

戎子，原名狐姬，春秋五霸之一晋文公的母亲。戎子是狄戎部落首领狐突的女儿。2700多年前，游牧民族狄戎部落曾在乡宁以北活动。

2700年前，戎子姐妹外出采摘葡萄，将无法带走的葡萄装入容器埋入地下，葡萄在容器内自然发酵，无意中酿造出了鲜美的葡萄酒，甜中有酸，酸中带涩，十分爽口。戎子以此钻研，逐步创造和掌握了一整套的人工制酒方法，酿出的美酒越发醇香。此后，当地人民广植葡萄，大量酿造葡萄酒，进献晋国。这也成了晋文公日后宴请百官、招待四方诸侯的琼浆佳酿。

黄土高原上的建筑

窑洞是 _____ 地区特有的建筑方式。因为窑洞的土壁深厚，保温性能很好，夏季晒不透，冬季冻不透，所以冬天 _____ ，夏天 _____ ，生活在这里的人们喜欢住窑洞。这也提供了一种节能环保、通风效果好、恒温恒湿的葡萄酒储藏地。

你知道吗？窑洞是从原始穴居发展而来的

西北地区的黄土层非常厚，有的厚达几十千米。远在4000多年前，生活在中国西北黄土高原上的古代劳动人民创造性地利用有利的地形，凿洞而居，创造了被称为绿色建筑的窑洞建筑。由于黄土高原气候干燥少雨、冬季寒冷、木材较少等这些不利的自然条件使得挖穴而居的习俗流传到现在。窑洞这种民居形式一直存在。

葡萄酒的一生

①"啊！快来看哪！好大的葡萄呀！"②"来，剪葡萄吧。一定要留点根，否则待会儿洗的时候会灌水……"③"好，可以开始洗葡萄了。"④接下来，是挤葡萄。将那些洗干净并晒干的葡萄装在一个大盆子里。用尽所有的办法：捏、揉、搓、打、锤，使劲对付眼前的一小堆葡萄。⑤经过榨汁后，就可得到酿酒的原料——葡萄汁。优质的葡萄汁是酿制优秀葡萄酒的前提，葡萄酒是葡萄汁通过发酵作用而得的产物。

【科普小贴士】

经过发酵，葡萄中所含的糖分会逐渐转成酒精和二氧化碳。因此，在发酵过程中，糖分越来越少，而酒精度则越来越高。通过缓慢的发酵过程，可酿出口味芳香细致的红葡萄酒。

葡萄酒工艺加工步骤：①去梗。②压榨果粒。③榨汁和发酵。④添加二氧化硫。

古诗知多少？

凉州词二首·其一

【作者】王翰【朝代】唐

葡萄美酒夜光杯，欲饮琵琶马上催。

醉卧沙场君莫笑，古来征战几人回。

译文：酒筵上甘醇的葡萄美酒盛满在精美的夜光杯之中，歌伎们弹奏起急促欢快的琵琶声助兴催饮，想到即将跨马奔赴沙场杀敌报国，战士们个个豪情满怀。今日一定要一醉方休，即使醉倒在战场上又何妨？此次出征为国效力，本来就打算马革裹尸，没有准备活着回来。

葡萄酒在中国已经有几千年的文化传承，最早有文字记录是在汉武帝时期，兴盛于汉魏，灿烂于盛唐，鼎盛于元朝，到当今已经发展成为深受普通大众喜爱的酒精饮品。而古人也用了大量的诗词来对葡萄酒进行描述，你还记得有哪些跟葡萄酒有关的古诗词呢，与小伙伴一起分享吧。

酒标的意义

酒标就像是酒的身份证，包含了许多相关信息。解读一瓶葡萄酒的标签，就等于在尝其风味前，便已对其背景有了基本认识。各葡萄酒产区酒标所标示的内容并不尽相同，但基本上有产地、葡萄品种、年份、装瓶地、分级等要项。

亲手绘制独一无二的酒标吧

第五站·走进农夫果园

任务地点：西厫村果园

任务目标：

（1）走访果农，了解学习瓜果蔬菜的种植知识，采摘与品尝当季新鲜水果。

（2）掌握独特农事技巧，以甜度、酸度、百粒重等多重方式鉴定水果质量。

自制水果应季时令表

春	夏
秋	冬

【水果小贴士】

水果营养丰富、美味可口,有的能生津止渴、消暑解烦,有的能健胃消食,还有的能治疗某些疾病,是人类饮食中不可缺少的重要食物。但是水果种类繁多,如何鉴别水果的质量也是一门很高深的学科知识哦。

可应用领域:

(1)采摘水果之前:测定水果的甜度和酸度有利于栽培指导及水果成熟度的监控,降低果农的风险,减少损失。

(2)品质生产检测,销售定价评定:每个水果均经过甜酸度的测试,依据质量检测,分级、处理及包装作业,能提升水果卖价。

(3)水果科学研究:适用于农科院所研究果树改良及新品种开发。

第六站·参与庙会

任务目标:

(1)参与庙会,制订商品抛售策略,交换商品,掌握经商技巧。

(2)商队走货结果与收益揭秘评比,竞选晋南小商队第一字号。

庙会的历史

庙会,是中国特有的集吃喝玩乐于一身的传统民俗文化活动。由于起源于寺庙周围,所以叫"庙会";又由于小商小贩们看到烧香拜佛者多,就在庙外摆起了各式小摊赚他们的钱,渐渐地又成为定期的活动。在庙会上,除了小商小贩还会有各种民俗表演,如舞龙舞狮等。庙会为中国民间集会,古为传统宗教习俗,后发展为民间大型商品交换的一种集市。快和小伙伴们一起去逛逛吧。

经过一系列的小小晋商技能特训,你是否对晋商有了新的认识?如果你将来想成为一名真正的晋商或者探索者,以下几点务必要牢记哦!相信你们一定能成为想要成为的人,加油!

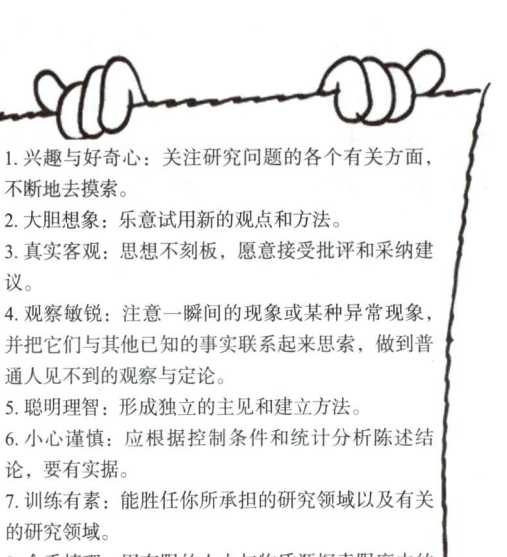

1. 兴趣与好奇心：关注研究问题的各个有关方面，不断地去摸索。
2. 大胆想象：乐意试用新的观点和方法。
3. 真实客观：思想不刻板，愿意接受批评和采纳建议。
4. 观察敏锐：注意一瞬间的现象或某种异常现象，并把它们与其他已知的事实联系起来思索，做到普通人见不到的观察与定论。
5. 聪明理智：形成独立的主见和建立方法。
6. 小心谨慎：应根据控制条件和统计分析陈述结论，要有实据。
7. 训练有素：能胜任你所承担的研究领域以及有关的研究领域。
8. 合乎情理：用有限的人力与物质源探索限度内的领域。
9. 精确诚实：真实报告结果，正反两方面的资料都拿出来。
10. 长期坚持：对一件复杂的事情或一个困难问题需长期地坚持追踪，要有恒心，直到水落石出。

成长日志

我的收获：

_____
_____
_____
_____
_____ 年 月 日
____

项目五 研学旅行经典产品设计范例及分析

老师点评

安全守则

结营词讲解稿

（案例来源：浙江皓石教育集团）

案例评价：

本案例是为山西乡宁县量身定制的研学旅行产品，产品深入挖掘乡宁县研学资源，锁定了"晋商"这一核心要素作为产品主题，串联起相关要素，形成具有鲜明特征的研学旅行产品。酒庄传奇、果园历险、云丘探秘、书院庙会……

走访各地集市，完成经商任务，了解风土人情，购置琳琅货品。美酒、水果、石料、粮草、染料……什么才是最受欢迎的货品？利用商队优势，制订经商策略。第一商队的名号花落谁家？小小商贾之晋南行商记，齐聚乡宁古县，书写商业传奇。

为使研学受众沉浸式体验研学旅行产品，设置行商规则：每支行商队伍10名学生，1名老师，开营第一天领取初始资金。找到当地商品市集，支付入市费用后动手挑战，完成任务以获取当地商品。小队组织经商规划，根据剩余资金情况自行规划行商路线和商品策略。获得通商货物需要完成相应的商业任务，完成不同任务所需支付的费用不同，售卖不同商品所获得的收益也不同。可选择寻找当地鉴定商人鉴定货品，以提高货品收益。将财商管理融入研学旅行产品中，全方位提高研学受众体验感和研学收获。把握机遇，完成随机商业事件。

为切实保证效果，该产品还配备了准备精良的研学手册，以辅助学习；为更好地保证研学旅行指导师的执行水准，配置了逐字稿，以规范研学旅行指导师的指导内容，值得推广和借鉴。

案例4　第一届全国大学生乡村振兴创意大赛研学旅行赛金奖作品

融·设计图书馆

缘起

在杭州余杭的青山村，有一个与众不同的图书馆，它是由村里落败的东坞礼堂改造而来，在20世纪60年代的木结构夯土建筑内，用现代方式陈列了上千种中国传统手工艺材料。

图书馆改造前

图书馆改造后

不同于大众认知中图书摆满柜架的传统格局，这个名为"融·设计图书馆"的空间，其实更像是一个美术馆或者艺术展厅。融·设计图书馆以"设计"本身为出发点，最终落脚中国传统文化、艺术与工艺材料，并利用图书馆的分类方式对中国传统手工艺材料与工艺方法进行梳理。

图书馆一角

迈步

融·设计图书馆创始人张雷说:"如果说手工艺材料是树根,那当代设计就是树干和树叶,构成了整个融·设计图书馆。"

融·设计图书馆的策展与研究,都是以五年为周期,四十年为界。2012年,在全球各地开展了第一届"融·设计展",并设定了以五种材料——竹、丝、土、铜、纸为第一个5年的开端。

至今,5年已过,以五种传统工艺为基底的设计展规模日渐壮大。第6年,榫卯;第7年,着色;第8年,编织;第9年,铸造;第10年,扎结。融·设计图书馆关于探索中国传统材料与技艺的脚步,从未停歇。

传承

融·设计图书馆的核心使命是把中国传统手工艺以材料与工艺两个维度进行解构,并将研究成果发布给全球的设计师和艺术家,鼓励其运用解构的思维重新审视中国传统手艺,最终推动传统文化的传承和当代设计的进步。

张雷说:"融·设计图书馆是一个非营利组织,其社会意义,就是推动中国传统手工艺的进化和中国当代设计语言的实践。"

至今,融·设计图书馆已经完成了中国31个省的手工艺普查,设计师可以轻易地在融·设计图书馆找到中国大部分的手工艺。张雷说:"在未来的四十年里,融·设计图书馆希望完成每年的研究主题,给设计师和艺术家提供更深入的设计营养。"

结合融·设计图书馆的历年研究主题和现有资源以及青山村的自然资源和人文资源,可以开设"融·竹编""融·着色""融·榫卯"等系列研学主题课程。

根据小学阶段学校课程和小学生的身心发展特点,我们为小学阶段学生设计了系列职业体验课程——"我是小小竹篾匠""我是着色魔法师""我是榫卯修复师",体验传统手工艺,传承中华传统文化,提升文化认同感,建立文化自信。

项目五 研学旅行经典产品设计范例及分析

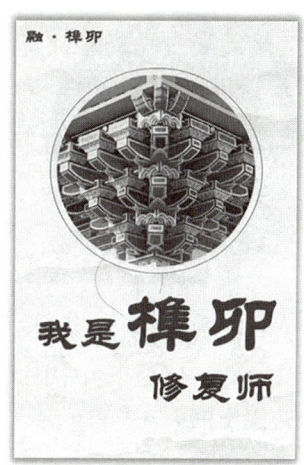

职业体验课程手册封面

研学课例记

融·榫卯——我是榫卯修复师

凸为榫，凹为卯。所谓榫卯，其实是一种不借助钉子、绳子和各类黏合剂，完全以凹凸相合的方式密合连接不同木质构件，使之成为统一整体的结构方式。每一组榫卯都是单独的个体，彼此穿插、借力后却力能扛鼎，可筑万物。

融·设计图书馆致力于从不同层面探讨"榫卯"这一传统手工艺融入当代设计的可能性，探索"传统的未来"这一设计语言。图书馆内最大的榫卯结构就是屋顶正中间的斗拱。此外，馆内陈列着建筑、家具、首饰、灯具、装置等榫卯工艺展品，将东方的榫卯文化精髓与国际领先的创新设计进行了完美结合。

今天就让我们化身小小榫卯修复师，一起走进榫卯，深入了解中国优秀的传统文化，感受来自中国非遗传统文化的独特魅力，探秘传统手工艺与当代设计碰撞出的火花！

研学目标

"我是榫卯修复师"研学课程主要围绕培养学生博物认知和探究学习的能力，养成互相学习、热爱生活的品格，制订了以下目标：

（1）通过完成任务，获得修复榫卯零件和图纸，利用榫卯工艺修复物品，提高动手能力，体会实践的快乐，感受团队合作的魅力，培养发现问题和解决问题的能力。

（2）通过参观融·设计图书馆等活动，了解现代榫卯结构的特征，感受中国优秀传统文化的魅力。

（3）通过课程总结，提炼所学知识，加深对中华传统榫卯手艺的了解与认知，感受榫卯结构的意义价值和艺术美感。

研学内容

（1）组成榫卯修复师小组，激发学习兴趣。
（2）进行榫卯探索之旅，寻找遗失的榫卯零件与设计图。
（3）合作探究，体验榫卯制作。
（4）总结升华，形成研学成果。

项目五 研学旅行经典产品设计范例及分析

研学活动安排

地 点	时间安排		研学内容
青山村 融·设计图书馆	上午	8：15-11：00	榫卯探索之旅
	中午	11：00-13：00	午餐与午休
	下午	13：00-14：30	榫卯实践之旅
		14：30-16：00	榫卯修复师交流大会

研学过程

一、榫卯探索之旅

（一）拜访榫卯大师

"紫阁丹楼纷照耀，璧房锦殿相玲珑"，由榫卯工艺作为基本构成元素的中国古代建筑一"技"绝尘惊天下，那么榫卯在日常生活中是什么样的呢？我们一起去拜访一下榫卯大师并写下你的感受吧！

（二）完成修复任务单

任务说明：任务分为寻找"遗失的榫卯零件"和"散落的设计图"两个部分，各位小小修复师们，得到"遗失的榫卯零件"是完成修复的主要环节，但"散落的设计图"是修复师修复的基础。

每个小组都会拿到不同的任务卡，根据任务提示，完成这两个任务吧！

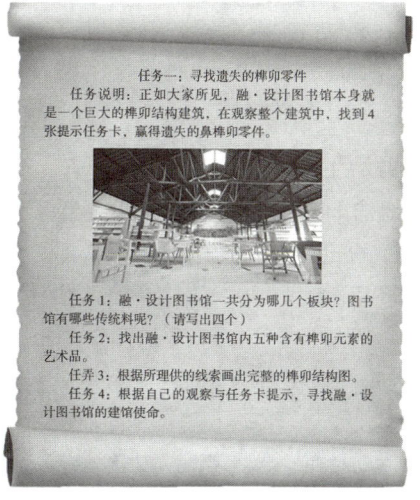

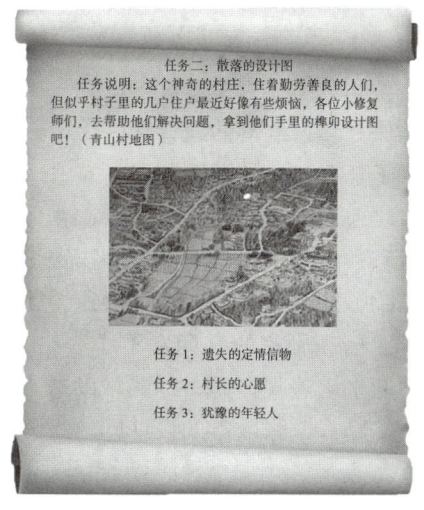

任务一：遗失的榫卯零件

任务说明：正如大家所见，融·设计图书馆本身就是一个巨大的榫卯结构建筑，在观察整个建筑过程中，根据任务卡，完成相应的任务，赢得遗失的榫卯零件。

图书馆空间

子任务1：融·设计图书馆一共分为哪几个板块？图书馆有哪些传统材料呢？（请写出四个）

子任务2：找出融·设计图书馆内五种含有榫卯元素的艺术品。

子任务3：根据自己的观察，寻找融·设计图书馆的建馆使命。

任务二：散落的设计图

子任务1：村子里有一对老爷爷和老奶奶生活着。不久后就要迎来他们结婚60周年纪念日了，爷爷做了一个当年送给奶奶的一模一样的定情信物，想当作礼物送给奶奶。但由于爷爷年龄大了，已经做完的榫卯盒不小心给弄丢了，爷爷想不起来它遗失在哪，你能帮助爷爷找到它吗？

奖励：一张散落的设计图

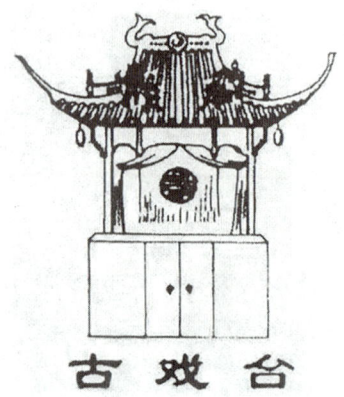

项目五 研学旅行经典产品设计范例及分析

子任务2：村长已经在村子里生活了五十几年，经历了这个村子由传统建筑到现代钢筋混凝土的变迁。在经历着改革发展的同时，村长想在村子里修建一个戏台，在看戏的同时，提醒村民们不要忘记继承优秀的传统文化。但村长一时间没有头绪，你能帮助村长规划出戏台的样式吗？

奖励：一张散落的设计图

子任务3：年轻的小王从外面读书回来，带来了传统手艺与现代手艺结合的榫卯物件的设计图，但是他最近在忙装修的事，在两款不同类型的凳子中纠结。请你根据所提供的线索找到犹豫的小王，帮助他选择一款椅子并说服他。

奖励：一张散落的设计图

原木椅

明式板椅

线索1：原木椅是木与石结合而成的一件作品，经过机械精密加工的熔岩石嵌入一整块实心梁木中，体现出西方人的直线思维。

线索2：明式板椅结构简单、合理，选料考究，纹理清晰、美观的"美材"，被放在板椅的显著部位，不做过多的雕琢，呈现出一种含蓄美。

二、榫卯实践之旅

（一）榫卯修复师

小小榫卯修复师们，请根据上午获取的设计图和榫卯零件，开启你们的修复之旅吧！

  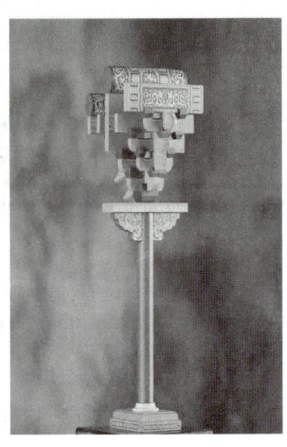

唐凤寺庙柱头斗拱　　　　宋式六铺作斗拱　　　　清式故宫宫殿斗拱

我是榫卯修复师

小组成员：

修复成果：

修复感受：

（二）修复师交流会

连线大挑战

请将斗拱图片与朝代连线对应起来。

项目五 研学旅行经典产品设计范例及分析

清朝　　　　　　　　　　　宋朝　　　　　　　　　　　唐朝

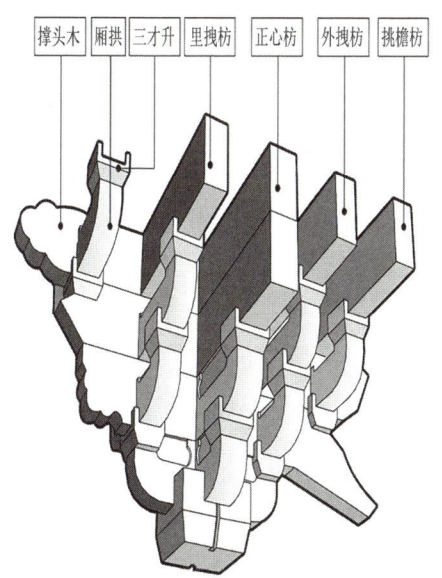

我知道：斗拱的作用主要有 _____、_____、_____、_____。

无论是榫卯结构还是斗拱，都在建筑上发挥着无法替代的作用呢！即使遇到了轻微地震，也完全不用担心房子会倒塌，榫卯真不愧是我国的第五大发明！

（案例来源：浙江旅游职业学院"融文化传统，兴未来乡村"团队）

案例评价：

  本案例是第一届全国大学生乡村振兴创意大赛研学旅行赛的金奖作品。第一届全国大学生乡村振兴创意大赛研学旅行赛是由中国旅游协会旅游教育分会作为指导单位，中国城市科学研究会、浙江省教育厅、浙江省文化和旅游厅、中国建设银行浙江省分行、浙江省大学生科技竞赛委员会主办，杭州市余杭区黄湖镇人民政府、浙江旅游职业学院、浙江财经大学承办的省级 A 类学科竞赛。比赛旨在架起高校与地方政府之间的桥梁，聚焦地方乡村振兴战略实施过程中的痛点及难点问题，发挥高校人才智库作用，激发大学生的创新活力，为乡村振兴培养后备人才，助推地方乡村振兴事业发展。本赛事以杭州市余杭区黄湖镇为研学旅行建设实践区，充分挖掘乡村文化旅游资源，培育壮大乡村研学产业，助力乡村振兴，助推地区乡村中小学生优秀研学实践活动项目落地，为黄湖镇打造精品研学旅行课程、研学旅行线路和研学旅行空间。

  该作品是从覆盖全国 24 个省份的 178 所高校 477 个参赛队伍中，经过半年多的前期设计、落地实施的激烈角逐后脱颖而出的优秀作品。作品以杭州市余杭区黄湖镇的融·设计图书馆作为课程资源载体，挖掘融·设计图书馆中的榫卯、竹编、着色等元素，形成了针对不同年级青少年学生的研学课程，不仅有课程方案，还有研学手册、说课视频、授课教案和相关的 PPT。产品还投入市场进行试运营，受到了家长和孩子的认可，为践行大学生助力乡村振兴贡献了团队力量。

参考书目

［1］邓德智，刘乃忠，景朝霞.研学旅行课程设计与实施［M］.北京：高等教育出版社，2021.

［2］邓青.研学活动课程设计与实施［M］.北京：高等教育出版社，2022.

［3］科特勒，鲍文，巴洛格鲁.旅游市场营销［M］.8版.北京：清华大学出版社，2022.

［4］李岑虎，王平，郭林山.研学旅行课程设计［M］.北京：旅游教育出版社，2021.

［5］彭其斌.研学旅行工作实务100问［M］.济南：山东教育出版社，2019.

［6］曲小毅.研学旅行活动课程开发与实施［M］.北京：清华大学出版社，2020.

［7］孙月飞，朱嘉奇，杨卫晶.解码研学旅行［M］.长沙：湖南教育出版社，2020.

［8］王晓燕，韩新.研学旅行来了［M］.西安：陕西人民教育出版社，2019.

［9］韦欣仪，邹晓青.研学旅行产品设计［M］.武汉：华中科技大学出版社，2023.

［10］魏巴德，邓青.研学旅行实操手册［M］.北京：教育科学出版社，2021.

［11］肖明华，文丽，张晓霞，等.中小学研学旅行课程研发与实施［M］.成都：四川大学出版社，2022.

［12］薛兵旺，杨崇君.研学旅行概论［M］.北京：旅游教育出版社，2021.

［13］张道顺.旅游产品设计与操作手册［M］.北京：旅游教育出版社，2015.

［14］朱传世.研学旅行设计［M］.北京：中国发展出版社，2019.